CATALOGUE

DES

LIVRES RARES ET CURIEUX

ANCIENS ET MODERNES

PRINCIPALEMENT SUR LES VOYAGES

PROVENANT DE LA BIBLIOTHÈQUE DE

FEU M. ARMAND DE SAINT-FERRIOL

DONT LA VENTE AUX ENCHÈRES PUBLIQUES AURA LIEU

Par le ministère de Me SORREL, Commissaire-priseur

ASSISTÉ DE M. ALBERT RAVANAT, LIBRAIRE

A GRENOBLE

Place Vaucanson, 2, au rez-de-chaussée,

LE 5 DÉCEMBRE 1881 ET JOURS SUIVANTS

A deux heures très précises du soir.

LE CATALOGUE SE DISTRIBUE

A GRENOBLE

A LA LIBRAIRIE A. RAVANAT

Place de la Halle.

1881

CONDITIONS DE LA VENTE

Les acquéreurs paieront, en sus du prix d'adjudication, 5 centimes par franc applicables aux frais.

Les livres vendus devront être collationnés sur place dans les vingt-quatre heures de l'adjudication. Passé ce délai ou une fois sortis de la salle de vente, ils ne seront repris pour aucun motif.

Il y aura chaque jour de vente EXPOSITION PUBLIQUE, dans le local même de la vente, de onze heures à midi, des livres qui seront vendus le soir.

M. ALBERT RAVANAT, libraire, remplira aux conditions d'usage les commissions des personnes qui ne pourraient assister à la vente.

Voir l'ordre des vacations à la fin du catalogue.

CATALOGUE

DES

LIVRES RARES ET CURIEUX

ANCIENS ET MODERNES

PRINCIPALEMENT SUR LES VOYAGES

PROVENANT DE LA BIBLIOTHÈQUE DE

FEU M. ARMAND DE SAINT-FERRIOL

DONT LA VENTE AUX ENCHÈRES PUBLIQUES AURA LIEU

Par le ministère de Mᵉ SORREL, Commissaire-priseur

ASSISTÉ DE M. ALBERT **RAVANAT**, LIBRAIRE

A GRENOBLE

Place Vaucanson, 2, au rez-de-chaussée,

LE 5 DÉCEMBRE 1881 ET JOURS SUIVANTS

A deux heures très précises du soir.

LE CATALOGUE SE DISTRIBUE

A GRENOBLE

A LA LIBRAIRIE A. RAVANAT

Place de la Halle.

1881

PRÉFACE

L'érudit modeste et laborieux qui a formé la collection dont nous publions aujourd'hui le catalogue, redoutait par-dessus tout le bruit et l'indiscrète curiosité du public, et ce serait assurément méconnaître ses intentions que d'entrer à son sujet dans des détails biographiques proprement dits. Nous ne parlerons donc de lui qu'autant qu'il faut pour faire connaître les origines et en quelque sorte le caractère général de la bibliothèque qu'il a lentement et patiemment rassemblée.

Après de bonnes études classiques et quelques voyages en Allemagne, en Italie et en Orient, M. Armand de Saint-Ferriol s'était, de bonne heure, comme cloîtré au milieu de ses livres, devenus dès lors les meilleurs et presque les seuls compagnons de sa studieuse existence. Aimant à s'isoler du monde, c'est dans leur commerce qu'il passait ses meilleures heures, leur demandant non seulement ces jouissances artistiques de l'amateur épris avant tout des beautés extérieures du livre, mais encore et surtout se plaisant à entrer avec eux dans cette communication intime qui naît de la lecture attentive et assidue.

Dans une époque où, dit-on, on lit peu et surtout peu d'ouvrages de longue haleine, M. de Saint-Ferriol lisait beaucoup et même il relisait souvent. C'est dire assez que tout en sachant apprécier avec le goût d'un homme instruit et l'expérience d'un bibliophile distingué les belles et bonnes éditions qui s'offraient à lui, il ne séparait jamais dans ses préférences le fond de la forme et ne se laissait pas entraîner à la recherche exclusive de la curiosité. Pour lui, les livres étaient moins encore les objets d'un luxe intelligent que des instruments de travail; de là, le caractère sérieux et désintéressé, si j'ose le dire, de cette bibliothèque formée en dehors de tout entraînement passager, de toute arrière-pensée étrangère à l'étude et où se trouvent représentées par des spécimens presque toujours très bien choisis toutes les branches de notre littérature.

Sur un point cependant la fantaisie, si l'on peut parler ainsi, avait repris ses droits, et par un contraste singulier, ce sont les récits de voyage, les aventures lointaines et tout ce qui se rattache aux sciences géographiques qui avaient fixé les préférences de cet homme aux habitudes si tranquilles et si casanières. La série du catalogue consacrée à cette spécialité est très riche et offre un intérêt véritablement exceptionnel.

Pas plus pour celle-là, d'ailleurs, que pour les autres, nous ne citerons de titres, ces lignes étant uniquement destinées à rappeler, au moment où cette collection va se disperser, le souvenir de celui qui l'a formée avec un soin éclairé et pieux. C'est un sentiment que comprendront, je l'espère, tous ceux qui aiment les livres.

TABLE DES DIVISIONS

THÉOLOGIE.

SCIENCES ET ARTS.

BELLES-LETTRES.

HISTOIRE.

CATALOGUE

DES

LIVRES RARES ET CURIEUX

ANCIENS ET MODERNES

PRINCIPALEMENT SUR LES VOYAGES

COMPOSANT LA BIBLIOTHÈQUE DE

FEU M. ARMAND DE SAINT-FERRIOL

DE GRENOBLE

THÉOLOGIE

I. — ÉCRITURE SAINTE.

1° Textes et versions; 2° Interprètes de l'Écriture; 3° Biographies bibliques.

1. **Biblia sacra.** Pet. in-8° goth. à 2 colonnes, caractères rouges et noirs, mar. du lev. lav. estampé, tr. dor. *(Reliure moderne)*

Charmante petite Bible manuscrite du XIVe siècle, d'une écriture extrêmement fine et parfaitement exécutée sur PEAU DE VÉLIN d'une extraordinaire finesse. C'est un véritable chef-d'œuvre de calligraphie. Elle est complète, admirablement conservée, et se compose de plus de 450 ff. ornés d'un certain nombre de pages miniaturées sur une seule marge, et de quantité de petites lettres en couleur. A la fin une table extrêmement complète et des *Poésies sacrées.*

2. **Biblia** cum summariorum apparatu pleno quadruplicique repertorio insignita..... *Lugduni, in officina Jacobi Mareschal, anno domini decimo quarto supra millesimum (1514)*, 1 fort vol. in-8°, gothique à 2 colonnes de 500 ff. numérotés, v. br., tr. r.

Rare.

3. Biblia sacra. Quid in hac editione a Theologis Lovaniensibus præstitum sit, paulo post indicatur. *Antverpiæ, in officina Christ. Plantini*, 1587, titre encadré, texte microscop. sur 2 colonnes, 1 vol. in-8°, marocain rouge, large dent. à petits fers sur les plats, tr. dor.

Édition rare dans une belle reliure ancienne.

4. Biblia sacra vulgatæ editionis, Sixtii V Pont. Max. jussu recognita et Clementis VIII auctoritate edita. *Lugduni, sumpt. hæred. Guil. Rouillii*, 1613, titre encadré, caract. microsc., in-8° mar. r., comp., dent., tr. dor.

5. Biblia sacra vulgatæ editionis. *Vesuntione, Chalandre*, 1828, 9 vol. in-16, caractères microscopiques, dem.-rel. (*Carte*).

6. Biblia sacra, tabulis illustrata ab Iulio Schnorr a Carolsfeld. *Parisiis, Schulgen*, 1860, 1 fort tome in-4° en 2 volumes, dem. mar. r. avec coins, tête dor., ébarb. (*Fig.*).

Très bel exemplaire *en 14 langues* (hébreu, grec, latin, italien, français, espagnol, anglais, allemand, etc., etc.), orné de 240 figures tirées sur beau *papier vélin teinté comme chine.*

7. Sainte Bible. Traduite par Lemaistre de Sacy. *Paris, Furne*, 1846, gr. in-8° à deux col., dem. mar. noir, plats toile avec croix et fil. à froid, tr. dor. (*Quinet.*)

Très bel exemplaire avec les nombreuses figures gravées sur acier, d'après les plus grands maîtres, en excellentes épreuves.

8. **Sainte Bible**, traduite par Lemaistre de Sacy et accomp. des notes de l'abbé Delaunay. *Paris, Curmer*, 1857, 5 vol. gr. in-8°, maroc. vert, fil. à froid, dent., tr. dor. (*Rel. de l'éditeur.*)

Superbe exemplaire de ce magnifique ouvrage orné d'une quantité considérable de belles gravures sur acier, d'après les tableaux des plus grands maîtres. ÉPREUVES AVANT LA LETTRE *avec la légende sur papier de soie.*

9. **Sainte Bible** selon la vulgate. Traduction nouvelle avec les dessins de Gustave Doré. *Tours, Alfred Mame*, 1866, 2 vol. in-f°, pap. vélin, dem. mar. r. avec coins, tr. dor. (*Curmer.*)

Magnifique exemplaire du *véritable premier tirage*, SANS L'APPROBATION. On y a joint les 15 gravures ajoutées plus tard aux exemplaires de second tirage, reliées à part avec leur table, en demi-mar. r., ébarb.

10. Histoire du vieux et du nouveau testament, représenté avec des figures et des explications par le sieur de Royaumont. *A Paris, chez P. Le Petit*, 1712, in-f°, rel. pl. en bas. rac., tr. dor. (*Rel. moderne.*)

Nombreuses figures sur cuivre. Titre doublé et déchirure à la page 373. Quelques raccommodages.

11. Novum Jesu Christi testamentum vulgatæ editionis. *Parisiis, e typographia regia*, 1649, 2 vol. in-12, mar. rouge, janséniste, tr. dor. (*Rel. ancienne.*)

Jolie reliure ancienne de Boyet aux armes de l'intendant *Feydeau de Brou.* Les mors du tome 2 ont été restaurés.

12. Version expliquée du Nouveau Testament de N. S. Jésus-Christ, par M. Antoine Godeau. *A Paris, chez Franç. Muguet*, 1668, 2 vol. in-8°, mar. r. anc. fil., dent., croix dorée sur les plats, tr. dor. (*Boyet.*)

13. **Évangiles des dimanches et fêtes de l'année.** *Paris, L. Curmer*, 1864, gr. in-4°, marocain rouge, riches compartiments dorés à la Grolier sur les plats, dentelles à l'intérieur,

gardes spéciales, tranches dorées, planches montées sur onglets. (*Curmer*).

Exemplaire de toute fraicheur et de PREMIER TIRAGE de ce magnifique ouvrage, chef-d'œuvre du genre. L'appendice, qui forme le 2e volume, est en demi-reliure. Les deux volumes ont été soigneusement enfermés dans un étui.

14. Les Psaumes, trad. en franç. avec des notes et des réflexions, par le P. Berthier. *Paris*, *Perisse*, 1852, 8 vol. in-12, veau éc., fil., tr. marb. — Isaïe, trad. en franç. par le même. *Saint-Brieuc*, 1828, 5 vol. in-12, bas. rac., dent., tr. marbr.

15. Sainte Bible expliquée et commentée, contenant la trad. et la paraph. du R. P. de Carrières, une introduction et un nouveau commentaire littéral par l'abbé Sionnet. *Paris*, *Gaume*, 1844, 17 vol. in-8o, dem.-mar. noir. tr. jasp.

Superbe exemplaire.

16. Nouveau commentaire sur tous les livres des divines Écritures, par le docteur d'Allioli. Trad. de l'allem. par l'abbé Gimarey. *Paris*, *Vivès*, 1855, 10 vol. in-8o, rel. pleine en chagrin noir, dent., tr. dor.

Excellent ouvrage connu sous le nom de *Bible d'Allioli*. Superbe exemplaire.

17. Exposition suivie des Quatre Evangélistes par saint Thomas d'Aquin, formée d'extraits et appelée la Chaine d'or. Trad. par l'abbé Castan. *Paris*, *Vivès*, 1854-55, 8 vol. in-8o, rel. pl. en bas. rac., dent., tr. marb.

18. Traités de S. Augustin sur l'évangile de S. Jean et son épistre aux Parthes, trad. en franç. avec des sommaires. *A Paris*, *chez Coignard*, 1700, 4 vol. in-8o, v. br.

Bel exempl. de l'*Édition variorum*. On y a joint : Deux traitez de de S. Augustin sur les livres de l'ordre et le libre arbitre. *Paris*, *Coignard*, 1701, in-8o, même coll. et même rel.

19. Les Visions d'Isaïe, fils d'Amos, traduites en vers français par l'abbé Chabert. *Lyon*, *imprim. de L. Perrin*, 1860, 1 vol. in-8o, dem.-mar. viol., coins, tête dor., ébarb.

Très bel exemplaire *sur papier vergé teinté*.

20. Interprétation de l'Apocalypse, par Barth. Holzhauser. Trad. et continué par le chanoine de Wuilleret. *Paris*, *Vivès*, 1856, 2 in-8o dem.-mar. r.

21. Trésors de Cornelius a Lapide, extraits de ses commentaires sur l'Ecriture sainte, par l'abbé Barbier. *Paris*, *Lanier*, 1856, 4 vol. in-8o dem. mar. lav.

22. **Le Grant vita Christi en françoys.** (In fine : Cy finist le très bel et pffitable livre des méditacions sur la vie de ihesucrist prins sur les quatre evangelistes. Et compousée par vénérable père Ludoulphe, religieux de l'ordre des chartreux. Et translaté de latin en françoys par frère Guillaume Lemenand. *Imprimé en la cité de Lyon sur le Rosne, par maistre Mathieu Hus... Lan mil quatre cens quatre-vingtz et treze. Et le pre-*

mier jour de mars. 4 parties en 1 vol. in-f°, gothique à 2 col., de 54 lignes à la page, avec fig. en bois, veau br., dos orné, tr. marb. (*Rel. anc.*)

Edition précieuse et rare. Elle se compose comme suit : 1 f. pour le titre avec les 6 mots ci-dessus et une grande fig. sur bois au verso, 125 ff. chiffrés pour la 1re partie; 118 ff. chiff. pour la 2me partie, 3 pp. de table, et 1 f. de registre; 99 ff. chiff. pour la 3me partie et enfin 150 ff. chiff. pour la 4me et dernière partie. Il parait manquer le f. de registre de la dernière partie. Raccommodage au titre.

Comme on le voit par la description ci-dessus que nous avons cherché à rendre aussi exacte que possible, ce magnifique volume dont les figures ont été exécutées sur les dessins de Sandro Baticelli (auquel est attribuée l'invention de la gravure en taille-douce) est demeuré inconnu à Brunet.

23. **Le pélérinage de Nostre Dame** et de Joseph de Nazareth en Bethléem, la nativité de Nostre Seigneur, la venue des pastoureaulx, etc., par feu maistre Jehan Henry. *Imprimé nouvellement pour Pierre Sergent, libraire, s. d.* (*vers 1500*), in-16 goth. de 56 ff. non chiffrés, mar. r., fil., dent., tr. dor., fig. (*Rel. anc.*)

Très rare.

24. Recherches sur la personne de Jésus-Christ et sur celle de Marie par un ancien bibliothécaire (Gabr. Peignot). *Dijon*, *Lagier*, 1829, in-8° dem. mar. r. avec coins, tête dor., ébarb.

25. La Vie de N. S. Jésus-Christ, de la sainte Vierge, de saint Joseph, etc. Trad. libre du P. Ribadeneira par un supérieur de grand séminaire. *Paris*, *Casterman*, 1862, in-8° caval. dem. v. bleu. (*Port.*)

26. La Vie de Notre-Seigneur Jésus-Christ, par Louis Veuillot. *Paris, Régis Ruffet*, 1864, in-8°, dem. v. bl.

27. Vie de N.-S. Jésus-Christ écrite par les quatre évangélistes et illustrée de 130 grav. sur acier et sur chine, provenant des dessins de la collection du P. Jérôme Natalis. *Paris, Pilon, s. d.*, 2 vol. in-f°, dem. mar. noir, plats en toile, tr. dor.

Bel exemplaire de *premier tirage.*

28. **Le grand Marial de la mère de vie**, des oracles, mérites, louenges, hystoires et prérogatives de la tressacrée vierge Marie, mère de Dieu, Emperière des cieux, Dame des anges, Royne de Miséricorde, Trésorière de grâce et advocate des pécheurs (avec la prose de maistre Adam de Saint-Victor, en l'honneur de la Vierge, translatée de latin en vers françois). De la très pure et immaculée conception de la Vierge Sacrée Marie, très digne mère de Dieu : qui est le second livre du grand Marial de la mère de vie. *On les vend à Paris, par Thielman Vivian*, 1539, 2 tomes en 1 vol. in-4°, la première partie goth., la deuxième en lettres rondes, v. f., tr. r. (*Reliure moderne.*)

Superbe exemplaire très bien conservé d'un ouvrage fort rare. Il est assez difficile d'expliquer pourquoi la première partie a été imprimée en caractères gothiques (en 1537 selon Du Verdier) et la seconde en lettres rondes par des libraires différents, bien que portant l'une et l'autre la gravure distinctive de la *Vierge au soleil.*

29. Atlas Marianus, sive de imaginibus Deiparæ per orbem christianum miraculosis. Auctore Guilielmo Gumppenberg. *Monachi, Iæcklin, 1657, et Ingolstadii, Straub, 1659*, 4 tomes en 2 vol. petit in-12, vél. bl.

Ces deux curieux volumes renferment une centaine de planches sur cuivre représentant les figures les plus célèbres de la Vierge avec leur description.

30. Histoire des miracles de la sainte Vierge dans la première restauration de l'abbaye de Saint-Pierre-sur-Dive. Trad. de l'abbé Haymon, par le R. P. Bern. Planchette. Nouv. édit. publ. par de Glanville. *Rouen, chez Fleury aîné (imprimé chez Péron)*, 1851, in-8°, dem. mar. vert, plats en toile, tête dor., ébarb. (*Fig.*).

Tiré à 30 exemplaires seulement.

31. Notre-Dame de France ou Histoire du culte de la sainte Vierge en France, depuis l'origine du christianisme jusqu'à nos jours (par M. Hamond, curé de Saint-Sulpice). *Paris, Plon*, 1861-66, 7 vol. in-8°, dem. v. bl. (*Fig.*).

On y a joint : Culte et pèlerinages de la très-sainte Vierge en Alsace, par de Bussierre. *Paris, Plon*, 1862, in-8°, même rel.

II. — LITURGIE. — III. — CONCILES.

32. **Preces piæ.** Manuscrit gothique du XIVe siècle, pet. in-4° de 59 ff., v. b., compart. dor., tr. dor.

Joli manuscrit SUR VÉLIN, parfaitement exécuté, orné de deux très belles miniatures (le baiser de Judas et le précieux sang de N. S.), dont l'une est d'une conservation admirable et de plus de 100 lettres majuscules en or et en couleurs.

33. **Preces piæ.** Petit in-8° gothique de 138 feuillets, veau brun, compart. à froid, dent., tr. dor.

Charmant petit manuscrit du XVe siècle sur PEAU DE VÉLIN, d'une écriture remarquable. Il est orné de 5 grandes miniatures de la plus grande fraicheur et se compose (chose rare) presque exclusivement de plain-chant admirablement noté. Les armes de la personne pour laquelle a été exécuté ce joli volume se trouvent dans les ornements en arabesques de la première page.

34. **Psalterium hieronimum**, sive horæ latinæ. 1 vol. pet. in-4°, mar. vert, comp. à froid, tr. dorées. (*Reliure moderne*).

Beau manuscrit sur PEAU DE VÉLIN, *du commencement du XVe siècle*, parfaitement calligraphié et orné de 15 grandes miniatures, admirablement conservées, de nombreuses bordures de la plus grande fraicheur et d'une quantité considérable de lettres initiales en or et en couleurs.

Ce superbe volume vient de Mme de Gautheron qui l'avait donné à M. Julhiet, avocat à Valence, mort en 1856.

35. **Iste libellus** pervalde devotas et pulchras de Christi passione et de dei matris pntibus, sponso, sororibus cæterisque suis amicis continet orationes collectas. *Impressum Augspurg per Christof-*

ferum Schnapter. Anno domini 1493. Pet. in-4° goth. de 8 ff., lettres initiales à la main, avec 8 belles gravures sur bois, cart. à la bradel, non rogné.

Petit incunable DE TOUTE RARETÉ, *absolument broché* et d'une irréprochable conservation.

36. **Les présentes heures sont à lusaige de Romme. Tout au long sans rien requérir, ont esté imprimées nouvellement à Paris.** *Pour Germain Hardouyn, libraire, demourant entre les deux portes du Palais, et se vendent au dict lieu. Finis.* (Calendrier de 1524 à 1537), gr. in 8° goth. de 83 ff., maroc. lav. foncé, filets à froid, doublé de marocain rouge, large dentelle, tr. dor., fermoirs (*Bauzonnet-Trautz.*)

SUPERBE VOLUME *de la plus irréprochable conservation*, dont toutes les pages sont entourées d'encadrements enluminés et qui renferme 33 miniatures grandes ou petites parfaitement exécutées par le célèbre GERMAIN HARDOUIN qui s'intitulait lui-même : *In arte picturæ doctor peritissimus.*

37. **Livre d'heures de la Reine Anne de Bretagne**, contenant l'office de la sainte Vierge et les Psaumes, avec la traduction en regard, par l'abbé Delaunay, suivi d'un appendice contenant 350 plantes représentées dans ce manuscrit. *Paris, Curmer*, 1859, gr. in-4°, marocain rouge, fleur de lys dans le dos, chiffre de la reine Anne dans les angles avec ses armes en mosaïque sur les plats, dentelles à l'int., tr. dor. fermoirs reproduisant les chiffres des angles (*L. Curmer*).

Superbe exemplaire, dans une boîte capitonnée, de ce magnifique volume, *chef-d'œuvre de la chromolithographie moderne* et reproduction fidèle d'un manuscrit célèbre pour la beauté des miniatures dont il est orné. Planches montées sur onglets. Il a été tiré à 850 exempl. (celui-ci porte le n° 650 et le nom de M. ARMAND DE SAINT-FERRIOL.) et les planches en ont été effacées par devant notaire. L'appendice est en dem.-rel. plats en toile, tr. dor. EPUISÉ ET RARE.

38. Vie de la Reine Anne de Bretagne, suivie de lettres inédites et de documents par Le Roux de Lincy. *Paris, Curmer (impr. de Louis Perrin, de Lyon)*, 1860, 4 vol. in-8°, dem. mar. r. avec coins, tête dor. ébarb.

Superbe exemplaire sur beau *papier vergé teinté* avec de nombreuses planches photographiées.

39. **Livre de prières**, illustré à l'aide des ornements des manuscrits du moyen âge, publié par Charles Mathieu. *Paris, veuve Renouard, s. d.*, 2 tomes en 1 vol. in-8°, mar. r., tête dor., ébarb.

Beau volume que décore une quantité considérable de délicieuses chromolithographies et auquel a été jointe la *Notice historique sur les manuscrits par Ferdinand Denis.*

40. Institutions liturgiques, par le R. P. Dom Guéranger. *Paris, Débécourt*, 1840, 3 in-8°, dem.-rel. v. viol.

41. L'année liturgique par le R. P. Dom Prosper Guéranger. *Paris, Julien*, 1858-67, 9 vol. in-12, dem.-rel., mar. n.

Avent. — Temps de Noël, 2 vol. — Septuagésime. — Carême. — Passion et Semaine-Sainte. — Pâques, 3 vol.

42. Essai sur le symbolisme de la cloche dans ses rapports avec la religion, par un prêtre. *Poitiers, Oudin*, 1859, in-8° dem. mar. noir.

43. Catéchisme du Concile de Trente. Trad. nouvelle par M. l'abbé Doney, *Paris, Gauthier*, 1830, 2 in-8° dem.-rel. — Histoire du concile de Trente (par le P. Prat). *Paris, Périsse*, 1851, 2 in-8°, dem.-rel. v. viol.

44. Histoire du concile du Vatican, par Mgr Manning. *Paris, Palmé*, 1872.— Les paroles de l'heure présente, par le P. Perraud. *Paris, Le Clère*, 1872. — Histoire de ma conversion, par Lœmmer. *Paris*, 1863. En tout 3 vol. in-12, bas.

IV. — SAINTS PÈRES GRECS ET LATINS.

45. Bibliothèque choisie des Pères de l'Eglise grecque et latine ou cours d'éloquence sacrée, par Guillon. *Paris, Albanel*. 1834, 26 vol. in-8°, dem.-rel., v. f., tr. jasp.

Bel exemplaire de cette importante et utile collection que termine une table générale des matières.

46. Bibliothèque générale des écrivains de l'ordre de Saint-Benoît, patriarche des moines d'Occident. *A Bouillon, aux dépens de la société typogr.*, 1777-78, 4 tomes en 2 forts vol. in-4°, bas.

Sur le titre ces mots autographes : *Ex libris F. La Mennais.*

47. **Augustinus de vita christiana**; de persecutione christianorum, de penitentia cum quæstione Macedonum in loco penitentiæ et Augustini solutione, etc. Ejusdem sententiæ generales de opusculis S. Jeronimi presbyteri. Petit in-4° semi-goth., rel. en bois, rec. de peau de truie estampée (*Fermoir*).

Précieux manuscrit SUR VÉLIN *de la fin du XII*e *siècle* avec initiales en couleur. Incomplet du dernier feuillet.

48. Les Soliloques, le Manuel et les Méditations de saint Augustin, de la traduction du Sr de Ceriziers. *A Paris, chez Jean Camusat*, 1650, petit in-12 réglé, mar. rouge, dos orné, compart. sur les plats, tr. dor., fermoirs en argent (*Reliure anc.*)

Joli vol. avec des cœurs enflammés dans le dos, et aux angles des plats; au milieu, dans un cœur formé d'un simple trait les initiales L. C. A la fin du volume on a relié un gros cahier de papier blanc.

49. Deux livres de saint Augustin, de la prédestination des saints et du don de la persévérance. *A Paris, chez Desprez*, 1676, in-12, v. f., dos orné, plats à la Dusseuil, tr. dor. (*Rel. anc.*).

Attribué à Antoine Arnauld.

50. La Cité de Dieu de saint Augustin. Trad. avec le texte latin, par Moreau. *Paris, Mellier*, 1846, 3 in-8°, rel., pl. en v. viol., comp., tr. marbr.

51. Confessions de saint Augustin, avec sa vie, par S. Possidius, son disciple et son ami. Trad. par Moreau. *Paris, Sagnier*, 1854, in-8°, mar. viol., comp. dor. et à froid, dent., tr. dor.

52. Lettres de saint Augustin, trad. en franç., par Poujoulat. *Paris, Lesort*, 1858, 4 vol. in-8°, dem.-rel., v. viol.

53. Etudes sur saint Augustin, son génie et sa philosophie, par l'abbé Flottes. *Paris, Durand*, 1861, in-8° (*Port.*). — Génie philosophique et littéraire de saint Augustin, par Théry. *Paris, Dezobry*, 1861, in-8°. En tout 2 vol., dem., v. bl.

54. **S. Hieronymi epistolæ** (et alia ejusdem opera præcipua). *Impressum hoc opus et arte impressoria feliciter consomatum per Petrum Schoiffer, in civitate Moguntina, anno domini M.*cccc.Lxx. *die septima mensis septembris*, 2 tomes en 1 vol., gr. in-f° goth. de 408 ff. à 2 col. de 56 lignes.

Superbe exemplaire d'une conservation irréprochable, avec entourages coloriés de l'époque et grandes lettres initiales en couleur. Il provient de la *bibliothèque royale de* MONACO.

55. Œuvres de saint Jérome, trad. en franç. avec le texte en regard, par Grégoire et Collombet, *Paris, Périsse*, 1837-42, 10 vol. in-8°, dem. v. bl.

Lettres, 5 vol. — Vie des Saints et Hommes illustres, 2 vol. — Mélanges, 3 vol.

56. **Omélie. lxxxvii. Beati Iohanis Chrisostomi** sup. evangelio Iohanis (e græco in latinum transl. per Francisc. Aretinum.) *Rome. in S. Eusebii monasterio scripte et diligenter correcte. Anno dni. M.CCCC.LXX. die Lunc XXIX, mensis octobris*, in-f° caractères ronds à longues lignes, marocain rouge, dos orné, ornements à petits fers aux angles des plats, filets, dent. tr. dor. (*Pasdeloup*.)

Superbe et précieux exemplaire de la PREMIÈRE ÉDITION, dans une riche reliure, d'une parfaite conservation. Voici la collation de ce bel ouvrage, qui est parfaitement complet : 275 ff. sans chiffres, réclames, ni signatures à 33 lignes par page : les 13 premiers renferment la table des matières, le texte commence au recto du 14e par un prologue de Fr. Aretinus à Cosme de Médicis. La souscription est au recto du dernier feuillet. Grandes lettres initiales en couleurs et à la main. *Texte et reliure sont d'une fraicheur étonnante.*

57. Homélies ou sermons de S. Jean Chrysostome. Trad. en franç. par Ant. de Marsilly (pseud. de N. Fontaine, solitaire de Port-Royal). *A Paris, chez Pierre le Petit*, 1664, 3 vol. in-4° réglés, mar. rouge, compart. sur les plats, dos orné, dent. à l'intérieur., tr. dor. (*Dusseuil*).

Superbe exemplaire dans une très belle reliure ancienne.

58. Homélies, discours et lettres choisies de S. Jean Chrysostome, trad. par l'abbé Auger. *Lyon, Guyot*, 1826, 4 in-8°, dem.-rel., v. f.

On y a joint : Homélies de saint Jean Chrysostome sur l'Epitre de saint Paul aux Romains, trad. par Marrigues. *Agen*, 1841, in-8, dem. mar. viol.

59. Sancti Joannis Chrysostomi opera selecta, grœce et latine, emendavit Dübner. Tome 1er (seul paru). *Parisis Firmin Didot*, 1861. gr. in-8°, dem., v. gris, ébarb.

60. Œuvres complètes de saint Jean Chrysostome, trad. pour la première fois en français sous la direction des prêtres de Saint-Dizier. *Grenoble, Prudhomme et Giroud*, 1863-67, 11 vol. gr. in-8°, dem.-rel. v. gris, tr. jasp. (*Port.*).

Superbe exemplaire de cette excellente édition.

61. **Sermones sancti Bonaventuræ.** *Zwollis impressum, feliciter explicit, anno domini millesimo quadringentesimo septuagesimo nono (1479)*, in-f° gothique à deux colonnes, de 216 ff., sans chiffres, réclames ni signat. à 39 lignes par page, dem.-rel., vél. bl. tr. r.

ÉDITION RARE. Ce volume ne contient que la première partie des sermons de S. Bonaventure. Il y a une deuxième partie (*Commune sanctorum*) que nous n'avons pas et à la fin de laquelle se trouve la suscription ci-dessus.

62. **Beati Leonis pape sermones et opuscula** (ex recens. Joan. Andreæ, episc. aleriensis). *Romæ, per Conradum Suueynheim et Arn. Pannartz*, 1470, in-f°, caract. ronds, de 134 ff. dont le 1er blanc, à 38 longues lignes par page, v. br. estampé (*Rel. ancienne*).

PREMIÈRE ET PRÉCIEUSE ÉDITION, bien conforme à la description de Brunet, moins cependant le 1er f. blanc qu'il ne mentionne pas et qui se trouve dans notre exemplaire. La première page de texte est ornée d'un bel entourage et d'une jolie lettre ornée. Déchirure mal restaurée dans le bas de cette même page, du reste *superbe exemplaire.*

63. **Eusebii libri de evangelica præparatione** latinum ex græco (A. G. Trapezuntio). *S. l., Leonhardus Aurl, M.CCCC.LXXIII.* in-f°, caractères ronds, de 149 ff. dont le dernier est blanc, à 37 lignes par page, marocain rouge, dos orné, comp., dent., tr. jasp.

Très bel exemplaire de cette ÉDITION RARE, dont les caractères sont les mêmes, dit Brunet, que ceux des *Orationes* de Cicéron, données par Adam de Ambergau en 1472, ce qui laisse supposer que Léonard Aurl lui a succédé. Van Praet pense qu'il résidait en Allemagne. Initiales en couleurs.

64. **Beati Gregorii pape moralia in Job.** In fine : *Expletum est opus istud Moralium beati Gregorii pape... Impressum Venetiis per Reynaldum de Novimagio. Anno millesimo quaquadringentisimo octuagesimo quartodecimo (1494)*, in-f° goth. à 2 col., de 55 lignes à la page, v. br. (*Reliure ancienne*).

RARE ET PRÉCIEUX VOLUME dont voici la collation : 16 ff. pour le titre dont le recto est blanc, et la table, 330 ff. signés mais non chiffrés et 1 f. de registre. Magnifique exemplaire dont le 1er feuillet de texte (et son correspondant) a été tiré sur *peau de vélin*, et est orné d'une superbe bordure en or et en couleurs et d'une grande lettre initiale miniaturée, au milieu de laquelle se trouve le portrait de saint Grégoire, en habits pontificaux, entouré de deux cardinaux.

65. Les Morales de S. Grégoire, pape, sur le livre de Job. Trad. en français (par le duc de Luynes). *A Paris, chez P. Le Petit*, 1666-69, 3 vol. in-4°, mar. r., compart. sur les plats, dent. à l'int., tr. dor. port. (*Dusseuil*).

Superbe exemplaire dans une belle *reliure ancienne*.

66. **D. Petri Venerabilis, cluniacensis, epistolarum libri VI.** Item Rithmi, Miraculorum prætereа libri duo. *Væneunt a Damiano Hichman, Parisiis,* 1522, in-4°, caract. ronds, veau écaille, fil., tr. r. (*Rel. anc.*).

Superbe exemplaire de LA PLUS RARE *de toutes les éditions de* PIERRE LE VÉNÉRABLE. Elle a été donnée par Pierre de Montmartre. Elle se compose de 12 ff. prél. non chiffrés, pour les titre, préface table, etc., CCXIIII ff. chiffrés ; 4 ff. non chiffrés précédant les livres des miracles et XXVIII ff. chiffrés. Le dos porte le chiffre et les plats les grandes armes de *Charron, marquis de Menars.*

67. Les Catechèses de saint Cyrille de Jérusalem avec des notes de Grancolas. *Paris, Laurent Le Conte,* 1715, in-4°, v. br., tr. jasp. (*Aux armes du cardinal de Mazarin*).

68. Théodoret, évêque de Cyr. De la providence... avec des sommaires, par M. l'abbé Le Mère. *A Paris, chez Lambert,* 1740, in-8°, v. f.

Bel exemplaire.

69. La somme théologique de saint Thomas, trad. intégrale par l'abbé Drioux. *Paris, Belin,* 1851-54, 8 vol. in-8°, rel., pl. en bas. rac., dent., tr. jasp.

On y a joint : Somme de la foi catholique contre les Gentils, par saint Thomas d'Aquin. Trad. par l'abbé Ecalle. *Paris, Vivès,* 1854-56, 3 vol., même reliure.

70. Opuscules de saint Thomas d'Aquin, traduits par Védrine, Bandel et Fournet. *Paris, Vivès,* 1856-58, 7 vol. in-8°, rel. pl. en bas. rac. dent., tr. jasp.

On y a joint : De l'adorable sacrement de l'autel, opuscule de saint Thomas, trad. par l'abbé Barret. *Paris,* 1854, même rel.

71. Eusebii Pamphili Cæsariensis... opera quæ passim inveniri potuerunt ; omnia castigatiora et locupletiora. *Basileæ, per Henric. Petri,* 1549, in-f°, rel. en bois recouverte en peau de truie estampée avec 2 fermoirs. (*Frontis. gravé dans le genre d'Holbein*).

Superbe exemplaire de cette belle édition.

72. Opera D. Innocentii, pontificis maximi ejus nominis III, castigata et partim jam primum in lucem edita. *Coloniæ, Ioan. Novesianus,* 1552, in-4° vél. bl.

73. Flacci Albini, sive Alchwini, abbatis, Karoli magni regis magistri, opera. Studio And. Quercetani Turonensis. *Lutet. Paris., sumpt. Sebast. Cramoisy,* 1617, in-f°, dem., vél. bl. (*Port.*).

Mouillures.

74. Sancti Ephraem Syri opera omnia, nunc recens latinitate donata Gerardo Vossio. *Antverpiæ, apud Keerberguim,* 1619, in-f°., v. br. (*Mouillures*).

75. Cassiodori vivariensis abbatis opera omnia, notis et observationibus illustrata opera et studio Garetii. *Venetiis, typis Ant. Groppi,* 1729, 2 in-f°, rel. pl. en bas., rac., tr. r. (*Reliure moderne*).

Très bel exemplaire.

76. Sancti Hilarii Pictaviensis episcopi opera, studio monachorum aucta atque illustrata. *Veronæ, apud Bernum,* 1730, 2 vol. in-f°, vélin blanc à recouvr., tr. marbr.

Superbe exemplaire de la meilleure édition de saint Hilaire, avec une grande fig., des vignettes et des culs de lampe de Balestra. Nom coupé dans le bas de la marge du titre.

77. Sancti Thomæ a Villanova opera omnia. *Venetiis, Sanctes Pecori,* 1740, in-f° vélin blanc. (*Sup. port. gravé par Monaco*).

78. Sancti Damasi papæ opuscula et gesta, aucta et diatribis illustrata. *Romæ, sumpt. Ven. Monaldini,* 1754, in-f°, dem.-rel., vél. blanc.

Très bel exempl. de la meilleure édition de saint Damase.

79. S. Isidori hispalensis opera omnia, denuo correcta et aucta recensente Faustino Arevalo, qui notas collegit... *Romæ, typis Ant. Fulgonii,* 1797-1803, 7 vol. in-4°, v. rac., tr. r. (*Port.*).

Bel exemplaire de la meilleure édition qui ait été faite de ce Père, dit Brunet.

80. Patrologiæ cursus. Gelasius, Avitus, Faustinus, Prudentius, etc. *Paris, Migne,* 1847, 2 vol. gr. in-8. dem. bas.

81. Anastasii abbatis opera omnia. Editio præ aliis omnibus insignis, accurante Migne. *Parisiis, Migne,* 1852, 3 vol. gr. in-8, dem.-rel.

De la collection Migne.

82. Hugonis de S. Victore opera omnia. Editio nora aucta et illust. accurante Migne. *Parisiis, Migne,* 1854, 3 vol. gr. in-8, dem.-rel.

De la collection Migne.

83. Honorii Augustodunensis opera omnia. — Orderici Vitalis historia ecclesiastica ; accedunt Anastasii et Adriani epislolæ. — S. Joannis Scholastici, vulgo Climaci, opera omnia. *Parisiis, Migne,* 1854-55 et 60, 3 vol. gr. in-8. dem.-rel.

De la collection Migne.

84. Sancti Ivonis, carnotensis episcopi, opera omnia. Accurante Migne. *Parisiis, Migne,* 1855, 2 vol. gr. in-8., dem.-rel.

De la collection Migne.

85. Joannis Cassiani opera omnia, cum comment. Gazæi. Accurante Migne. *Parisiis, Migne,* 1858, 2 vol. gr. in-8, dem.-rel.

De la collection Migne.

86. Boetii, Ennodii Felicis, Trifolii. etc., opera omnia. Editio aucta et monumenta inedita exhibens. *Parisiis, Migne.* 1860, 2 vol. gr. in-8, dem.-rel.

De la collection Migne.

87. Œuvres de sainct Justin, philosophe et martyr, mise de grec en françois par Ian de Maumont. *A Paris. chez Vasçosan,* 1559, in-f°, dem.-rel., vél. bl., tr. r.

88\. Œuvres de Salvien. Trad. avec le texte en regard par Grégoire et Collombet. *Lyon, Sauvignet*, 1833, 2 in-8, bas., fil., tr. marb.

On y a joint : Œuvres de saint Vincent de Lerins et de S. Eucher, de Lyon. Trad. de Grégoire et Collombet. *Lyon, Rusand*, 1834, in-8°, bas., tr. marbr.

89\. Œuvres complètes de saint Cyprien. Trad. par N. S. Guillon. *Paris. Angé*, 1837, 2 vol. — Œuvres complètes de saint Cyrille. Trad. par M. Faivre. *Lyon, Pelagaud*, 1844, 2 vol. En tout 4 in-8., dem. rel.

90\. Œuvres de saint Basile le Grand. Traduction complète avec notes et dissertations par M. Roustan. *Paris, Périsse*, 1847, tomes 1 à 4, in-8, dem.-rel. (*Tout ce qui a paru.*)

91\. Œuvres de Tertullien, traduites en français par M. de Genoude. *Paris, Vivès*, 1852, 3 in-8, dem.-rel, v. viol.

92\. Œuvres complètes de S. Bonaventure, trad. par l'abbé Berthaumier. *Paris, Vivès*, 1854, 6 vol. in-8, dem.-rel., mar. r., tr. jasp.

V. — THÉOLOGIENS CATHOLIQUES.

A. Dogme. — B. Morale. — C. Polémique.

93\. **Summa de laudibus christifere Virginis Marie** divi Alberti doctoris magni castigata. *In officina ingenuorum liberorum Quentell, Colonie, anno nono sup. millesimum et quingentesimum (1509)*, pet. in-4° goth. de 126 ff. chiffrés, vélin bl.

Exemplaire irréprochable de cette curieuse dissertation que le titre donne comme l'œuvre d'Albert le Grand et dont tous les bibliographes s'accordent à attribuer la paternité à Richard de Saint-Laurent, chanoine de Rouen.

94\. Græciæ orthodoxæ scriptores. Leo Allatius nunc primum e tenebris eruit et latine vertit. *Romæ, typis congregationis*, 1652-59, 2 vol. in-4°, vél. bl. *(Rel. anc.)*.

Superbe exemplaire.

95\. Dictionnaire de théologie par l'abbé Bergier, avec les notes du cardinal Gousset, et augm. par Mgr Doney. *Paris, Gaume*, 1852, 6 vol. in-8°, demi-rel., v. f.

On y a joint : Sermons inédits de Bergier. *Paris, Gaume*, 1852, in-8°, même rel.

96\. Théologie dogmatique du R. P. Perrone, augm. du traité sur l'Immaculée Conception et trad. par MM. Vedrine, Bandel et Fournet. *Paris, Vivès*, 1859-60, 6 vol. in-8°, rel. pl. en bas., dent., tr. jasp.

97\. Les deux Maximes fondamentales du salut, par le P. Girard. Paris, *Séb. Cramoisy*, 1673, in-12. mar. r., dos orné, comp., tr. dor. *(Dusseuil)*.

Superbe exemplaire réglé.

98. Opuscules théologiques du chanoine Muzzarelli. *Avignon*, *Seguin*, 1842, 7 vol. in-18, bas. plein. rac., tr. jasp.

99. La divinité de l'Eglise, par Mgr de Salinis. *Paris, Tolra*, 1865, 4 vol. in-8°, dem. v. bl., tr. jasp.

100. Conférences et nouvelles Conférences, par le R. P. Newman. *Paris, Bray*, 1850-51, 3 vol. — Histoire d'un converti, par le même, trad. par l'abbé Segondy. *Paris*, *Douniol*, 1856. En tout 4 vol. in-8°, demi-rel.

101. Œuvres spirituelles de Jacques Balmès. *Paris*, *Vaton*, 1852-57, 11 vol. in-18, demi-rel.

Le protestantisme comparé au catholicisme. — L'art d'arriver au vrai. — Lettres à un sceptique. — Mélanges. — Philosophie fondamentale.

102. Œuvres du T. R. P. Ventura de Raulica. *Paris*, *Gaume*, *Vivès*, *Vaton et Palmé*, 1852-65, 23 vol. in-8°, v. rac., tr. marb.

Cette importante collection renferme : Conférences, 4 vol. — Homélies, 2. — Philosophie, 3 vol. — Femme catholique et de l'évangile, 5 vol. — Beautés de la foi, 3 vol. — Divers, 6 vol.

103. Instruction du Chrestien par Monseigneur le cardinal de Richelieu. Dernière édition. *A Paris*, *chez Iean Iost*, 1652, in-12, mar. rouge, dos orné, filets, dent., tr. dor. *(Rel. de Boyet)*.

Très bel exemplaire dans une charmante reliure ancienne. *On y a joint* : Traité de la perfection chrestienne, par Mgr le Cardinal de Richelieu. *A Paris*, *chez Vitré*, *s. d.*, in-12, mar. r. dos orné, fil., dent., tr. dor. (*Rel. anc. de Boyet*).

104. Discours et Instructions pastorales de Monseigneur Pie, évêque de Poitiers. *Poitiers*, *Oudin*, 1852, 3 in-8°, veau viol. plein, fil., tr. jasp. (*Portr. phot*).

105. Morale tirée des Confessions de saint Augustin, par le P. Grou. *Paris*, *Perisse*, 1863. — Intérieur de Jésus et de Marie, par le même. *Paris*, *Palmé*, 1862 *(fac-simile)*. En tout 3 vol. in-12 bas.

106. Retraites du R. P. Olivaint. *Paris*, *Albanel*, 1873, 2 vol. — Lettres du P. Roy. *Lyon*, 1844, 2 vol. En tout 4 tomes en 3 vol., bas., tr. jasp.

107. Le Catéchisme ou introduction au Symbole de la Foi, composé par le R. P. Louis de Grenade et traduit par M. Girard. *Paris*, *Couterot*, 1709, 4 in-8°, v. br., tr. marb.

Édition variorum. On y a joint : La Guide des pêcheurs, du même. *Paris*, *Osmont*, 1700, in-8°, v. br.

108. Sermons de S. Augustin sur le Nouveau Testament, trad. en franç. par M. Du Bois. *A Paris*, *chez Coignard*, 1700, 4 vol. in-8° v. br.

Bel exempl. de l'*édition variorum*. On y a joint : Les livres de la doctrine chrétienne de saint Augustin. *Paris*, *Coignard*, 1701, même coll. et même rel.

109. Sermons de Massillon. *A Paris*, *chez Froullé*, 1787-91, 15 vol. in-12, bas., tr. r.

Excellente édition qui reproduit celle originale de 1745-49.

110. Le Progrès par le Christianisme, conférences de Notre-Dame de Paris, par le R. P. Félix. *A Paris, Ad. Le Clère*, 1859 à 1876 incl., 17 vol. in-8°, dem.-chag. noir, tr. jasp.

111. Œuvres complètes du R. P. Dominique Lacordaire. *Paris, veuve Poussielgue-Rusand*, 1857, 6 vol. in-8° veau plein, fil., tr. jasp. (*Portr.*).

112. Conférences du R. P. Ravignan, prêchées à Notre-Dame. *Paris, veuve Poussielgue-Rusand*, 1860, 4 vol. in-8°, veau plein, fil., tr. jasp. (*Fac-simile d'autog.*).

113. Traité de la Connoissance de Dieu et de soi-même, suivi de l'exposition de la Doctrine catholique, par Bossuet, avec une introd. de Sylvestre de Sacy. *Paris, Techener*, 1864, in-8°, dem.-mar. r. avec coins, tête dor., ébarb.

Un des rares exemplaires sur *papier de Hollande*.

114. Les Provinciales ou Lettres écrites par Louis de Montalte (Pascal) à un de ses amis, et leur réfutation par l'abbé Maynard. *Paris, Didot*, 1851, 2 in-8°, rel. pl. en veau écaille, dent., tr. jasp.

On y a joint du même auteur : Pascal, sa vie et son caractère. *Paris, Dezobry*, 1850, 2 in-8°, même reliure.

115. Traité de la vraie Religion avec la réfutation des erreurs, par l'abbé Bergier. *Besançon*, 1843, 8 vol. in-8°, dem.-rel., v. f.

116. Défense de l'Eglise contre les erreurs historiques de MM. Guizot, Thierry, Michelet, Ampère, etc..., par l'abbé Gorini. *Lyon, Girard et Josserand*, 1859, 3 in-8°, dem.-rel. v. bleu.

117. Défense de la liberté de l'Eglise, par Mgr Dupanloup. *Paris, Ruffet*, 1861, 2 in-8°, dem. v. bl.

On y a joint : L'Eglise et la civilisation moderne, par le P. Ramière. *Paris, Ruffet, s. d.*, même rel.

118. Mémoires du P. René Rapin sur l'Eglise et la société, la ville et le jansénisme, publ. par Aubineau. *Paris, Gaume*, 1865, 3 in-8°, dem. v. gris.

119. Essai sur l'indifférence en matière de religion, par l'abbé F. de Lamennais. *Paris, Pagnerre*, 1844, 4 in-12, rel. pl. en v. rac., fil., tr. marbr.

120. Démonstration victorieuse de la Foi catholique, par le cardinal Bellarmin, trad. par l'abbé Ducruet. *Paris, Vivès*, 1855, 3 in-8°, dem. mar. viol.

On y a joint du même auteur et dans la même reliure : Explication des Psaumes avec un essai hist. par l'abbé Darras. *Paris, Vivès*, 1855, 3 vol. — Discours de Robert Bellarmin, trad. par E. Berton. *Paris, Vivès*, 1855, 4 vol.

121. Défense du Christianisme ou Conférences sur la Religion (avec les Conférences inédites), par M. Frayssinous. *Paris, Ad. Le Clère*, 1846, 4 vol. in-18, dem.-rel. v. viol.

122. Etudes philosophiques sur le Christianisme, par Aug. Nicolas. *Paris, Vaton*, 1852, 4 vol. in-12, bas. pl., tr. marb.

123. La Symbolique ou Exposition des contrariétés dogmatiques entre les catholiques et les protestants, par Mœlher, traduit de l'allem. par Lachat. *Bruxelles*, 1853. 3 in-8°, dem.-rel. v. bl.

124. Le Catholicisme en présence des sectes dissidentes, par Eyzaguirre, trad. de l'esp. par Verdot. *Paris, Vermot*, 1856, 2 in-8°, dem. v. vert *(Portraits et figures)*.

125. Les Catholiques libéraux, par l'abbé Morel. *Paris, Giraud*, 1864. — Doctrines romaines sur le libéralisme, par le P. Ramière. *Paris, Lecoffre*, 1870. — Le Libéralisme jugé, trad. de La Rallaye. *Paris, Giraud*, 1864. En tout 3 in-8°, dem. v. bl.

126. Rome et Londres, par l'abbé Margotti, trad. par Maréchal. *Paris, Casterman*, 1859. — Souvenirs sur les quatre derniers Papes, par le card. Wiseman. *Bruxelles*, 1859 *(portraits)*. — Les Victoires de l'Eglise pendant le pontificat de Pie IX, par l'abbé Margotti. *Paris, Gaume*, 1858. En tout 3 vol. in-8°, dem. v. bl.

127. Collection de 33 brochures diverses sur le Pape et le Congrès, la France, Rome et l'Italie, par MM. de La Guéronnière, Mgr Pie, de Champagny, Dupanloup, etc., etc. *Paris*, 1859-61, en 5 vol. in-8°, dem.-rel. v. rose.

128. Collection de 39 brochures diverses sur la Question Romaine, par MM. Poujoulat, de Montalembert, Villemain, de Broglie, etc., etc. *Paris*, 1860. En 4 vol. in-8°, dem.-rel. v. rose.

129. L'Anti-Febronius ou la Primauté du Pape justifiée par le raisonnement et par l'histoire, trad. du P. Zaccaria, par Peltier. *Paris, Sarlit*, 1859, 4 in-8°, rel. pl. en bas. rac., dent., tr. jasp., *(Port.)*.

130. Pouvoir temporel des Papes justifié par l'histoire, par le cardinal Mathieu. *Paris, Le Clère*, 1863. — Réponses à la Question Romaine de M. About, par MM. Magnan et Horoy. *Paris*, 1860, 2 broch. en 1 vol. — Essai sur la Suprématie temporelle du Pape et de l'Eglise, par M. l'abbé Affre. *Amiens*, 1829. *(Don de l'auteur)*. En tout 3 vol. in-8°, dem. v. bl.

131. La Papauté aux prises avec le Protestantisme, par l'abbé Magnin. *Paris, Gaume*, 1841. — De l'avenir du Protestantisme et du Catholicisme, par l'abbé Martin. *Paris, Tolra*, 1869. En tout 2 in-8°, dem.-rel. v.

132. Le Protestantisme et la Règle de Foi, par le R. P. Jean Perrone, trad. par l'abbé Peltier, avec notice par l'abbé Chassay. *Paris, Vivès*, 1854, 3 in-8°, dem. mar. viol.

133. Du Protestantisme et des Hérésies dans leur rapport avec le socialisme, par Aug. Nicolas. *Paris, Vaton*, 1854, 2 in-12, dem.-rel. bas. pl., tr. jasp.

On y a joint du même auteur : La Révolution et l'Ordre chrétien, 1874. — L'État sans Dieu, 1873, 2 in-12, même rel.

134. Mémoires inédits et Opuscules de Jean Rou (1638-1711), publiés par Fr. Waddington. *Paris, librairies protestantes*, 1857, 2 in-8°, dem.-rel.

Histoire du protestantisme vers le milieu du XVIIe siècle.

135. Deux visites à Nicolas de Flue, relations de J. de Waldheim et d'Albert de Bonstetten, trad. par Ed. Fick. *Genève, Fick*, 1864, pet. in-4° sur pap. de Holl., dem. v. f. ébarb.

D. — MYSTIQUES.

136. La Mystique divine, naturelle et diabolique, par Gorres. Ouvrage trad. de l'allemand par Ch. Sainte-Foi. *Paris, Poussielgue*, 1854, 5 vol. in-8° rel. pl. en veau viol., comp. à froid, tr. marb. *(Portr.)*.

137. **Opuscules de saint Augustin et de Gerson.** *Manuscrit du commencement du XVe siècle, en partie sur peau vélin et en partie sur papier.* Pet. in-4°, rel. en veau gris moderne.

Ce PRÉCIEUX VOLUME dont l'écriture est fort jolie renferme 7 opuscules divers de saint Augustin : De igne purgatorii, de trinitate, de disciplina christianorum, etc., et 4 traités divers du fameux Gerson, auteur présumé de l'Imitation de J.-C. : de potestate ecclesiastica, de diversis statibus ecclesiasticis, etc. On lit à la fin d'une des pièces de Gerson la date de 1417.

138. **Incipit sermo venerabilis Joh. Gerson de Efficatia orationis.** Tractatus de diversis diaboli temptationibus. Pro devotis simplicibusque. *S. l. n. d.* (*1467*), 3 opuscules de Gerson en 1 vol., petit in-4° goth. de 38 ff. non signés, de 27 lignes à la page, lettres initiales à la main, v. f. fil. (*Rel. anc.*).

SUPERBE VOLUME de la plus irréprochable conservation. Il est attribué à Ulzic Zell et doit avoir été imprimé à Cologne vers 1467.

139. **Sequitur libellus consolatorius** cujus primum capitulum est de Imitatione Christi et comtemptu omnium vanitatum mundi. In fine : *Compilationem hs libelli fit quidam frater Thomas noie ordine canonicorum regularium sancti Augustini Montis sancte Agnetis Trajectensis.* Manuscrit sur papier, d'une jolie écriture cursive du milieu du XVe siècle, de 150 ff. écriture rouge et noire, lettres initiales en couleur, reliure en bois de l'époque. (*Ornements et armes à la première page.*)

PRÉCIEUX MANUSCRIT DE L'IMITATION DE J.-C. dans un fort bel état de conservation.

140. **Imitatio Christi.** Incipit libellus consolatorius ad instructionem devotorum, cujus primum capitulum est de imitacione xpi, etc. *Viri egregii Thome montis sancte Agnetis in Traiecto regularis canonici libri de xpi imitatioe numero quatuor finiunt feliciter, per Gintheum Zainer ex reutlingen pgenitu literis impssi ahenis.* (*Augustæ Vindel*, *circa 1471*), in-f° gothique de 76 ff. non chiffrés à 35 lignes par page, veau fauve (*Rel. anc.*)

PREMIÈRE ET RARISSIME ÉDITION DE L'IMITATION DE JÉSUS-CHRIST. *Elle fait partie d'un recueil, que nous possédons complet, et qui est absolument introuvable.* Nous en donnons ci-après la description rigoureusement exacte : Hieronymus de viris illustribus (ff. 1 à 37).

De essentia divinitatis (ff. 38 à 43). De articulis fidei (ff. 43 verso à 53). De animæ quantitate (ff. 54 à 82). De soliloquio (ff. 83 à 105). Speculum peccatoris (ff. 106 à 110). DE IMITATIONE CHRISTI (ff. 111 à 187). Errores Judœorum (188 à 191.) Probationes (ff. 192 à 199). Processus judiciarius (ff. 200 à 208). Donatus arte (ff. 209 à 215.) De arte moriendi (ff. 216 à 236). En tout 236 ff. imprimés et 1 f. blanc. *Augustæ*, *Ginth. Zainer (circa 1470)*. ff. non chiffrés à 35 lignes par page.

Nous avons indiqué ci-dessus l'ordre suivi par Brunet dans le Manuel du libraire (III, col. 164) Dans notre exempl. on a, et avec juste raison, placé l'Imitation en tête du recueil. Quelques feuillets plus courts ont été autrefois remargés dans le bas, malgré cela *notre volume est magnifique et à toutes marges.*

141. **Tractatus de imitatione Christi** cum tractatulo de meditatione cordis. *Tractatulus venerabilis magistri Johannis Gerson de meditatione cordis. Lugduni impressus per Johannem trechsel anno* Mcccclxxxix, die xi *mensis octobris finit feliciter*, pet. in-4 gothique, de 4 ff. prélim, et 66 ff. chiff., v. f., dent., tr. dor.

Très bel exemplaire de ce BEL INCUNABLE dont l'Imitation porte au commencement et à la fin le nom de Thomas à Kempis, tandis que le nom de Gerson se trouve à la fin du traité *de Meditatione cordis.* TRÈS RARE.

142. **Thomas de Kempis. De imitatione Christi** et de contemptu omnium vanitatum mundi, etc. *Luneborch impressus perme Johannem Luce. Anno dni.* M.CCCC XCIII. *die mense may*, petit in-8 gothique signé A.-X., vélin blanc (*Rel. moderne*).

RARE ET PRÉCIEUX INCUNABLE dont on connait à peine deux ou trois exemplaires. *C'est le premier livre imprimé à Lunebourg.* Notules manuscrites aux premiers feuillets.

143. Thomæ a Kempis de Imitatione Christi libri IV. *Antverpiæ, ex officina Plantiniana Balthasaris Moreti*, 1647, in-12, mar. vert, dent., tr. dor., front. gravé. (*Reliure ancienne.*)

Très bel exemplaire de cette édition rare.

144. **Thomæ a Kempis de Imitatione Christi** libri quatuor. *Lugduni, apud Joh. et Dan. Elsevirios, s. d.*, petit in-12, mar. rouge, riches compartiments dorés, dent., tr. dor. (*E. Niedrée.*)

Superbe exemplaire, dans une charmante reliure, de cette édition si recherchée, la meilleure et la plus jolie de toutes celles données par les Elzéviers. Haut. 126mm.

145. De imitatione Christi libri quatuor auctore Th. a Kempis. *Venetiis, apud Nicol. Pezzana*, 1745, in-12 vél. bl. (*Fig. sur cuivre*).

146. De imitatione Christi libri quatuor. *Impressum Parisiis cura Edwini Tross*, 1858, 1 vol. in-64, caractères microscopiques, mar. r., non rogné, port. (*Etui*).

Petite merveille typographique aujourd'hui fort rare.

147. Le livre de l'Internelle Consolation. Première version franç. de l'Imitation de Jésus-Christ. *Paris, Jannet*, 1856, in-12, pap. vergé, mar. noir, tête dor., ébarb.

148. **Imitation de Jésus-Christ.** *Paris, L. Curmer*, 1856, 2 vol. gr. in-8 (dont un appendice), reliure en cuir de Russie, avec 2 larges fermoirs en argent, dent. à l'int., tête dorée, tranches ébarbées (*Étui*).

Superbe exemplaire de ce bel ouvrage qui renferme une quantité considérable d'encadrements et de figures en chromolithographie et dont chaque page reproduit dans ce qu'ils ont de plus parfait les plus beaux manuscrits que nous a laissés le moyen âge. PREMIER TIRAGE *devenu fort rare.*

149. Imitation de Jésus-Christ, traduite et paraphrasée en vers françois, par P. Corneille. *A Paris, chez Robert Ballard*, 1665, in-8 de 6 ff. prél. et 548 pages, v. br., tr. dor (*Rel. anc.*)

Très bel exemplaire avec la réduction par Simoneau des grandes figures de Chauveau.

150. Les quatre livres de l'Imitation de Jésus-Christ, trad. par. Beauzée. *Paris, Barbou*, 1801, in-12, v. rac., dent., tr. dor. (*Rel. anc.*)

Bel exemplaire avec les fig. de Cochin, Cipriani et Le Sueur, grav. par Prévost.

151. Imitation de Jésus-Christ. Traduction avec réflexions de M. l'abbé Darboy. Illustrations d'Owerbeck. *Paris, Plon, s. d.* (1860), gr. in-8, mar. plein noir, compart. à froid, dent., tr, dor.

152. Recherches sur le véritable auteur de l'Imitation de Jésus-Christ, par M. Malou. *Paris, Casterman*, 1858, in-8, dem. v. f.

153. Recherches sur d'anciennes traductions françaises de l'oraison dominicale, par Gabr. Peignot. *Dijon, Lagier*, 1839, in-8, dem. v. rose, ébarb.

154. **Aurelii Augustini De civitate Dei Libri** XXII. In fine : *Confectum opus Venetiis ab Nicolao Ienson, anno milesimo quadringentesimo septuagesimo quinto : sexto nonas octobres* (1475), petit. in-f° gothique à 2 col., de 14 ff. prélim. pour les *Rubrice*, 288 ff. de texte sans chiffres, récl., ni sign., de 46 lignes à la page, bas. tr. bl. (*Rel. anc.*)

Très bel exemplaire de ce PRÉCIEUX INCUNABLE, parfaitement imprimé. Les lettres initiales sont à la main, et les armes d'un cardinal, premier possesseur du livre, ont été peintes en or et en couleurs dans le bas de la marge du 1er feuillet.

155. **Consolatorium timorate conscientie** vener. fratis Iohannis Nyder, de ordine predicatorum. *Parisiis, per magist. Ulricum, cognomento Gering, anno millesimo.* CCCCLXXVIII (1478), petit in-4, caract. ronds. Signé A. Q. par 8 et R par 4, à 28 lignes à la page, vél. blanc de l'époque.

Très rare volume imprimé par GERING. On sait que c'est lui qui le premier importa l'art typographique à Paris. Petites piqûres.

156. De arte bene moriendi libri duo Robert. Bellarmini. *Parisiis, apud Seb. Martin*, 1662, pet. in-12, v. br.

Petit livre rare imprimé avec les jolis *caractères d'argent* de la *Bible de Richelieu.*

157. **Incipit officium sanctissimi corporis** et sanguinis domini nostri Iesu Christi editum a venerabile sancto Thoma de Aquino, ordinis fratrum predicatorum. Pet. in-4 goth., caractères rouges et noirs de 98 ff. dont le dernier est blanc, rel. en vél. bl. moderne.

MANUSCRIT *sur peau de vélin du XVe siècle.*

158. **Meditationes** vitæ domini nostri Jesu-Christi (per Bonaventuram. *Impressum est hoc psens opusculum in Augusta p. me Gintherum dictu Zeyner de reutlingen. iiii ydus marcii. Anno lx octavo (1468)*. In-fo gothique de 71 ff. sans chiffres, réclames, ni signat., à 35 lignes par page, cart. à la bradel.

Superbe exemplaire d'une conservation irréprochable de ce livre RARISSIME qui est regardé comme le *premier livre imprimé à Augsbourg.*

159. Méditations de la vie du Christ, par saint Bonaventure. Trad. de Riancey. *Paris, Poussielgue*, 1847, 2 in-12, rel. pl. en v. viol., fil., tr. marb.

On y a joint : Méditations de saint Thomas. *Toulouse*, 1852, in-12, dem. rel.

160. Rosario de la gloriosa virgine Maria. *Nella citta de Venetia impresso per Vittor della Serena. Nel anno M.D.XXXXI.* (1541), in-8 goth. de 252 ff. chiffrés et 3 ff. non chiffrés, vél. bl. *(Rel. moderne).*

LIVRE RARE orné de jolis encadrements et de remarquables gravures sur bois qui se trouvent ici en *premières épreuves.*

161. La vierge Marie et le plan divin. — La vierge Marie d'après l'évangile. — La vierge Marie vivant dans l'Eglise, par Aug. Nicolas. *Paris, Vaton*, 1856-60, 3 parties en 4 vol. in-12, bas. pl. tr. jasp.

162. Traité sur le culte de la sainte Vierge, par le P. Ventura de Raulica. *Paris, Camus*, 1860 (*phot.*). — Conférences sur la passion, du même. *Paris, Poussielgue*, 1848, 2 vol. En tout 3 vol. in-12, bas.

163. **Epistole devotissime** de sancta Catharina da Siena. *In la inclita cita de Venetia, in casa de Aldo Manutio Romano a di XV. septembrio.* M.CCCCC. *(1500).* in-fo vél. bl.

Édition FORT RARE *en lettres rondes* et dont, dit Brunet, on trouve difficilement des exemplaires bien conservés. Le nôtre est superbe, bien qu'ayant les 4 prem. ff. remargés.—10 ff. prélim. (avec un beau port. au verso du 10e f.), 414 ff. chiffrés et 1 f. pour le registre et la souscription.

164. Libro devoto de la beata Chaterina Bolognese del ordine del Seraphico sancto Francesco, el qual essa lascio scripto de sua propria ma. *Stampata in Bologna, per Hier. Platone de Benedictis*, 1502-1511, 2 part. en 1 vol. in-4, vél. bl. (*Fig. sur bois*).

165. Opera Thomæ à Campis, cognomento Malleoli, aucta et recognita ; quibus accesserunt aliquot tractatus. *Parisiis, apud Roigny*, 1549, in-fo vél. bl. (*Quelques piqûres de vers.*)

166. Lud Blosii, abbatis Lætiensis, opera omnia. *Lovanii, ex off. Ioannis Bogardi*, 1568, in-f° dem.-rel.

Édition originale collective des œuvres de Louis de Blois.

167. Laurentii Justiniani protopatriarchæ Veneti, opera. *Lugduni, apud heredes Iunctæ*, 1569, in-f° de 809 pp. à 2 col. dem.-rel. v. bl., tr. marbr.

168. Richardi sancti Victoris Scoti opera omnia. *Venetiis, apud Ciottum*, 1592, in-f° vél. bl.

169. **Revelationes cælestes** seraphicæ matris S. Birgittæ Succæ, sponsæ Christi præelectæ, ab cardinale de Turrecremata recognitæ... *Monachii, typis Séb. Rauch*, 1671, in-f° vél. bl. (*Superbe frontispice gravé par Kilian*).

Très bel exemplaire de ces pieuses rêveries.

170. D. Joan. Bona, cardinalis ord. Cisterciensis, opera omnia. *Venetiis, ex typ. Balleoniana*, 1752, in-f°, v. br.

171. Discours du R. P. en Dieu messire Guill. Le Blanc, evesque de Grasse, à ses diocésains, touchant l'affliction qu'ils endurent des loups en leurs personnes et des vermisseaux en leurs figuiers en la présente année 1597. *A Paris, par Iean Richer*, 1599, pet. in-12, mar. citron, fil., dent., tr. dor.

Charmant exemplaire en *reliure ancienne*.

172. Le Chevalier chrestien, contenant un dialogue entre un Chrestien et un Payen. Composé par F. Benoist, capucin. *A Paris, chez Charles Chastellain*, 1609, in-8°, vél. bl. (*Frontispice gravé par L. Gaultier*).

Curieuses figures dans le texte. — *Mystique de la plus grande rareté.*

173. Le Chemin Royal de la Croix, composé par Dom Benoist Hæften et trad. en franç. par le R. P. Didac. *A Paris, chez Iean Henault*, 1667, in-8°, v. br. (*40 fig. en taille douce*).

174. Théologie affective ou Saint Thomas en méditation, par Louis Bail. *Paris, Gallienne*, 1845, 5 in-8°, dem. v. f.

175. Introduction à la vie dévote de Saint François de Sales. Edit. revue par Sylvestre de Sacy. *Paris, Techener*, 1855, 2 tomes en 1 vol. in-12, pap. vélin, mar. r., fil., dent., tr. dor. *(R. Petit.)*

176. Lettres de piété et de direction par Bossuet, avec une préface par M. Sylvestre de Sacy. *Paris, Techener*, 1857, 2 vol. in-12, pap. vél., mar. r., fil., dent., tr. dor.

177. Lettres spirituelles de Fénelon. Edit. revue par Sylvestre de Sacy. *Paris, Techener*, 1856, 3 in-12, pap. vélin, mar. r., fil., dent., tr. dor.

178. Pratiques de la perfection chrétienne, par Rodriguez. Trad. de Regnier des Marais. *Paris, Lecoffre*, 1845, 2 in-12, rel. pl. en v. souris, trois fil., tr. marbr.

179. L'Homme d'oraison, sa conduite dans les voies de Dieu, contenant toute l'économie de la méditation, de l'oraison et de la con

templation, par le P. Jacques Nouet. *Paris*, *Perisse*, 1850, 27 vol. in-18, bas. rac., fil., tr. jasp.

180. Sermons de Jean Tauler, le docteur illuminé, trad. par Ch. Sainte-Foi. *Paris*, *Poussielgue*, 1855, 2 in-8°, dem.-rel. v.

On y a joint : D. Ioannis Thauleri, illuminati theologi, sermones a R. F. Laurentio Surio Carthusiano translata. *Coloniæ*, *apud Quentelium*. 1603, in-4°, v. br.

181. L'Arbre de vie, l'agonie triomphante et traité de l'alliance du Verbe avec l'âme, par saint Laurent Justinien. Trad. par Louis Caillet. *Paris*, *Bray*, 1858-61, 3 vol. in-12, dem. mar. noir., tr. jasp.

182. Traité du Saint-Esprit, par Mgr Gaume. *Paris*, *Gaume*, 1864, 2 in-8°, dem. v. viol.

183. Pèlerinage de deux sœurs Colombelle et Volontairette vers leur Bien-Aimé dans la cité de Jérusalem, mis au jour par Bolswert. *Liège et Lille*, *chez Jacquez*, *s. d.*, in-12, v., f., tr. r. (*Fig.*).

Ouvrage mystique en forme de roman. *Rare.*

184. Œuvres très complètes de sainte Thérèze, entourées de vignettes à chaque page, avec un portr., un fac-simile, etc., et les Œuvres complètes d'Alcantara, de S. Jean de la Croix et de Jean d'Avila, publiées par l'abbé Migne *Paris*, *chez l'éditeur*, 1840, 4 vol. gr. in-8°, rel. pl. en veau viol., fil., tr. marb.

185. Histoire et Œuvres complètes du bienheureux François de Sales. *Paris*, *Louis Vivès*, 1857, 14 vol. in-8°, veau plein, tr. dor. (*Portr.*).

Très bel exemplaire.

186. Œuvres chrétiennes du R. P. Faber. *Paris*, *Bray*, 1857-60, 14 vol. in-18, bas. racine, tr. jasp.

Bethléem. — Le Pied de la croix. — Le Saint Sacrement. — Le Précieux sang. — Progrès de l'âme. — Conférences, etc. — *On y a joint :* Vie et lettres du R. P. Faber, par le R. P. Bowden. *Paris*, *Palmé*, 1872, 2 vol. in-12, même rel.

187. L'Année du chrétien, contenant des instructions sur les mystères et les fêtes, avec la vie d'un saint pour tous les jours de l'année, par le P. Griffet. *Lyon*, *Pitrat*, 1811, 18 vol. in-12, v. écaillé, dent., tr. marb.

Très bel exemplaire.

JURISPRUDENCE.

188. Analyse raisonnée de l'Esprit des lois du président de Montesquieu, par M. Pecquet. *Paris*, *Nyon*, 1768, in-12, v. f., filets, dent., tr. d. (*Aux armes du roi de Bavière*).

Très bel exemplaire.

189. Codes de la législation française avec les lois usuelles, par Napoléon Bacqua. *Paris, Paul Dupont*, 1854, fort vol. in-8°. dem. mar. lav. tr. jasp.

190. Eléments de droit public et administratif, par Foucart. *Paris, Videcocq*, 1839, 3 in-8°, dem.-rel.

On y a joint : Code administratif par Blanchet, 1839, in-8.

191. Le Droit civil ecclésiastique français ancien et moderne, par de Champeaux. *Paris, Courcier, s. d.*, 2 in-8° dem.-rel.

On y a joint : Table alphabétique du Code civil, 1804. — De l'appel comme d'abus (par Mgr Affre), 1845. — Procédure et législation criminelle par Bolland, 1828.

192. Exposition des Principes du droit canonique, par le cardinal Gousset. *Paris, Lecoffre*, 1859, in-8°, bas. rac., tr. jasp.

193. Traité de la puissance ecclésiastique dans ses rapports avec les souverainetés temporelles. Trad. du P. de Lucques par l'abbé Peltier. *Paris, Gaume*, 1857, 2 in-8° dem. v. bl.

On y a joint : la Souveraineté pontificale selon le droit catholique et le droit européen, par Mgr Dupanloup. *Paris, Didier*, 1860, in-8°, dem. v. bl. (*port.*). — Des rapports naturels entre les deux puissances, par l'abbé Rohrbacher. *Paris*, 1838, 2 tomes en 1 vol., dem. v. bl.

SCIENCES ET ARTS.

I. — SCIENCES PHILOSOPHIQUES.

1° Philosophie. — 2° Morale. — 3° Economie politique.

194. Histoire abrégée de la philosophie, par Mgr Bouvier. *Le Mans*, 1841, 2 in-8°, bas., tr. jasp.

195. Histoire comparée des systèmes de Philosophie. Philosophie moderne. *Paris, Ladrange*, 1847, 4 in-8°, dem.-rel.

196. Œuvres de Platon, traduites par Victor Cousin. *Paris, Rey*, 1846, 13 tomes en 12 vol. in-8°, dem. v. viol., tr. jasp.

197. **Œuvres d'Aristote**, traduites pour la première fois en français par Barthélemy de Saint-Hilaire. *Paris, Ladrange*, 1844-66, 16 vol. in-8°, dem. v. f., tr. jasp.

Cet importante collection renferme : Logique, 4 vol. — Psychologie, 1 vol. — Opuscules, 1 vol. — Politique, 1 vol. — Morale, 3 vol. — Poétique, 1 vol. — Physique, 2 vol. — Météorologie, 1 vol. — Traité du ciel, 1 vol. — Production et destruction des choses, 1 vol.

198. La Politique, l'Economique, etc., d'Aristote, trad. par Hoeffer.

Paris, Lefèvre, 1843. — Exposé de la doctrine morale et politique de Platon et d'Aristote, par Lezaud. *Paris, Didot*, 1851. — La vie et les écrits de Platon, par Chaignet. *Paris Didier*, 1871. En tout 3 vol. in-12, dem.-rel.

199. L. Annæi Senecæ philosophi opera, Mureti notis illustrata. *Parisiis, apud Nic. Nivellium*, 1587, in-f° veau racine, large dent. sur les plats, dos fleurdelisé, tr. marb. *(Rel. anc. restaurée)*.

Aux armes de France.

200. Œuvres de Senèque le Philosophe. Traduction de Lagrange. *A Tours, chez Letourmi, an III* (1795), 7 in-8°, dem.-rel., tr. jasp. *(Port.)*

201. Œuvres de Macrobe. Traduction de MM. Descamps, Dubois, etc. *Paris, Panckoucke*, 1845, 3 vol. in-8°, dem. v. souris, tr. jasp.

De la bibliothèque Latine-Française. Bel exemplaire.

202. Les livres classiques de l'empire de la Chine, recueillis par le Père Noël. *A Paris, chez de Bure*, 1784, 7 tomes en 5 vol. in-12, v. f.

Très joli exemplaire.

203. Système général de philosophie, extrait des ouvrages de Descartes et de Newton (par le P. Paulian). *Avignon, Seguin*, 1769, 4 vol. in-12, v. écaille, tr. r.

204. De la recherche de la Vérité, par Malebranche. *A Paris, chez Est. David*, 1721, in-4°, v. br.

205. Psychologie expérimentale et Philosophie morale, par Bautain. *Paris, Ladrange*, 1839-42, 4 vol. in-8°, dem. v. br.

206. Les essais de Michel de Montaigne. *A Paris, chez Christ. Journel*, 1659, 3 vol. in-12 bas. *(Front. grav.)*.

207. De la Sagesse. Trois livres par Pierre Charron. *A Leide, chez les Elzeviers*, 1646, in-12, vel. bl. *(Front. grav.)*.

Bel exemplaire. Haut. 129mm.

208. De la Sagesse, par Pierre Charron. *A Paris, chez Christ. Journel*, 1657, in-12, v. f., tr. r. *(Manque la partie supérieure du titre)*.

209. De l'esage des passions, par le R. P. Senault. *Suivant la copie imprimée à Paris (Leyde, Elzevier)*, 1643, in-12, v. f., filets, tr. dor. *(Front. grav.)*.

Charmant exemplaire. Haut. 127mm.

210. Pensées, fragments et lettres de Blaise Pascal, publiées par Prosper Faugère. *Paris, Andrieux*, 1844, 2 in-8°, dem. v. gris *(Port.)*.

211. La Sagesse chrestienne ou les principales vérités du Christianisme, par le P. Guilleminot. *Paris, Remy*, 1681, in-4°, v. br., dentelles fleurdelisées sur les plats, tr. dor. *(Aux armes de France)*.

212. Caractères de Labruyère. *Paris, Didot*, 1853. — L'esprit des lois, de Montesquieu. *Paris, Lavigne*, 1843. — Œuvres de Chamfort. *Paris, Delahaye*, 1857. En tout 3 vol. in-12, dem. v. f.

213. Œuvres de Madame de Maintenon. Entretiens et lettres sur l'éducation des filles. — Conseils aux demoiselles. — Lettres édifiantes. *Paris, Charpentier*, 1854-57, 6 vol. in-18, dem.-rel., v. gris.

214. Œuvres complètes de Vauvenargues. *Paris, Brière*, 1821, 3 in-8°, dem.-rel.

215. Emile ou l'Éducation, par J.-J. Rousseau. *A Amsterdam, chez Jean Néaulme*, 1762, 4 vol. in-12, v. br. *(Fig. d'Eisen)*.

Édition originale.

216. L'Ecole des mœurs ou réflexions morales et historiques sur les maximes de la Sagesse, par l'abbé Blanchard. *Lyon, Bruyset, an XII*, 6 vol. in-12, v. rac., tr. r.

217. Des Compensations dans les destinées humaines, par Azaïs. *Paris, Eymery*, 1825, 3 in-8°, dem. rel. *(Portr.)*.

On y a joint : De la solitude, par Zimmermann. *Paris*, 1840, in-8°, dem.-rel.

218. Des Etablissements charitables de Rome, par Lefebvre. *Paris*, 1860. — Auprès des malades, par le P. Price. *Paris*, 1860. — Alliance de la Médecine et de la Religion, par l'abbé Crozat. *Paris, Douniol*, 1873. En tout 3 vol. in-12 bas., tr. jasp.

219. L'Ouvrière, par Jules Simon. *Paris, Hachette*, 1861. — Essai sur l'art d'être heureux, par Jos. Droz. *Paris, Renouard*, 1853 *(portr.)*. — Aveux d'un Philosophe chrétien, par le même. *Paris*, 1849. En tout 3 vol. in-18, bas. tr. jasp.

220. Pensées du comte Joseph de Maistre. *Toulouse, Privat, s. d.*, 2 vol. — Joseph de Maistre et ses détracteurs, par Roger de Sezeval. *Paris, Tolra*, 1865, 1 vol. En tout 3 vol. in-12, dem.-rel.

221. De la Haute Education intellectuelle, par Mgr Dupanloup. *Paris, Lecoffre*, 1857, 3 in-8°, dem.-rel.

222. De l'Education, par Mgr Dupanloup. *Paris, Lecoffre*, 1850, 3 in-8°, dem.-rel.

223. Mémoires des sages et royales œconomies d'estat, domestiques, politiques et militaires de Henry le Grand, de Maximilian de Bethune (duc de Sully). *A Amstelredam, chez Alethinosgraphe, s. d.* (1638), 2 vol. in-f°, dem.-rel. v. f.

Édition originale *aux trois V verts*. On sait qu'elle a été imprimée au chateau de Sully. Le titre du tome Ier a été refait avec une merveilleuse habileté.

224. De la Fortune publique en France et de son administration, par Macarel. *Paris*, 1838, 3 vol. — Histoire financière de la France, par Bresson, 1840, 2 vol. — Histoire de la Féodalité financière, par Toussenel, 1847, 2 tomes en 1 vol. — Histoire financière de l'empire britannique, par Pablo de Pebrer. *Paris*, 1839, 2 vol. En tout 8 vol, in-8°, dem.-rel.

225. La Réforme sociale en France, par Le Play. *Paris, Dentu*, 1867, 3 vol. — L'Organisation du travail, par le même. *Tours, Mame*, 1870. En tout 4 vol. in-8°, dem.-rel. v. gris.

226. Histoire de l'administration de la Police depuis Philippe-Auguste jusqu'en 1789, par Frégier. *Paris, Guillaumin*, 1850, 2 in-8°, dem-rel.

227. Des Classes dangereuses de la population dans les grandes villes, par Frégier. *Paris, Baillière*, 1840, 2 in-8°, dem.-rel. v. f., tr. marb.

228. Dictionnaire universel de la vie pratique à la ville et à la campagne, par Belèze. *Paris, Hachette*, 1859, 1 tome en 2 vol. gr. in-8°, dem.-rel. v. viol., tr. j.

229. Le Livre des ménages, par Belèze. *Paris, Hachette*, 1860. — La Cuisine française, par Gogué. *Paris, Hachette*, 1865, 2 vol. in-12, dem.-rel.

230. Essai sur la liberté d'écrire chez les anciens et au moyen-âge, et sur la liberté de la presse depuis le xve siècle, par Gabriel Peignot. *Paris, Crapelet*, 1832, in-8°, dem. v. vert., tr. jasp.

231. Le Parfait Courtisan, du comte Baltasar. En deux langues. De la traduction de Gabr. Chapuis, Tourangeau. *A Paris, par Nic. Bonfons*, 1585, in-8°, v. br.

232. Œuvres de Don Barth. de Las Cases, évêque de Chiapa, défenseur de la liberté des naturels de l'Amérique, par Llorente. *Paris, Eymery*, 1822, 2 in-8° bas. *(Port.)*.

233. Essai théorique de Droit naturel basé sur les faits, par le R. P. Taparelli d'Azeglio. Trad. de l'italien. *Paris, Casterman*, 1857, 4 in-8°, dem. v. f., tr. jasp.

234. Œuvres de M. de Bonald. (Théorie du pouvoir. — Essais. — — Recherches. — Mélanges.) *Paris, Adrien Le Clère*, 1854, 7 vol. in-8°, dem.-rel.

II. — SCIENCES PHYSIQUES ET NATURELLES.

1° Physique et Chimie. — 2° Histoire naturelle. — 3° Médecine.

235. Cosmos. Essai d'une description physique du monde, par Alexandre de Humboldt ; trad. par Faye. *Paris, Gide*, 1847, 4 in-8°, rel. bas.

On y a joint du même auteur : Correspondance scientifique et littéraire. *Paris, Ducrocq*, 1865-69, 2 in-8° (*port. et fac. simile*). — Mélanges de Géologie et de Physique. *Paris, Gide*, 1854, 1 in-8°.

236. Eléments de Physique expérimentale et de Météorologie, par Pouillet. *Paris, Hachette*. 1856, 3 vol. in-8° (dont 1 d'atlas), dem.-rel. v. gr., tr. jasp.

237. Le Soleil. Exposé des principales découvertes modernes, par le P. Secchi. *Paris, Gauthier-Villars*, 1870, in-8°, rel. pl. en bas. rac.

238. Cours élémentaires de Chimie, par Regnault. *Paris, Masson*, 1853, 4 in-18, dem. mar. v. (*Fig.*).

239. **Histoire naturelle de Pline**. Traduction nouvelle par M. Ajasson de Gransagne. *Paris, Panckoucke*, 1829-1833, 20 vol. in-8°, dem.-rel. v. souris, tr. jasp.

De la Bibliothèque Latine-Française. *Superbe exemplaire.*

240. La Terre et les Mers ou Description physique du Globe, par Louis Figuier, avec 181 vignettes et 20 cartes. *Paris, Hachette*, 1864, gr. in-8°, dem. v. gris. tr. jasp. (*Fig.*).

241. Minéralogie des volcans ou Description de toutes les substances rejetées par les feux souterrains. *Paris, Cuchet*, 1784, in-8°, dem.-rel. (*Fig.*).

242. Histoire d'un Diamant, par Léon Gozlan. *Paris, Lévy*, 1862. — Histoire d'un Billet de banque, par de Silva. *Paris, Cretté*, 1868, 2 vol in-12, dem.-rel.

243. Géologie pratique de la Louisiane, par R. Thomassy. Accomp. de 6 planches. *Paris, Lacroix*, 1860, in-4°, dem.-rel. (*Fig.*).

244. **Le Règne animal** distribué d'après son organisation, pour servir de base à l'histoire naturelle des animaux et d'introduction à l'anatomie comparée, par Georges Cuvier. *Paris, Masson*, 1836-49, 11 vol. gr. in-8° en 10 vol. avec 11 atlas aussi en 10 vol. contenant ensemble 993 planches coloriées, dem.-rel. mar. vert, fil., tr. jasp.

Superbe exemplaire avec les FIGURES COLORIÉES de ce magnifique ouvrage qui a coûté, sans la reliure, 1310 fr.

245. **Dictionnaire universel d'histoire naturelle** résumant tous les faits présentés par les encyclopédies... et par MM. Arago, Boitard, Milne-Edwards, etc., etc., par M. Charles d'Orbigny. *Paris, Renard et Martinet*, 1847-49, 13 vol. gr. in-8°, plus 3 vol. in-4° contenant 288 fig. coloriées, dem.-rel. mar. vert, tr. jasp.

Superbe exemplaire de PREMIER TIRAGE dont les planches sont *coloriées à la main* et bien supérieures à celles des éditions modernes.

246. Œuvres complètes de M. le comte de Buffon. *A Paris, de l'Imprimerie Royale*, 1774-85, 54 vol. in-12 (y compris la table), veau écaille, fil., dent., tr. marb. (*Portr., cartes et fig.*).

247. Cours élémentaire d'histoire naturelle, par MM. Milne-Edwards, de Jussieu et Beudant (Zoologie. — Botanique. — Minéralogie et Météorologie). *Paris, Masson*, 1852, 4 in-18, dem.-rel. (*Fig.*).

248. La vie des animaux. Histoire naturelle par le Dr Jon. Franklin. Trad. par Esquiros. *Paris, Hachette, s. d.*, 6 vol. in-18, dem.-rel. v. gris.

249. Dictionnaire élémentaire de botanique, par Bulliard. *Paris, Didot*, 1783, in-f°, dem.-rel. (*Fig. col.*).

250. Etudes de la Nature, par J.-H. Bernardin de Saint-Pierre. *Paris, Didot*, 1784, 3 vol. in-12 bas. (*Fig. de Moreau*). — Harmonies de la Nature, du même. *Paris, Méquignon*, 1815, 3 tomes en 4 vol. bas. (*Portr.*).

251. Les Agronomes latins. Caton, Varron, Columelle, etc. Avec la trad. de Nisard. *Paris, Dubochet*, 1844, gr. in-8°, dem.-rel. v., tr. jasp.

252. Economie rurale de Varron, trad. par Rousselot. *Paris, Panckoucke*, 1843, in-8°, dem. v. souris. — Etude sur la Vie et les Ouvrages de Varron, par Boissier. *Paris, Hachette*, 1861, in-8°, dem. v. viol.

253. Nouveau Cours complet d'Agriculture théorique et pratique avec figures. *Paris, Deterville*, 1809, 13 vol. in-8°, dem.-rel.

254. Cours d'Agriculture, par le comte de Gasparin. *Paris, Maison rustique*, 1843, 5 vol. in-8°, dem.-rel.

255. Maison rustique du XIXe siècle. Encyclopédie d'agriculture pratique. *Paris*, 1835-44, 5 vol. gr. in-8°, dem.-rel. (*Fig.*).

256. Traité du Maïs ou Blé de Turquie, par Duchesne, avec planches coloriées. *Paris, Huzard*, 1833, in-8°, mar. rouge, 7 filets et compart. dorés sur les plats, dos orné, filets à l'int., tr. dor. (*Bauzonnes*).

Exemplaire de *Louis-Philippe*.

257. **(H)ortus sanitatis.** De herbis et plantis, de animalibus et reptilibus ; de avibus, de piscibus, de lapidibus, etc., authore Joan. Cuba. *Impressum est hoc opus in inclyta civitate Moguntina, in qua et ars ac scientia caracterisandi seu imprimendi fuit primum inventa, anno salutis millesimo quadringentesimo nonagesimo primo* (1491), in-f° gothique de 439 pages, fig. en bois, rel. de l'époque en peau de truie estampée (*Fig.*).

ÉDITION DE LA PLUS GRANDE RARETÉ ET LA PLUS BELLE de ce curieux ouvrage. La souscription est digne d'attention en ce qu'elle attribue d'une manière absolue à MAYENCE l'honneur d'avoir inventé la science des caractères mobiles et l'art de l'imprimerie.—SUPERBE EXEMPLAIRE.

258. Dictionnaire de Médecine usuelle à l'usage des gens du monde, etc., par le docteur Beaude. *Paris, Didier*, 1849, 2 vol. gr. in-8°, dem. mar. lav.

259. Traité d'Anthropologie physiologique et philosophique, par le Dr Frédault. *Paris, Baillière*, 1863, in-8°, dem. v. f. — Exposition de la Doctrine médicale homœopathique, par Hahnemann. Trad. par le Dr Jourdan. *Paris, Baillière*, 1856, in-8°, dem. v. f. (*Portr.*).

260. Précis de Physiologie humaine, par Debreyne. *Paris, Poussielgue*. 1844. — Essai sur la Théologie morale pour faire suite au précédent, par le même. *Paris, Poussielgue*, 1843, 2 in-8°, rel. bas. dent., tr. jasp.

III. — SCIENCES MATHÉMATIQUES ET SCIENCES OCCULTES.

1° Astronomie. — Art militaire. — 2° Démonologie et Prophéties.

261. Atlas céleste, contenant plus de 100,000 étoiles et nébuleuses, par Ch. Dien. Introd. de Babinet. *Paris*, *Gauthier-Villars*, 1865, gr. in-f°, dem. mar. v. avec coins, plats en toile.

262. Traité des Mesures itinéraires anciennes et modernes, par M. d'Anville. *A Paris, de l'Impr. royale*, 1769, in-8°, v. rac., tr. r.

Ouvrage plein de recherches intéressantes.

263. Les grandes Inventions anciennes et modernes, par Louis Figuier, *Paris*, *Hachette*, 1863, gr. in-8°, dem. v. f. (*Fig.*).

264. Flavi Vegeti de re militari libri quatuor cum commentariis God. Stewechi. *Lugduni-Batavorum, ex off. Christ. Plantini*, 1585, in-4°, v. br. (*Nombr. fig.*).

265. Histoire de la Milice françoise depuis les Gaulois jnsqu'à la fin de Louis le Grand, par le P. Daniel. *Paris*, *Prault*, 1728, 2 in-4, v. br. (*Fig.*).

Très bel exemplaire d'un ouvrage rempli de curieuses recherches, dit Brunet, et orné de nombreuses figures d'une parfaite exécution.

266. Mélanges tirés d'un portefeuille militaire par le général Marquis Costa de Beauregard. *Turin*, *Pie*, 1817, 2 in-8 bas. (*Ex dono autoris*).

267. **Dyalogus singularissimus et perutilis** viri occullentissimi domini Symphoriani Lugdunensis, in magicarum artium destructionem, cum suis anexis de fascinatoribus, de incubis et de demoniacis..... *Impressum Lugduni per Magist. Guillermum Balsarin*, xxviij *die mensis augusti* (*circa 1500*), pet. in-4 goth. de 20 ff. non chiffrés, dont le dernier ne contient que la marque de l'imprimeur, dem.-rel.

Opuscule rarissime *de Symphorien Champier*, avec une gravure en bois au verso du titre. On a relié dans le même vol. 3 opuscules gothiques de la plus grande rareté : 1° Revelatio de Tribulationibus nostrorum temporum et de conversione Turcorum : ostenta Florentie hieronymo de Ferraria. *Impressum Parisii per Guidonem Mercatoris*, 1496, pet. in-4° goth., sign. A. D. par 8 et C par 6. (*Fig. sur bois*) ; — 2° Dion de Troia non capta. *Parisiis*, *a felice Baligault*. *anno M. quadringentesimo nonagesimo quarto* (*1494*). petit-in-4° goth. de 18 ff. sign. — 3° In hoc libello continentur : Athenagoras de resurrectione, de morte, etc. *Parisiis*, *à Guidone Mercatore*, *1498*, pet. in-4° goth. 14 ff., sign.

L'ouvrage de Champier est parfait de conservation, mais le haut de la marge du dernier traité a quelques raccommodages et moisissures.

268. Traité des Anges et Démons, du R. P. Maldonat. Mis en françois par François de la Borie, chanoine à Périgueux. *A Rouen, chez Iacques Besongne*, 1616, pet. in-12, mar. r., dent., tr. ébarb.

Curieux et rare petit volume.

269. Prophetia Anglicana et Romana hoc est, Merlini Ambrosii Britanni, ex incubo olim, ante annos mille ducentos in Anglia nati, vaticinia, a Galfredo Monumetensi latine conscripta..... *Francofurti, typis Ioannis Spiessi*, 1608, pet. in-8 de 325 ff. chiffrés, mar. r., dent., tête dor., ébarb. (*Thompson*).

Superbe exemplaire NON ROGNÉ, contenant la version latine des fameuses prophéties de Merlin, avec le commentaire d'Alain, de Lille, en Flandre.

IV. — BEAUX-ARTS.

1° Peinture, Gravure et Architecture. — 2° Arts divers.

270. Chefs-d'œuvre de l'art chrétien, par Armengaud. *Paris, typogr. de Lahure*, 1858, pet. in-f°, pap. vél., titre en couleurs, cart. en toile rouge, fers spéciaux, tr. dor.

Très bel exemplaire de ce joli volume publié à 80 fr. et qui contient une quantité considérable de magnifiques gravures sur bois.

271. Galeries publiques de l'Europe, par Armengaud. Rome. *Paris, typogr. Lahure*, 1859, gr. in-f°, dem. mar. r., plats en toile, tr. dor. (*Armes pontificales sur les plats*).

Magnifique ouvrage imprimé sur beau papier vélin et orné d'une quantité prodigieuse de fort belles gravures sur bois.

272. **Chefs-d'œuvre de la peinture italienne,** par Paul Mantz. Ouvrage contenant 20 planches chromolithographiques exécutées par Kellerhoven et 30 planches gravées sur bois. *Paris, Firmin Didot*, 1870, in-f° cart. à la bradel, toile verte avec ornem. dorés, tranches ébarbées.

PAPIER VÉLIN A LA FORME, tiré à 270 exempl. N° 249. *Fig. en couleurs* et fig. sur bois *sur chine* AVANT LA LETTRE.

273. L'art au XVIII° siècle, par Edmond et Jules de Goncourt. *Paris, Rapilly*, 1873, 2 in-8, papier vergé teinté, dem. v. f., ébarbé.

274. Vita et Passio D. N. Jesu Christi, quadraginta imagines Evangelicæ delineatæ a Fred. Overbeck. *Dusseldorpii, Schulgen, s. d.*, in-f° obl., dem. mar. viol. avec coins.

Magnifiques planches de la plus belle exécution.

275. Vita del serafico S. Francesco. Scritta da S. Bonaventura et aggiuntori le figure delle attioni et miracoli di questo glorioso santo. *In Venetia, Simon Galignani*, 1593, in-4, cart., tr. r. (*Fig.*).

Titre gravé et 9 belles figures sur cuivre signées *Franco f.*

276. Vita D. Thomæ Aquinatis Othonis Vœni ingenio et manu deli-

neata. *Antverpiæ, sumptibus Othonis Væni,* 1610, in-f°, mar. noir, tr. dor.

Superbe recueil de 1 titre gravé, 2 ff. de texte et 30 planches sur cuivre (avec un texte latin dans le bas), supérieurement exécutées par Vœnius *d'après Bocl, van Paendren, Swanenburg et Galle.* Au commencement et à la fin un certain nombre de pages blanches ajoutées à la reliure.

277. Gloriosus Franciscus redivivus, sive chronica observantiæ strictioris.....; ejusdemque per Christianos orbes non solum sed et American, Peru, Chinas, Japones, Indos, etc..... Distincta et 28 fig. æneis ornata (authore R. P. Mariano). *Ingolstadii, ex officinâ W. Ederi*, 1625, in-4, v. f., tr. r. (*Fig.*).

Vol. rare et d'une certaine importance pour l'histoire de l'Amérique.

278. Vita sancti Ignatii Loiolæ, societatis Iesu fondatoris augustæ. *S. l.*, 1638, pet. in-8, texte allemand et latin, vélin blanc (*Reliure moderne*).

Très bel exemplaire. Curieux recueil de 1 frontispice et 100 fig. très finement gravées sur cuivre par *Wolf Killian* représentant dans tous leurs détails la vie et la mort de saint Ignace de Loyola. *Rare.*

279. Imago primi sæculi societatis Iesu, a provincia Flandro-Belgica ejusdem societatis repræsentata. *Antverpiæ, ex off. Plantiniana*, 1640, in-fol., vél. bl., orn. dor., titre gravé (*Rel. anc.*).

Superbe exemplaire d'un ouvrage rare et recherché qui renferme 123 belles fig. emblématiques gravées sur cuivre, *par Corn. Galle.*

280. Societas Jesu usque ad sudorem et mortem pro salute proximi laborans (auct. Math. Tanner). *Pragæ, in collegio societatis Jesu, s. anno*, pet. in-4, vél. bl. (*Rel. anc.*).

Rare et PRÉCIEUX RECUEIL de 197 fig. sur cuivre et à pleines pages, de *Heinsch*, gravées par *Kilian*, représentant tous les traits d'héroïsme ou de vertus chrétiennes des membres de la société de Jésus, avec un texte gravé au bas de chaque planche. *Magnifique exemplaire.*

281. Figures et abbrégé de la vie, de la mort et des miracles de saint François de Paule, fondateur de l'ordre des Minimes, par Ant. Dondé. *A Paris, chez Fr. Muguet*, 1671, in-fol., v. br.

RARE. Titre gravé et 24 superbes figures sur cuivre, renfermant chacune 4 médaillons, gravées par *Poilly, Lommelin, Abrah. Bosse, Michel Lasne, etc.* On a joint à ce bel exemplaire : *Les portraits de quelques personnes signalées en piété de l'ordre des Minimes, avec leurs éloges. Paris, 1668, in-f° avec 18 pl., dont 15 port. d'après Ch. Le Brun, Prévost, etc.*

282. Effigies S. Antonii Paduani, *Augspurbg, Kaufmann*, 1699, in-4, bas.

Cette vie illustrée de saint Antoine de Padoue est rare. Le texte est en vers allemands et en latin. Le frontisp. et les 53 fig. sur cuivre sont gravées par *Matth. Wolffgang, d'après Perreti.*

283. Galerie de saint Bruno, fondateur de l'ordre des Chartreux, peinte par Le Sueur, dessinée et gravée par A. Villerey. *Paris, chez Villerey*, 1816, in-8, dem.-rel. (*Fig.*).

284. Collection complète des costumes de la cour de Rome et des ordres religieux des deux sexes, dessinée d'après nature par

Perugini avec un texte de l'abbé Pascal. *Paris, chez l'auteur*, 1852, in-4, dem. mar. viol. (*Fig.*).

Beau recueil de 80 PLANCHES COLORIÉES.

285. **Galerie française** ou Collection de portraits des hommes et des femmes qui ont illustré la France dans les XVIe, XVIIe et XVIIIe siècles, avec des notices et des fac-simile, par une société d'hommes de lettres et d'artistes. *Paris, Firmin Didot*, 1821, 3 vol. gr. in-4, papier vélin, dem.-rel, entièrem. ébarb.

SUPERBE OUVRAGE renfermant plus de 150 portraits lithographiés et autant de fac-simile. Il a été publié en 38 livraisons à 6 fr. 50 chachune.

286. **Portraits des personnages célèbres de la Révolution** avec tableau historique et notices, par Quenard. *A Paris, de l'imprim. du Cercle social*, 1796, 4 tomes en 2 vol. in-4, dem.-rel.

Très bel exemplaire de ce bel ouvrage qui renferme *200 portraits* aujourd'hui fort recherchés.

287. **Tableaux historiques de la Révolution française**, ouvrage orné de 222 gravures (avec des discours par l'abbé Fauchet, Chamfort et Guinguené, pour les 25 premières livraisons ; la suite par Pagès). *Paris, Aubert*, 1804, 3 vol. gr. in-fol., dem.-rel. mar. rouge, tranches ébarbées.

Magnifique exemplaire très beau d'épreuves et irréprochable de condition.

288 Réunion de 40 grandes images catholiques composées par le Père Lacoste et lithograph. par Colette. *Paris, Bertin, s. d.*, gr. in-fol., dem.-rel.

289. Les premières œuvres de Gavarni. Texte par Arsène Houssaye. *Paris, publié par l'artiste, s. d.*, gr. in-fol., dem.-rel. mar. r.

Collection de 20 belles lithographies *tirées en rouge* SUR CHINE *et* AVANT LA LETTRE.

290. Œuvres nouvelles de Gavarni. *Paris, Librairie Nouvelle, s. d.*, 4 vol. in-fol., dem.-rel. mar. r., plats en toile, tr. dor.

Superbe exemplaire renfermant près de 400 lithographies, œuvre capitale de Gavarni.

291. S.Marco in Firenze illustrato è inciso nei dipinti del B. Giovann Angelico, con la vitta del pittore del P. Marchese. *Firinze, presso la Societa artistica*, 1853, in-fol., texte encadré, dem. mar. avec coins, tr. jasp. (*Fig.*).

Très bel exemplaire avec les 40 grandes gravures tirées sur *papier de Chine*.

292. Les plus belles Eglises du monde. Notices historiques et archéol. par l'abbé Bourassé. *Tours, Mame*, 1857, gr. in-8, dem. v. gris (*Fig. sur bois*).

293. Fontevrault et ses Monuments. Histoire de cette royale abbaye par l'abbé Edouard. Avec gravures et armoiries. *Paris, impr. Cathol.*, 1873, 2 vol. gr. in-8, dem.-rel., tr. jasp. (*Fig.*).

294. La Fauconnerie de Charles d'Arcussia, seigneur d'Esparron, etc., divisée en trois livres, avec une briefve instruction pour traiter les autours. *A Aix, par Iean Tholozan*, 1598, p. in-8, vel. bl. (*Fig.*).

Rare et recherché. Titre et dernière page en mauvais état.

295. La Chasse au lion, par Jules Gérard. Ornée de grav. de Gust. Doré. *Paris, Librairie Nouvelle*, 1855, gr. in-8, dem. mar. r. (*Portr. et fig.*).

Premier tirage devenu rare.

296. Essai sur la Reliure des livres et sur l'état de la Librairie chez les anciens (avec planches), par Gabr. Peignot. *Dijon, Lagier*, 1834. in-8, dem. mar. avec coins, ébarb.

297. L'Art de la Reliure en France aux derniers siècles, par Edouard Fournier. *Paris, Gay*, 1864, in-12, pap. vergé, dem. mar. lav. avec coins, tête dor., ébarb.

Extrêmement rare.

298. Essai sur l'art de restaurer les estampes et les livres. — De la Réparation des vielles reliures, par Bonnardot. *Paris, Castel*, 1858, 2 ouvr. en 1 vol. in-12, dem. v. f., ébarb.

Deux traités devenus fort rares.

BELLES LETTRES.

I. — LINGUISTIQUE ET RHÉTORIQUE.

Dictionnaires. — Rhéteurs anciens et modernes.

299. **Liber etymologiarum.** Isidori hispalensis episcopi. Finit liber etymologiarum. *S. l. n. d.* (1483), in fol. gothique à 2 col., de 4 ff. non chiffrés pour la table, et 101 ff. chiffrés de 58 lignes à la page, dem.-rel. bas. (*Rel. anc.*).

Dans le même volume: Libri de summo bono sancti Isidori. Finit liber tertius et ultimus de sumo bono. *Impressus Venetiis, per Petrum Loslein de Langencen*, M CCCC.LXXXIIJ., in-f° goth. à 2 col., de 2 ff. non chiff. pour la table et 28 ff. chiffrés de 58 lignes à la page.

Ce dernier ouvrage est imprimé avec des caractères absolument semblables au premier auquel il donne ainsi une date certaine.

300. **Suidæ lexicon græce et latine.** Textum gr. a quamplurimis mendis purgavit, notisque illustravit : versionem lat. Æmilii Porti correxit, indicesque adjecit Ludolphus Kusterus.

Cantabrigiæ, typis academicis, 1705, 3 vol. in-fol., dem.-rel., entièrem. ébarb.

La meilleure édition de cet important ouvrage. Superbe exemplaire provenant de la vente de M. BOISSONADE, dont il porte la signature, avec de nombreuses notes manuscrites du savant helléniste.

301. Novitius seu Dictionarium latino-gallicum ou Dictionnaire latin-françois, etc. *Lutetiæ Parisiorum, apud Huguier*, 1721, 2 vol. in-4, v. br.

302. Marci Terentii Varronis quæ supersunt ex libro quem de lingua Latina ac verborum origine conscripsit, fragmenta. *Parisiis, apud Simonem Colinæum*, 1529, in-8, v. f., tr. r.

303. Dictionnaire national ou Dictionnaire universel de la langue française, par Bescherelle. *Paris, Garnier*, 1849, 2 forts vol. in-4, dem. mar. viol., tr. jasp.

304. Dictionnaire français-allemand et allemand-français, par W. de Suckau. *Paris, Hachette, s. d.*, 2 forts vol. in-8, dem. ch. noir, plats en toile.

305. Dictionnaire français-anglais et anglais-français en abrégé, de Boyer. *Lyon, Bruyset*, 1783, 2 vol. gr. in-8, dem. v. f.

306. Nouveau Dictionnaire italien-français et français-italien. par le sieur Veneroni. *Basle, Tourneisen*, 1750, 2 in-4, dem. v. f. (*Front. grav*).

307. Nouveau Dictionnaire espagnol-français et français-espagnol, par Gattel. *Lyon, Bruyset*, 1790, 3 vol gr. in-8, dem. v. f.

308. Œuvres complètes de Démosthène et d'Eschine, trad. en franç. par l'abbé Auger. *Angers, Mame*, 1804, 6 vol. in-8 bas., dent., tr. jasp. (*Portr. et carte*).

309. **Sermons du Père Bourdaloue**, de la compagnie de Jésus. *A Paris, chez Rigaud*, 1707-1734, 16 vol. in-8, cart. à la bradel, dos en mar. r., entièrem. ébarb. (*Rel. anc*).

*Superbe exemplaire de l'*ÉDITION ORIGINALE COLLECTIVE des sermons de Bourdaloue. Elle est fort rare et (dit Brunet) on n'en trouve pas facilement des exemplaires bien conservés et uniformément reliés.

II. — POÉSIE.

1° Poètes grecs et latins.

310. **Œuvres d'Homère**, traduites en français par Dugas-Montbel (avec le texte grec en regard). *Paris, Didot*, 1828-34, 9 in-8, v. f., fil., tr. jasp.

Bel exemplaire sur *papier vélin*. Rare.

311. L'Iliade et l'Odyssée d'Homère. Trad. de Mme Dacier. *Paris, Charpentier*, 1851-53, 2 vol. in-12, rel. pl. v. f., filets, tr. marb.

312. Iliade d'Homère, traduite en vers par M. de Rochefort. *A Paris, chez Saillant*, 1772, 3 in-8, dem.-rel., tr. marb. (*Portr. grav. par Saint-Aubin*).

313. L'Odyssée d'Homère, trad. en vers par M. de Rochefort. *A Paris, chez Brunet*, 1777, 2 in-8, v. éc., filets, tr. marb. (*Portr. grav. par Aug. de Saint-Aubin*).

314. Pindari opera quæ supersunt, textum in genuina metra restituit et indicem adjecit Aug. Bœckhius. *Lipsiæ, Weigel*, 1811-1821, 2 tomes en 3 vol. in-4, dem.-rel. v.

Une des meilleures éditions du grand poète lyrique. Bel exemplaire.

315. Odes de Pindare, avec le texte en regard et des notes par Perrault-Maynand. *Paris, Perisse*, 1848, 3 vol. in-8, dem. v. f.

316. Idylles et autres poésies de Théocrite, trad. en franç. par Gail. *Paris, Didot*, 1792, in-8, papier vélin, marocain rouge, dent. sur les plats et à l'int., tr. dor. (*Bradel-Derome*).

Très bel exemplaire.

317. Æsopi Phrygis vita et fabellæ. — Homeri batrachomyomachia. — Musæus de Ero et Leandro. — Agapetus ad Justinianum Cæsarem. — Galeomyomachia (græce et latine). *Apud Ioan. Frobenium, in inclyta Basilea*, 1518, in-8, rel. en peau de truie estampée, coins rongés (*Encadrements en bois*).

318. Lycophronis Chalcidensis Alexandræ, sive Cassandræ versiones duæ : una ad verbum, altera carmine expressa. *Basileæ, per Ioan. Oporinum*, 1566, in-4, v. bl. (*Rel. anc.*).

Très bel exemplaire.

319. Flore latine des dames et des gens du monde, par Larousse. Préface de Jules Janin. *Paris. Larousse, s. d.*, gr. in-8, dem. v. f. (*Photogr.*).

320. Virgilii Maronis opera, notis illust. Cor. Ruæus ad usum Delphini. *Parisiis apud S. Benard*, 1682, in-4, v. br. (*Frontisp. gravé et vign.*).

321. **Publii Virgilii Maronis** Bucolica, Georgica et Æneis. *Birminghamiæ, typis Joh. Baskerville*, 1757, gr. in-4, v. br., tr. jasp.

Chef-d'œuvre de Baskerville. Bel emplaire du PREMIER TIRAGE.

322. Publii Virgilii Maronis carmina omnia explicuit Fr. Dubner. *Parisiis, ex typ. Didot*, 1858. in-12, mar. vert, fil., dent., tr. dor. (*Fig.*).

Charmante édition dont le texte est encadré d'un *filet rouge* et qui renferme de fort jolies figures photographiées. ÉPUISÉ.

323. Les Géorgiques de Virgille. Trad. en vers de Delille. *Paris, Bleuet*, 1770, in-8, v. br., tr. r.

Exempl. sur *papier de Hollande* avec les belles fig. d'Eisen et Casanova.

324\. Le génie de Virgile. Ouvrage posthume de Malfilatre. *Paris, Maradan*, 1810, 4 in-8, dem.-rel. v. f.

On y a joint : Poésies de Malfilatre. *Paris, Blaise*, 1823, in-8, même rel.

325\. Recherches sur le tombeau de Virgile au mont Pausilipe, par G. Peignot. *Dijon, Lagier*, 1840, in-8, dem. mar. avec coins, tête dor., ébarb.

A la fin : Liste de quelques ouvrages publiés depuis 1830 par G. Peignot pour faire suite à la notice.

326\. **Horatii opera** cum Christophori Landini Florentini interpretationes. *Impressum per Antonium Miscominum Florentiæ, anno salutis* M.CCCC.LXXXII, *nonis augusti*. Pet. in-fol., caract. ronds, rel. en vél. bl., tr. jasp.

Magnifique exemplaire de la PREMIÈRE ÉDITION D'HORACE, *avec ce commentaire*. Elle est remarquablement imprimée et fort estimée. Brunet ayant oublié 2 ff. importants, nous en donnons ci-après le collationnement exact : 6 ff. prél. contenant une Ode de Politianus à Horace, le prologue et une table à 3 colonnes. La Vie d'Horace, par Landino, (*ff.* I *et* II *non signalés*), le texte (f. III, à CCLXIV) et enfin 2 ff. non chiff. pour la souscription et les errata. Grande lettre ornée avec entourages en or et en couleurs au Prœmium, à la Vie d'Horace, et au commencement du texte ; les armes du premier possesseur de ce beau volume sont peintes dans le bas de la marge du f. III où commencent les Odes.

327\. Q. Horatii Flacci opera a Dionysio Lambino Monstroliensi emendata et commentariis illust. *Lugduni, apud Joan. Tornæsium*, 1561, 2 vol. gr. in-8 réglés, v. fauve, compart. dor., tr. dor.

328\. **Q. Horatius Flaccus**. Accedunt nunc Hensii de satyra Horatiana libri duo, etc..... *Lugduni Batavorum, ex officina Elzeviriana*, 1629, 3 tomes en 2 vol. in-16, mar. vert, dos orné, filets, dent., tr. dor. (*reliure ancienne*).

Jolie édition très difficile à rencontrer en pareille condition. Notre exemplaire, outre le frontispice gravé et le titre imprimé, renferme encore le second titre imprimé à la date de 1628 qui n'avait été fait que pour les exemplaires du texte d'Horace sans les notes. (Voir Brunet, III, 317.)

329\. Quintus Horatius Flaccus. *Birminghamiæ, typis Joh. Baskerville*, 1770, gr. in-4, fig., veau écaille, tr. jasp.

Très bel exemplaire qui contient les superbes *figures de Gravelot* en magnifiques épreuves.

330\. **Horatii Flacci opera**. *Parmæ, in ædibus palatinis* (*Bodoni*), 1791, gr. in-fol., marocain rouge, large dent. sur plats, tranches ébarbées (*Au chiffre du roi de Bohême*).

Un des 50 exemplaires sur PAPIER SUPERFIN de cette édition rare.

331\. Œuvres d'Horace, trad. par René Binet. *Paris, Detrez*, 1827, 2 vol. — Histoire de la vie et des poésies d'Horace, par le baron Walckenaer. *Paris, Didot*, 1858. En tout 4 vol. in-12, dem.-rel. v. f.

332. Classiques latins : Virgile, Horace, Catulle, Tibulle, Properce, Tacite, César, Juvénal, Silius Italicus, Phèdre, etc. *Paris, vers 1750*, 32 vol. in-12, v. br.

333. Classiques latins : Virgile, Horace, Cicéron, Quintillien, Pline et Quinte-Curce. *Paris, vers 1750*, 18 vol. in-12, v. br., tr. r.

334. Ovide. Œuvres complètes avec la trad. sous la direct. de Nisard. *Paris, Dubochet*, 1850, gr. in-8, dem.-rel. v., tr. jasp.

335. Lucrèce. Traduction nouvelle avec des notes, par M. L. G. (La Grange). *Paris, Bleuet*, 1768, 2 vol. in-8 bas. (*Front. et fig. de Gravelot grav. par Binet*).

336. La Pharsale de Lucain ou les Guerres civiles de César et de Pompée. En vers français par M. de Brébœuf. *A Leide, chez Jean Elzevier*, 1658, pet. in-12, vél. bl. (*Front. grav.*).

Charmant exempl. sur *papier fort.* Hr 126mm.

337. La Pharsale de Lucain. Trad. en franç. par Marmontel. *A Paris, chez Merlin*, 1766, 2 in-8, v. br., tr. r.

Frontispices et figures de Gravelot, gravées par De Ghendt, Le Mire, Duclos, Simonet, Rousseau, etc. *Belles épreuves.*

338. Silius Italicus. Les Puniques. Traduction nouvelle par Corpet et Dubois. *Paris, Panckoucke*, 1836, 3 in-8, dem. v. souris, tr. jasp.

De la bibliothèque Latine-Française. *Exemplaire neuf.*

339. Claudiani quæ exstant omnia, cum notis integris Delrii, Claverii, etc., etc. *Amstelædami, ex off. Schouteniana*, 1760, in-4, vel. bl., compartiments et dent. sur les plats. (*Reliure aux armes.*)

340. Œuvres complètes de Claudien. Trad. de M. Héguin de Guerle. *Paris, Panckoucke*, 1840, 2 in-8, dem. v. souris, tr. jasp.

De la bibliothèque Latine-Française. *Bel exemplaire.*

341. Œuvres complètes de Stace. Traduction de MM. Rinn et Achaintre. *Paris, Panckoucke*, 1837, 4 in-8, dem.-rel. v. souris, tr. jasp.

De la bibliothèque Latine-Française. *Bel exemplaire.*

342. Œuvres complètes d'Ausone. Traduction de Corpet. *Paris, Panckoucke*, 1842, 2 in-8, dem. v. souris, tr. jasp.

De la bibliothèque Latine-Française. *Bel exemplaire.*

343. Fragmenta poetarum veterum Latinorum, quorum opera non exstant : Enii, Accii, Lucilii, etc. : undique a Rob. Stephano olim congesta ; nunc autem ab Henrico Stephano digesta. *Anno 1564, excudebat Henricus Stephanus*, in-8 de 433 pages, vél. blanc. (*Rel. anc.*)

Très bel exemplaire de ce *livre rare et recherché.*

344. Ven.-Hon.-Clem. Fortunati, episcopi Pictaviensis, opera omnia, opera et studio D. Luchi. *Romæ, Ant. Fulgonius*, 1786, 2 in-4, dem.-rel. v. f., tr. r.

La meilleure édition de cet auteur estimé.

345. **Ce régime très utile et très proufitable pour conserver et garder la santé du corps humain.** *Cy fine le régime de santé... pour conserver et garder le corps humain. S. l. n. d.*, pet. in-4 goth., mar. r. comp., tr. dor.

Édition rare et peu connue *qui peut bien avoir paru à la fin du XVe siècle*, dit Brunet. (T. v, page 1229 in fine). Elle a des signatures de a-riiij et chaque page entière porte 30 lignes. Quelques annotations mss. Très bel exemplaire.

346. **Sedulii paschale** cum commento Anthonii Nebrissensis. *Impressa Lud. per Petrum Mareschal et Barnabam Chaussard, anno* M.D.XII (*1512*), pet. in-4 goth. de 46 ff. non chiffrés, mar. vert., dent., tr. dor.

Bel exemplaire de ce curieux poème, qui n'est autre chose que la Vie de J.-C. mise en vers. Rare.

347. Marci Hieronymi Vidæ Cremonensis de arte poetica..... de bombyce..... de ludo scacchorum..... et Christiados libri sex. *Romæ, apud Lud. Vicentinum, 1527, et Cremonæ, in ædibus divæ Margaritæ, 1535*, 2 in-4, veau quadrillé à froid, dent. or., tr. dor. (*Bozerian.*)

Édition originale rare et recherchée.

348. Hroswithæ Virginis Germanicæ, sacerdotis opera, a Conrado formis primum expressa, nunc multorum rogatu ad usum publicum recognita. *Vitembergæ Saxonum*, 1707, in-4, v. racine, dos orné, dent., tr. r. (*Portr.*)

Très bel exemplaire de ce *livre rare*.

349. Anti-Lucretius sive de Deo et natura libri. Opus posthumum card. de Polignac. *Parisiis, apud Le Mercier*, 1747, 2 vol. in-8, v. br., tr. r.

Beau portrait gravé par Daullé, vignettes et culs de lampe d'Eisen.

350. L'Anti-Lucrèce, poème sur la religion naturelle, composé par M. le cardinal de Polignac et trad. par M. de Bougainville. *Paris, Guerin*, 1749, 2 vol. in-8 bas.

Beau portrait gravé par Daullé, vignettes et culs de lampe d'Eisen.

351. La Christiade. Poème épique de Vida. (Trad. de M. Fouquet de la Tour.) *Paris, Colnet*, 1826, in-8, dem. mar. r.

352. Jésus enfant. Poème épique du P. Th. Céva; trad. du latin (par M. Souquet de la Tour). *Paris, Vaton*, 1843, in-8 papier vélin, mar. r., comp. dor., tr. ébarb. (*Portr.*)

353. Hyacinthe, apôtre de la Pologne. Poème de Guillaume le Blanc, trad. pour la première fois. *Paris, Vaton*, 1846, in-8, mar. r., comp. dor., non rogné. (*Port.*)

354. Guerre de Tripoli. Poème de Cardoso, trad. du latin en français par Delatour. *Paris, Vaton*, 1847, in-8, dem. mar. r.

2e Poètes français.

A. — DE L'ORIGINE A MALHERBE.

355. Œuvres poétiques d'Adam de Saint-Victor, avec un essai sur sa vie par L. Gautier. *Paris*, *Julien*, 1858, 2 vol. in-12, dem. mar. r., tête dor., ébarb.

356. **Les Œuvres de Clément Marot** de Cahors, valet de chambre du Roy. *A La Haye, chez Adrian Moetjens*, 1700, 2 vol. pet. in-12, v. br., tr. marb.

Joli exemplaire de *la meilleure édition elzévirienne* sous cette date Haut. 132mm.

357. Œuvres complètes de François Villon. *Paris*, *Jannet*, 1854. — Œuvres complètes de Mathurin Régnier. *Paris*, *Jannet*, 1853, 2 vol. in-12, pap. Holl., dem.-rel. v. f., ébarb.

RARES. De la collection elzévirienne.

358. Œuvres de Coquillart, 2 vol. — Œuvres complètes de Racan, 2 vol. — Œuvres complètes de Saint-Amant, 2 vol. *Paris*, *Jannet*, 1855-57, 6 vol. in-12, papier de Holl., dem.-rel. v. f., entièrement ébarb.

De la collection elzévirienne.

359. Poésies de Martial de Paris, 2 vol. – Œuvres de Jean Marot.— Œuvres de Racan, 2 vol. — La légende de Maistre Pierre Faifeu. — Poésies de Guillaume Crétin.— Poésies de Coquillart.— Œuvres de Villon. *Paris*, *Coustelier*, 1723, 9 vol. in-8, v. br., tr. r.

Les volumes de cette collection sont aujourd'hui fort recherchés.

360. **Les Œuvres de Pierre de Ronsard,** gentilhomme vendosmois. *A Paris, chez Nicolas Buon, 1617 pour le tome Ier, et 1609 pour les autres*, 10 vol., dem.-rel. mar. bl., tranches conservées. (*Bruyère.*)

C'est la meilleure édition de Ronsard. Noms coupés dans la marge des titres de quelques volumes.

361. L'Art poëtique de Jean Vauquelin, sieur de la Fresnaye. *Paris*, *Poulet-Malassis*, 1862, in-12 carré, dem. mar. vert, coins, tête dor., ébarb. (*Portr. phot.*)

On a relié à la fin du volume : Pour la monarchie de ce royaume contre la division du même. Paris, Aubry, 1862 (*Sur papier de Chine*).

362. **Œuvres poétiques de Mellin de S. Gelais.** *A Lyon, par Antoine de Harsy, 1574, avec privilège du Roy*, in-8 de 8 ff. prél., et 253 pages, caract. ital., mar. r., dos orné, fil., dent., tr. dor. (*Hardy*.)

La meilleure édition sous cette date. TRÈS RARE.

363. Les Œuvres poétiques d'Amadis Jamyn. *A Paris, par Mamert Patisson,* 1577, pet. in-12 de 308 ff., caract. ital., cart. à la Bradel.

Rare.

364. Cent Quatrains contenant précèptes et enseignemens très utiles pour la vie de l'homme, composez par le seigneur de Pybrac. *A Lyon, par Benoist Rigaud*, 1579, in 8 de 30 pages chiffrées, plus 1 feuillet portant les armes royales, caract. ital., vél. bl., tr. dor.

Édition rare.

365. La première et seconde Semaine de Guillaume de Saluste, seigneur du Bartas. *A Heidelberg*, 1591, in-8, caract. ital., dem.-rel., tr. marb. — Les Œuvres poétiques de G. de Saluste, seigneur du Bartas. *A Rouen, chez Adr. Ovyn*, 1610, pet. in-12 de 701 p., caract. ital., vél. bl. (*Rel. anc.*)

Poète rare.

366. Les Mimes, enseignemens et proverbes de Ian Antoine de Baïf, reveues et augmentez en cette dernière édition. *Paris, par Mamert Patisson*, 1597, in-12 de 6, 108, 3 et 56 ff., v. f., fil, dent, tr. dor. port. (*Rel. anc.*)

Charmant exemplaire de cette *petite édition rare*. Manque le titre qui est manuscrit

367. Œuvres et Meslanges poétiques d'Estienne Iodelle, sieur du Lymodin. *A Lyon, par Benoist Rigaud*, 1597, in-12, caract. ital., 298 ff., v. br., tr. r. (*Rel. anc.*)

Charmant exempl. de cette *édition rare*.

368. Les Œuvres françoises de Joachim du Bellay, gentilhomme angevin. *A Rouen, chez Raphaël du Petit-Val*, 1597, 1 vol. pet. in-12 de 528 ff., caract. ital., v. gr., tr. r.

Magnifique exemplaire de l'*édition la plus complète*.

369. Œuvres de Philippe Desportes. *Paris, Delahays*, 1858, in-12, dem.-rel. v. f. (*Charmant frontispice gravé.*)

370. Les Œuvres poëtiques de Remy Belleau. *A Rouen, chez Iean Berthelin*, 1604, 2 tomes en 1 vol. pet. in-12, caract. ital., v. f., tr. jasp.

Superbe exemplaire dans sa reliure ancienne.

371. Les C.L. Pseaumes de David mis en vers françois par Philippes Desportes. *A Rouen, de l'impr. de Raph. du Petit-Val*, 1603, pet. in-12, vél. bl., fil., tr. dor. (*Frontisp. gravé par L. Gaultier.*)

Reliure ancienne. Piqûre de vers.

372. Recueil des Œuvres poétiques de I. Bertaut. *A Paris, chez Abel l'Angelier*, 1605, in-8 de 8 ff. et 344 pages, caract. ital., veau granit, filets, tr. marb. (*Rel. moderne.*)

Bel exemplaire d'une des plus jolies éditions de ce *poète rare*.

373. **Recueil des Œuvres poétiques de Ian Passerat**, augmenté de plus de la moitié, outre les précédentes impressions. *A Paris, chez Claude Morel*, 1606, avec privilége du Roy, in-8 de 3 ff. prélim., 464 pages et 4 ff. non chiffrés, dem.-rel. v., tr. peigne.

Exemplaire grand de marges et en excellente condition de cette *édition rare*.

374. Panarète ou bien Fantasie sur les cérémonies du baptesme de Monseigneur le Dauphin, par le Sr Bertaut. *A Paris, chez Abel l'Angelier*, 1607, in-8 de 48 pages, caractères ital., dem. mar. r. coins, tr. dor.

Petit poème DE TOUTE RARETÉ.

375. Les Epistres et autres Œuvres de Regnier avec des remarques (par Brossette). *A Londres, chez Lyon*, 1730, 2 parties en 1 vol. in-8, bas., tr. r.

376. La Saincte Franciade, contenant la vie, gestes et miracles de sainct François (par Jacques Corbin, avocat du Berry). *A Paris, chez Nic. Rousset*, 1634, in-8, dem. mar. r., coins. (*Rel. mod.*)

Mauvais poète, mais rare.

377. Poésies (et poésies inédites) de Marg.-Eléon. Clotilde de Surville, poète français du XVe siècle, publ. par Vanderbourg. *Paris, Nepveu*, 1824-27, 2 vol. in-8, dem. v. f., tête dor., ébarb. (*Fig.*)

Très bel exemplaire avec les *fig. de Colin.*

378. Œuvres de Louïze Labé, lionnoize. *A Lion, par Durand et Perrin*, 1824, in-8, dem.-rel. v. f. (*Portr.*).

Édition rare tirée à un très petit nombre d'exemplaires.

379. Poésies de Pernette dû Guillet, lyonnaise. *Lyon, impr. de Louis Perrin*, 1830. in-8, cart. toile, ébarb.

Reproduction exacte de la *rarissime édition de 1545*, dont elle reproduit le titre en fac-simile.

380. **Les Poètes françois** depuis le XIIe siècle jusqu'à Malherbe, avec une notice sur chaque poète. *A Paris, de l'impr. de Crapelet*, 1824, 6 vol. in-8, rel. pl. en v. f., tr. marbr. (*Simier.*)

Très bel exemplaire de cet OUVRAGE RARE.

B. — DE MALHERBE A NOS JOURS.

381. Petits poètes français depuis Malherbe jusqu'à nos jours, avec des notices de Prosper Poitevin. *Paris, Didot*, 1856, 2 vol. gr. in-8, dem.-rel.

382. Poésies de Malherbe, avec les observations de Ménage. *A Paris, chez Claude Barbin*, 1689, in-12, v. f., dos orné, tr. r. (*Rel. moderne.*)

Seconde édition. *Rare.*

383. Œuvres complètes de Théophile, avec une notice par Alleaume. — Œuvres choisies et œuvres posthumes de Sénecé, publ. par Em. Chasles. *Paris, Jannet*, 1855-56, 4 vol. in-12, pap. de Holl., dem.-rel. v. f., entièrem. ébarb.

De la bibliothèque Elzévirienne.

84. Les Œuvres poétiques de Vauquelin des Yveteaux, réunies pour la première fois et publiées par Prosper Blanchemain. *A*

Paris, *par Aug. Aubry*, 1854, gr. in-8, dem. mar. lav., coins, tête dor., ébarb. (*Capé.*)

Superbe exemplaire *sur papier vergé de Hollande*, auquel on a joint en double épreuve *sur papier rose* le titre du livre et le portrait.

385. La Pucelle ou la France délivrée, poème héroïque par Chapelain. *A Paris, chez Courbé*, 1656, in-12, v. compart. dor. (*Jolies figures.*)

386. Proserpine, poème de Claudian, trad. en vers héroïques par M. le président Nicole. *A Paris, chez Charles de Sercy*, 1658, in-12, v. br. (*Front. et fig. de Chauveau.*)

387. Les Chevilles de Maistre Adam, menuisier de Nevers. *A Rouen, chez Caillové*, 1654, in-8, caract. ital., v. br., tr. marb. — Le Villebrequin de Me Adam, contenant toutes sortes de poésies galantes. *A Paris, chez G. de Luyne*, 1663, pet. in-12, v. br., tr. r.

Joli petit portrait très finement dessiné *à la sépia* au XVIIe siècle.

388. Clovis ou la France chrestienne. Poëme héroïque enrichy de plusieurs figures par Desmarests. *A Paris, chez Michel Bobin*, 1666, in-12, v. br., tr. r. (*Fig.*)

La plus belle édition in-12, d'après Brunet. Elle est ornée d'un *frontispice d'après Lebrun* et de fort jolies *figures d'après Chauveau*. Bel exemplaire.

389. Saint-Louis ou la Couronne reconquise. Poëme héroïque par le P. le Moyne. *A Paris, chez Louis Bilaine*, 1666, in-12, v. rac., fil., tr. dor. (*Rel. anc.*)

Très bel exemplaire avec le frontispice gravé et les jolies *figures de Chauveau*.

390. Œuvres de Madame Deshoulières. *Paris, Desray* (*de l'impr. de Crapelet*), *an VII*, 2 in-8, dem. v., tr. marb. (*Portr.*)

391. La Guirlande de Julie et les Madrigaux de Monsieur de La Sablière. *Paris, Delangle*, 1825-26, 2 vol. in-12, dem.-rel., ébarb.

De la collection des petits classiques français de Nodier et Delangle.

392. Œuvres de Monsieur de Bensserade. *A Paris, chez Charles de Sercy*, 1697, 2 vol. in-12, v. gr. (*Front. gravés.*)

ÉDITION ORIGINALE donnée par P. Tallemant. Très bel exemplaire.

393. Œuvres de feu Monsieur de Santeuil. *A Paris, chez Simon Benard*, 1698, in-12, v. br., fil., dent., tr. r.

Très bel exemplaire aux armes de *Le Fèvre d'Ormesson* avec un fort joli port. gravé par Hubert.

394. La Madelaine au désert de la Sainte-Baume en Provence. Poëme par le P. Pierre de S. Louis. *A Lyon, chez de Ville*, 1700, in-12, v. br.

Très bel exemplaire.

395. **Œuvres diverses du Sr Boileau-Despréaux**, avec le traité du Sublime. *A Paris, chez Denys Thierry*, *1701*,

avec privilège du Roy, 2 vol. in-12, veau fauve, dos orné, fil. dent., tr. dor., front. grav. et fig. (*R. Petit.*)

Très bel exemplaire, grand de marges, de la DERNIÈRE ÉDITION DONNÉE DU VIVANT DE L'AUTEUR et à laquelle a été conservé le nom d'*édition favorite* que lui donnait Boileau.

396. Œuvres diverses du sieur Despréaux, avec le traité du Sublime trad. de Longin. Au Querendo. *Amsterdam, Wolfgang*, 1689, in-12 de 390 pages, plus la table, vél. bl. (*Front. gravé et fig.*)

Jolie édition elzévirienne.

397. Œuvres de Boileau, avec le commentaire de M. Amar. *Paris, Lefèvre*, 1824, 4 vol. in-8, dem.-rel. v., tr. marb. (*Portr. gravé par Fisco*).

Papier cavalier vélin.

398. Fables choisies mises en vers par M. de La Fontaine, et par luy reveuës, corrigées et augmentées. *A La Haye, chez Henry van Bulderen*, 1688-94. 5 tomes en 2 vol. pet. in-8, v. br. (*Fig. grav. par Causse.*)

Excellente édition fort recherchée dont le texte et les fig. ont été copiés sur celle de Paris, 1678-94. *Bel exemplaire.*

399. Fables de La Fontaine. *Paris, Lefèvre*, 1818, 2 in-8, veau rose, compart. dorés et à froid, tr. marb. (*Fig. de Moreau le Jeune.*)

400. Fables de La Fontaine. *Paris, Charpentier*, 1844 (*portr.*). — Œuvres de Boileau. *Paris, Didot*, 1851 (*portr.*). En tout 2 vol. in-12, dem.-rel. v. f.

401. La Henriade de M. de Voltaire. Nouv. édit. enrichie de figures en taille-douce. *A Amsterdam, chez Est. Ledet*, 1739, 2 in-8, bas.

Frontispice et figures d'après *De Troy, Vleughels, etc.*, gravées par Duflos, La Cave, etc.

402. Commentaire sur la Henriade, par feu M. de la Beaumelle. *Paris, Le Jay*, 1775, 2 vol. in-8, v. br., tr. marb.

Superbe titre frontispice d'après *Marillier*, gravé par Aug de Saint-Aubin.

403. Œuvres complettes de M. le C. de B*** (Bernis). *A Londres*, 1767, 2 vol. in-12, mar. r., fil. dent., tr. dor. (*Rel. anc.*)

Charmant exemplaire auquel on a ajouté un fort joli portrait de l'auteur. *Très rare en pareille condition.*

404. Les Jardins, poème du P. Rapin. Trad. nouv. *Paris, Cailleau*, 1782, in-8 bas., tr. r. — Le Poème des Champs, par Calemard de La Fayette. *Paris, Hachette*, 1854, in-12, dem.-rel.

405. **La Navigation**, poème par Esménard. *A Paris, chez Giguet*, 1805, 2 vol. in-8, veau racine, dos orné, fil., dent., tr. dor. (*Rel. anc.*)

Superbe exemplaire sur *papier vélin* avec les jolies figures de Monsiau et Mirys, gravées par Thomas et Couché, AVANT LA LETTRE.

406. Œuvres de Gresset. *Paris*, *Renouard*, 1811, 2 vol. in-8, dem.-rel. mar. viol., tr. jasp. (*Fig.*).

Jolies figures de Moreau le jeune. *On y a joint* : Le parrain magnifique, 1810, fig. de Moreau. (*Édition originale*).

407. Œuvres de Luce de Lancival, avec une notice de Collin de Plancy. *Paris*, *Brissot-Thivars*, 1826, 2 in-8, dem.-v. orange. (*Portr. sur chine avant la lettre.*).

408. Œuvres complètes de Le Franc de Pompignan, archevêque de Vienne, etc. *Paris*, *Migne*, 1855, 2 vol. gr. in-8, dem.-rel., tr. marb.

409. Le Fond du Sac ou recueil de Contes en vers et en prose. *Paris*, *Le Clère*, 1866, in-8, dem. v. f., ébarb. (*Fig.*).

Charmante réimpression devenue *rare*.

410. Œuvres complètes de Delille. *Paris*, *Didot*, 1840, gr. in-8, dem-rel. mar. vert, coins, tr. dor. (*Portr.*)

411. Le Mérite des Femmes, et autres poésies, par Legouvé. *Paris*, *Janet*, *s. d.*, in-12, marb. bl. compart. et fil., dent., tr. dor. (*Thouvenin*).

Fg. de Desenne.

412. La Reliure, poème didactique, par Lesné, relieur. *Paris*, *Nepveu*, 1820, in-8, dem.-rel. — La Typographie, poème par Pelletier. *Paris*, *Cherbuliez*, 1832, in-8, dem.-rel.

413. **Poëmes et opuscules** en vers et en prose, par M. Campenon. *Paris*, *Ladvocat*, 1823, 2 vol. in-12, cuir de Russie, fil. et dent., tr. dor. (*Thouvenin*).

Superbe exemplaire sur GRAND PAPIER VÉLIN avec les fig. d'après Isabey, Picot et Ducis, *sur Chine avant l. l.* et EAUX FORTES. Très rare.

414. Le Myosotis, par Hégésippe Moreau. *Paris*, *Masgana*, 1851, in-12, dem.-rel. v. f.

On y a joint : Hégésippe Moreau, sa vie et ses œuvres par Lebailly. *Paris*, 1863 (*Port. à l'eau forte*). — Œuvres inédites d'Hégésippe Moreau. *Paris*, 1863 (*Port. à l'eau forte*), 2 vol. petit. in-12, pap. de Hollande, dem. v. f., ébarbé.

415. Poésie de Millevoye. *Paris*, *Charpentier*, 1851. — Poésies d'Alfred de Vigny, 1852. — Œuvres de Gilbert, 1840 (*portr.*). — Poésies et poésies nouvelles de Reboul, 1842-46 (*portr.*). En tout 5 vol. in-12, dem.-rel. v. f.

416. Œuvres de Alph. de Lamartine. *Paris*, *Pagnerre*, 1853, 4 vol. in-18, veau f., fil., dent., tr. dor.

Premières et nouvelles Méditations. — Harmonies et Recueillements. *Très bel exemplaire*.

417. **Œuvres complètes de Victor Hugo.** *Paris*, *Michaud*, *1843-45*, *et Michel Lévy*, *1856-60*, 16 vol. in-8, veau plein, fil., pour les 8 premiers volumes, et dem.-rel. pour les autres.

Bel exemplaire *avec un envoi autographe de Victor Hugo : A mon bon et cher* ARMAND (BERTIN). Odes et ballades, 2 tomes en 1 vol. —

Orientales. — Feuilles d'automne. — Les Rayons et les ombres. — Le Rhin, 4 vol. — Théâtre, 4 vol. — Contemplations, 2 vol. — Légende des siècles, 2 vol.

418. Les Voix intérieures et les Chants du crépuscule, par Victor Hugo. Edition elzévirienne avec les ornements de Froment. *Paris, Hetzel*, 1869, 2 vol. in-12, rel. pl. en v. gris, ébarb.

419. Les Heures. Poésies de Louis de Ronchaud. *Paris, Amyot*, 1844, in-8, rel. pl. en veau écaille, dent., tr. jasp.

Très bel exemplaire.

420. Premières Poésies et Poésies nouvelles d'Alfred de Musset. *Paris, Charpentier*, 1852, 2 vol. — Poésies d'André et de M.-J. Chénier. *Paris, Charpentier*, 1844-55 *(port.)*. En tout 4 vol. in-12, dem.-rel. v. f.

421. Napoléon en Egypte. Poème en huit chants par Barthélemy et Méry. *Paris, Dupont*, 1828, in-8, dem.-rel. veau, ébarb. partout.

Très bel exemplaire sur *papier vélin extra-fort.*

422. Némésis. Satire hebdomadaire par Barthélemy. *Paris, Perrotin*, 1846, in-8, dem. v., tr. jasp.

Très bel exemplaire avec les belles figures de Raffet TIRÉES EN BISTRE.

423. Epîtres et Satires, par M. Viennet. *Paris, Hachette*, 1860, in-12, dem.-v. f. — Mélanges et Poésies, par le même. *Paris, Didot*, 1853, in-12, même rel. — Promenade au Père-Lachaise, du même. *Paris, Didot*, 1855, in-12, même rel.

424. Œuvres complètes d'Aug. Brizeux. *Paris, Michel Lévy*, 1860, 2 vol. in-12, dem. v. f. (*Portr.*).

425. Poèmes évangéliques. — Psyché. — Les Voix du silence. — Pernette, par Victor de Laprade. *Paris, Michel Lévy*, 1852-69, 4 vol. in-18, dem. v. f.

426. La Fille d'Eschyle, 1848. — Laboureurs et Soldats, 1854. — La Vie rurale, 1856. — Milianah, 1857. — Les Poèmes de la mer, 1859. — Epîtres rustiques, par Joseph Autran. *Paris, Michel Lévy*, 1861, 6 vol. in-12, dem.-rel. v. f.

427. Soirs d'octobre, par Paul Juillerat. *Paris, Dentu* (*impr. de L. Perrin*), 1861, in-12, dem.-mar. viol., coins, tête dor., ébarb.

Papier vergé teinté. N° 231.

428. Sonnets, Poèmes et Poésies, par Jos. Soulary. Edit. dédiée à la ville de Lyon. *Lyon, impr. de L. Perrin*, 1864, in-8, dem. mar. r., coins, tête dor., ébarb.

Tiré à très petit nombre sur *papier vergé teinté* et réservé aux seuls souscripteurs.

429. Odes funambulesques, par Th. de Banville. *Paris, Lévy*, 1859. — Les Camées parisiens (1re et 2e série), par le même. — *Paris, Pincebourde*, 1866. (*Front. grav.*) — Les Princesses, du même, *Paris, Lemerre*, 1874 (*Eau-forte*). En tout 3 vol. in-12, dem.-rel.

430. Le Poème des beaux jours, 1862. — Le Cyclope, 1863. — Paroles de Salomon, 1869. — Sonnets capricieux, par Autran. *Paris, Michel Lévy*, 1873, 4 vol. in-8, dem. v. f.

Éditions originales.

431. Les Humbles, par François Coppée. *Paris, Lemerre*, 1872. — Le Cahier rouge, poésies par le même. *Paris, Lemerre*, 1874. En tout 2 vol. in-12, dem. v. f.

3° POÈTES ÉTRANGERS.

432. Œuvres complètes de Lord Byron ; trad. de Benjamin Laroche. *Paris, Charpentier*, 1838, gr. in-8, dem.-rel. (*Portr. et fac-simile*).

433. Essai sur l'Homme, par Pope. Trad. en prose par M. S***. Nouvelle édit. ornée de fig. en taille-douce. *Lausanne, Marc-Michel Bousquet*, 1745, in-4, bas., tr. r. (*Portr. et fig.*)

Beau portrait de Charles-Frédéric, gravé par Vill, et portrait de Pope sur le titre, 5 grandes fig, et 8 en-têtes doubles, d'après Delamonce, grav. par Soubeyran et Gallimard. *Belles épreuves.*

434. Les Saisons, poème traduit de l'anglois de Thompson. *A Paris, chez Pissot*, 1779, in-8, v. écaille, fil, tr. marb.

Frontispice, figures et culs de lampe d'Eisen, gravés par Bacquoy. *Bel exemplaire.*

435. Œuvres complètes de Gœthe. Traduction nouvelle par Jacques Porchat. *Paris, Hachette*, 1861, 10 vol. in-8, dem.-rel. v. f., tr. j. (*Portr.*)

Exemplaire neuf.

436. Le Faust de Gœthe, trad de Gérard de Nerval. Edit. illustr. par Tony Johannot. *Paris, Lévy*, 1868, gr. in-8, dem.-rel. v. gris. (*Portr. et fig. sur chine.*)

437. Œuvres complètes de Schiller. Traduction nouvelle par Ad. Regnier. *Paris, Hachette*, 1868, 8 vol. in-8, dem.-rel. v. gris, tr. j. (*Portr.*).

Exemplaire neuf.

438. Le Pays bleu. Poésies allemandes avec la traduction française en regard, par Ludwig Wihl. *Grenoble, impr. Ed. Allier*, 1865, in-8, dem. mar. bl., tr. ébarb.

Un des 25 exemplaires *sur pap. fort de Hollande.* N° 23.

439. **L'Enfer de Dante Alighieri**, avec les dessins de Gustave Doré. Trad. franç. de Pier. Angelo Fiorentino, accompagnée du texte italien. *Paris, Hachette*, 1862, in-fol., dem. mar. r. avec coins, tête dor., ébarb.

Superbe exemplaire en ANCIEN TIRAGE.

440. **Le Purgatoire de Dante Alighieri**, avec les dessins de Gustave Doré. Traduction française de Pier. Angelo Fiorentino, accomp. du texte italien. *Paris, Hachette*, 1868, in-fol., dem.-rel., dos et coins mar. r., tête dor., ébarb.

Superbe exemplaire de PREMIER TIRAGE.

441. La Gerusalemme liberata di Torquato Tasso, con la vita di lui del Cav. Guido Casoni. *In Venetia, dal Sarzina*, 1625, in-4, mar. r., comp. à la Dusseuil, tr. dor. (*Rel. anc. fatiguée.*)

Édition rare avec de belles figures.

442. La Jérusalem délivrée du Tasse, trad. de Desplace.— La Divine comédie du Dante, trad. de Delécluse. — La Messiade de Klopstock, trad. de Carlowitz. — Le Paradis perdu de Milton, trad. de Pongerville. *Paris, Charpentier*, 1847-53, 4 vol. in-12, dem.-rel. et rel. pl. en v. fr., tr. marb.

443. Orlando furioso di M. Ludovico Ariosto, ornato di varie figure, etc. *In Vinegia, Gabr. Giolito*, 1551, in-4, v. br. (*Fig.*)

Très bel exemplaire.

444. Il Pastor fido, tragicomedia pastorale del Sig. Guarini. *In Venetia, G.-B. Ciotti*, 1621, in-4, v. br. (*Fig.*)

445. Aminta, favola boscareccia di Torquato Tasso. *In Leida, presso Giov. Elzevier*, 1656, in-12, v. bl. (*Rel. anc.*)

Joli exemplaire grand de marges. Haut. 128mm.

446. Le Massacre des Innocents. Poème de Marini, trad. par De Latour. *Paris, Vaton*, 1848, in-8, texte encadré, dem. mar. r.

447. Les Lusiades ou les Portugais. Poème de Camoëns. Trad. de Millié. *Paris, Didot*, 1825, 2 in-8, dem.-rel. v. f.

448. Les Lusiades, poème de Camoëns, trad. en vers par Ragon. *Paris, Hachette*, 1850, in-8, dem.-rel.

III. — POÉSIE DRAMATIQUE.

1° Théâtre ancien. — 2° Théâtre français et étranger.

449. Histoire de l'art dramatique en France depuis vingt-cinq ans, par Théophile Gautier. *Paris, Hetzel*, 1858, 6 vol. in-18, dem.-rel. v. gris.

Devenu rare.

450. Cours de littérature dramatique ou Recueil par ordre de matières des feuilletons de Geoffroy. *Paris, Blanchard*, 1825, 6 vol. in-8, dem.-v. f. (*Fac-simile.*)

451. **Théâtre des Grecs**, par le P. Brumoy. Nouvelle édit. enrichie de très belles gravures. *A Paris, chez Cussac*, 1785-89, 13 vol. sur papier vélin in-4, veau fauve, large dent. sur les plats et à l'int., dos orné, tr. dor. (*Rel. par Devers.*)

Magnifique exemplaire avec les FIGURES AVANT LA LETTRE.

452. Théâtre de Plaute. Trad. de Naudet. *Paris, Lefèvre*, 1845, 4 vol. in-12, dem.-rel. v. souris.

453. Ancien Théâtre françois ou Collection des ouvrages dramatiques les plus remarquables depuis les Mystères jusqu'à Corneille. Publiée par Viollet-le-Duc. *Paris, Jannet*, 1854-57, 10 vol. in-12, percal. r., ébarb.

454. Théâtre de Hrotsvitha, religieuse allemande du xe siècle, trad. pour la première fois par Ch. Magnin. *Paris*, *Duprat*, 1845, in-8, dem-rel. v. f. (*Fig. sur bois.*)

Drames écrits au xe siècle par une religieuse.

455. Note sur Benoet du Lac ou le Théâtre de la Bazoche à Aix, à la fin du xvie siècle, par Joly. *Lyon*, *Scheuring*, 1862, dem. mar. vert, tr. dor., ébarb.

Tiré à 75 exempl. sur *papier vergé teinté.*

456. Les Tragédies de Robert Garnier. Au Roy de France et de Pologne. *A Lyon, par Iean Pillehotte*, 1597, petit in-12 de 620 pages, caract. ital., mar. br., fil., dent., tr. dor.

Très bel exemplaire.

457. Comédies facécieuses de Pierre de Larivey, Champenois. *A Lyon, par Benoist Rigaud*, 1597, pet. in-12. dem.-rel. mar. v., tr. peign. (*Titre racommodé.*)

458. **Tragédies de Claude Billard**, sieur de Courgenay, Bourbonnois. Dédiées à la Reine Régente de France. *A Paris, de l'impr. de Franc. Huby*, 1613, pet. in-8 v. f., compart. dor. et fers à froids, dent., tr. dor.

Bel exemplaire de Viollet le Ducqui renferme *la Tragédie de Henry-le-Grand.*

459. Corneille et son temps, par M. Guizot. — Shakespeare et son temps par le même. *Paris*, *Didier*, 1852, 2 vol. in-8, dem. v. f.

460. **Le Théâtre de Pierre et de Thomas Corneille**. Nouvelle édition enrichie de figures en taille-douce. *A Amsterdam, chez Henry Desbordes*, 1701, 10 vol. pet. in-12, v. f., dos orné, fil., dent., tr. dor. portr., frontisp. grav. et fig. (*R. Petit.*)

Charmant exemplaire de cette *édition rare* qui se joint à la collection elzévirienne.

461. Chefs-d'œuvre dramatiques de P. Corneille. *A Paris*, *chez Lefebvre*, 1844, 2 vol. in-12, v. gris, compart. dor., dor., tr. jasp. (*Portr. ajouté.*)

On y a joint : Histoire de la vie et des ouvrages de P. Corneille, par Taschereau. *Paris*, *Jannet*, 1855, in-12, pap. Holl., v. pl. fil., dent., tête dor., ébarbé.

462. **Œuvres de P. Corneille**, avec les notes de tous les commentateurs. *A Paris*, *chez Firmin Didot*, 1854, 12 vol. in-8, marocain rouge, fil., dent., tête dor., ébarb. (*Portr. et fig.*)

Superbe exemplaire sur beau PAPIER VÉLIN avec les fig de Bayalos en belles épreuves.

463. **Les Œuvres de Monsieur de Molière**, reveuës, corrigées et augmentées. Enrichies de figures en taille-douce. *Paris, Denys Thierry, Claude Barbin et Pierre Trabouillet*, 1697, 8 vol. in-12. v. f.. dos orné, fil., tr. dor. fig. (*R. Petit.*)

Très bel exemplaire de cette *édition rare* qui reproduit exactement le texte de l'édition de 1682.

464. Œuvres de Molière. *A Paris, chez Cavelier*, 1739, 8 vol. in-12, v. br. *(Fig. et portr. ajouté.)*

465. **Œuvres de Molière.** Edition publiée par Aimé Martin. *A Paris, chez Lefèvre et chez Furne*, 1845, 6 vol. in-8, marocain rouge, fil., dent., tête dor., ébarb. *(Portr. et fig.)*

Très bel exemplaire sur beau PAPIER VÉLIN avec les jolies figures d'Horace Vernet et Desenne.

466. Œuvres de Racine. *A Amsterdam, chez H. Schelte*, 1709, 2 vol. in-12, v. br,, tr. r. *(Front. grav. et fig.)*

Chaque pièce a une pagination séparée.

467. Œuvres de Jean Racine. *A Paris , compagnie des Libraires*, 1767, 3 in-12, v. br. (*Portr. et fig. d'après de Scève.*)

468. **Œuvres complètes de Racine.** Edition publiée par Aimé Martin. *A Paris, chez Lefèvre et chez Furne*, 1844, 6 vol. in-8, marocain rouge, fil., dent., tête dor., ébarb. (*Portr. et fig.*)

Magnifique exemplaire sur beau PAPIER VÉLIN avec les jolies figures de Girodet, Desenne et Deveria.

469. Œuvres complètes de Regnard, avec les remarques de Garnier. De l'imprim. de Crapelet. *A Paris, chez Lefèvre*, 1810, 6 vol. in-8, cart. à la bradel, entièrem. ébarb.

Bel exemplaire avec le port. d'après Rigaud et les jolies fig. de Moreau et Marillier.

470. Œuvres de M. Pradon. *Paris, Libraires associés*, 1744, 2 in-12, v. br., tr. r. — Les Œuvres de M. Poisson. *A Paris, chez Ribou*, 1678, in-12, v. br. (*Edition originale.*)

471. Pièces de théâtre de M. Boursault. *A Paris, chez Guignard*, 1694, in-12. (*Front. grav.*) — Les Œuvres de M. Le Baron. *A Paris, chez Guillain*, 1694, in-12 (*Front. grav.*) En tout 2 vol., v. br.

472. Le Théâtre de M. Quinault, enrichi de fig. en taille-douce. *A Amsterdam, chez Pierre De Coup*, 1715, 2 vol. pet. in-12, v. f., tr. dor. (*Front. grav. et fig.*)

Charmante petite édition elzévirienne complète dont chaque pièce a un titre, un frontispice gravé et une pagination séparée.

473. Œuvres choisies de Marivaux. *Paris, Hachette*, 1862, 2 vol. in-12, dem.-rel.

474. Œuvres de Monsieur de Campistron. *A Paris, par la Comp. des Libraires*, 1750, 3 vol. in-12, mar. vert, dos orné, fil., dent., tr. dor. (*Vignettes.*)

Superbe exemplaire en *reliure ancienne de Pasdeloup.*

475. Œuvres de théâtre de Messieurs de Brueys et de Palaprat. *A Paris, chez Briasson*, 1755, 5 vol. pet. in-12, mar. r., fil., tr. dor. port. (*Rel. anc.*)

Très bel exemplaire de *condition exceptionnelle.*

476. Théâtre et œuvres diverses de M. Pannard. *Paris*, *Duchesne*, 1763, 4 vol. in-12, v. br., tr. r. (*Portr.*)

Ex libris de Cayrol. *La dernière édition publiée du vivant de l'auteur mort en 1765.*

477. Œuvres complètes de Beaumarchais. *Paris*, *Furne*, 1826, 6 in-8, dem. v. bl., tr. jasp. (*Portr.*)

478. Œuvres dramatiques de N. Destouches, avec les figures de Laffite. *Paris*, *chez Haut-Cœur*, 1820, 6 vol in-8, dem. v. rose, tr. marb. (*Fig*).

479. Théâtre de Voltaire.— La Henriade.--- Contes, satires et poésies. *Paris*, *Didot*, 1842-54, 3 vol. in-12, dem. v. f. (*Portr.*)

480. Théâtre choisi de Favart. *Paris*, *Collin*, 1809, 3 in-8 bas. (*Portr.*)

481. Œuvres de Le Mierre, avec une notice par René Perin. *Paris*, *Maugeret*, 1810, 3 in-8, dem.-rel.

Exemplaire de Cayrol.

482. Œuvres de Lebrun. *Paris*, *Warée* (*de l'imprim. de Crapelet*), 1811, 4 in-8, v. rac., dent. (*Port.*)

483. Œuvres de Ducis, ornées du portr. de l'auteur d'après Gérard et de gravures d'après Desenne. *Paris*, *Nepveu*, 1813, 3 in-8 dem. v. bl. (*Fig.*)

Première édition collective.

484. Œuvres de Fr.-Guill.-Jean-Stanislas Andrieux, avec gravures d'après Desenne. *Paris*, *Nepveu*, 1818, 4 in-8 dem. v. or., tr. jasp. (*Portr. et fig.*)

485. **Œuvres de L. B. Picard.** *A Paris*, *chez Barba*, 1821-1832, 11 vol. in-8, dem.-rel. v. f., tr. jasp. (*Portr.*)

Superbe exemplaire sur PAPIER VÉLIN avec le portrait *avant la lettre* et plusieurs autres portraits ajoutés. On y a joint le *Théâtre républicain, œuvre posthume de Picard, publié par Lemesle en 1832, et qui est* FORT RARE.

486. Œuvres complètes d'Alexandre Duval. *Paris*, *Barba*, 1822, 10 vol. in-8, veau plein vert, comp. dorés et à froid, tranch. marb. (*Lalande.*)

Très bel exemplaire avec portrait et fragment autographe de l'auteur.

487. Œuvres de Collin-Harleville, contenant son théâtre et ses poésies. *Paris*, *Delongchamps*, 1828, 4 vol. in-8, dem. v. or., tr. jasp. (*Portr.*)

488. Œuvres de Du Cerceau, contenant son théâtre et ses poésies, avec les notes de MM. Pericaud et Bréghot du Lut. *Lyon*, *Perisse*, 1831, 2 in-8, v. f., fil., dent., tr. dor.

Magnifique exemplaire *sur papier vélin.* Très rare.

489. Théâtre de Casimir Delavigne et Poésies complètes. *Paris*, *Didier*, 1854, 4 vol. pet. in-12, v. f., fil., dent., tr. dor.

Superbe exemplaire.

490. **Œuvres complètes de M. Eugène Scribe.** Nouvelle édition ornée de 185 grav. sur acier d'après Johannot, Gavarni, Marckl, etc. *Paris, Delahays*, 1858, 17 tomes en 9 vol. gr. in-8, dem.-rel.

On a ajouté à cet exemplaire 7 pièces publiées avant la mort de l'auteur, y compris *la Circassienne* qui est la dernière jouée de son vivant.

491. La Czarine. — Feu Lionel. — Les Doigts de Fée. — L'Etoile du Nord. — Manon Lescaut. — Les Vêpres siciliennes. — Jenny Bell. — Le Nabab. — La Fille de trente ans. — Rêves d'amour. — Les trois Maupin. — Broskovano. *Paris, Michel Lévy*, 1857-60, 12 pièces à part, drames et comédies, en 3 vol. in-12, dem. v. f.

492. Nos Intimes, comédie, 1862. — La famille Benoiton, comédie, 1866. — Rabagas, comédie. *Paris, Lévy*, 1872, 3 vol. in-12, dem.-rel. v.

493. Le Supplice d'une femme, drame. *Paris, Lévy*, 1865. — Les Deux Sœurs, drame, par Emile de Girardin. *Paris, Michel Lévy*, 1865, 2 pièces en 1 vol. in-8, dem.-rel.

494. Théâtre de Caldéron, trad. par M. Dumas Hinard. *Paris, Charpentier*, 1862, 3 vol — Théâtre de Lope de Véga, trad. par le même. *Paris*, 1862, 2 vol. — Théâtre de Michel Cervantès, trad. par Alph. Royer. *Paris, Lévy*, 1862. En tout 6 in-12, dem.-rel. v. f.

495. **Œuvres complètes de William Shakespeare.** Traduction de François-Victor Hugo. *Paris, Pagnerre*, 1859, 18 vol. in-8, dem. v. f., tr. jasp. (*Portr.*)

Superbe exemplaire.

496. Chefs-d'œuvre de Shakespeare, traduits en vers par Bruguière *Paris, Dondey-Dupré*, 1826, 2 in-8, dem. v. f.

IV. — FICTIONS EN PROSE.

1° Romans grecs et latins. — 2° Français et étrangers.

497. Apulée. Traduction nouvelle par Bétolaud. *Paris, Panckoucke*, 1835, 4 vol. in-8, dem. v. souris, tr. jasp.

De la bibliothèque Latine-Française. *Très bel exemplaire.*

498. Les Nuits attiques de Aulu-Gelle. Traduction de MM. Chaumont et Flambart. *Paris, Panckoucke*, 1845, 3 vol. in-8, dem. v. souris, tr. jasp.

De la bibliothèque Latine-Française. *Exemplaire neuf.*

499. **Sensuit ung très beau et excellent Romain** (*sic*) **nommé Jean de Paris,** roy de France. *Imprimé à Lyon par François et Benoist Chaussard frères... Mille cinq cens soixante. Le quatriesme jour de septembre.* Pet. in-4 goth. de 40 ff. sign. A-K, fig. en bois, mar. r., tr. dor.

Bel exemplaire d'une ÉDITION FORT RARE.

500. La belle et plaisante histoire des quatre filz Aymon. *Anvers, J. Wœsberg*, 1561, in-4, fig. sur bois, v. br. comp. (*Le titre manque.*)

Édition rare.

501. L'histoire des quatre fils Aymon, très nobles et très vaillans chevaliers. *A Troyes, chez Jacq. Oudot*, 1706, in-4, cart. en vél. (*Fig.*)

502. Les Aventures de Télémaque, par Fénelon. *Paris, Didot*, 1814, 2 in-8, cuir de Russie, compart. dorés et à froid, dent., tr. dor. (*Thouvenin.*)

Superbe exemplaire *en papier fin.*

503. Histoire de Gil Blas, par Le Sage. *Paris, Charpentier*, 1853. — Œuvres complètes de X. de Maistre. *Paris, Charpentier*, 1853.— Œuvres choisies de Bern. de Saint-Pierre. *Paris, Didot*, 1854. En tout 3 vol. in-12, dem.-rel. (*Portr.*)

504. Atala. René, par M. de Chateaubriant. *Paris, Le Normant*, 1805, in-12, v. rac., dent sur les plats. tr. dor.

ÉDITION ORIGINALE. Très bel exemplaire.

505. **Atala,** par le vicomte de Chateaubriant, avec les dessins de Gustave Doré. *Paris, Hachette*, 1863, in-fol. papier vélin, dem. mar. r. avec coins, tête dor,, ébarb. (*Curmer.*)

Superbe exemplaire de PREMIER TIRAGE.

506. Contes de Charles Nodier. La Fée aux miettes. — Le Songe d'or, etc. Illustr. de grav. sur acier, par T. Johannot. *Paris, Hetzel, s. d.*, 2 in-18, dem. v. gris, tr. ébarb. (*Fig.*)

507. Le Chemin de traverse, par Jules Janin. *Paris, Dupont*, 1836, 2 in-8°, dem.-rel. (*Joli portr.*)

508. Les Gaîtés champêtres, par M. Jules Janin. *Paris, Michel Lévy*, 1851, 2 in-8, dem.-rel.

Édition originale.

509. Mémoires d'un notaire, par le comte Armand de Pontmartin. *Paris, Roux*, 1849, 3 in-8, dem.-rel.

Romantique rare.

510. Nouvelles genevoises, par Topffer. Illustr. d'après les dessins de l'auteur. *Paris, Garnier, s. d.*, gr. in 8, dem.-rel. v. f. (*Fig.*)

511. Les Confidences. — Les Nouvelles Confidences. — Geneviève, histoire d'une servante, par A. de Lamartine. *Paris, Michel Lévy*, 1860-62, 3 vol. in-12, dem. v. gris.

512. Le lendemain de la victoire, par Louis Veuillot. *Paris, Lecoffre*, 1850. — L'honnête femme, par le même. *Paris, Lecoffre*, 1858.— Vie de la Mère Anne-Séraphine Boulier, du même. *Paris, Lecoffre*, 1858 (*Portr.*). En tout 3 vol. in-12, dem. v. bl.

513. La Femme, par Bellouino. *Paris, Waille*, 1845. — Des Passions, par le même. *Paris, Perisse*, 1852. En tout 3 vol. in-8, dem. v. br.

514. Le Droit du seigneur au moyen-âge, par Louis Veuillot. *Paris, Vivès*, 1854. — Historiettes et fantaisies. *Paris, Palmé*, 1866. — Molière et Bourdaloue, *Paris, Palmé*, 1877. En tout 3 vol. in-12, dem. v. bl.

515. La vie de l'employé, par Louis Reybaud. *Paris, Lévy*, 1855. — Les gens de bureau, par Em. Gaboriau. *Paris, Dentu*, 1862. — Les Calicots, par Paul Avenel. *Paris, Dentu*, 1866, 3 vol. in-12, dem.-rel. v.

516. Vie et Aventures des cantatrices célèbres, par Escudier. *Paris, Dentu*, 1856.— Le Livre des femmes, par la comtesse Dash. *Paris, Lévy*, 1864. — Les Confidences d'une sage-femme, par Dr Daniel. *Paris, Lacroix*, 1868, 3 vol. in-12, dem.-rel.

517. Mémoires de Joseph Prudhomme, par Henri Monnier. *Paris*, 1857, 2 vol. — Jérôme Paturot à la recherche d'une position sociale, par Louis Reybaud. *Paris, Paulin*, 1845. En tout 3 vol. in-12, dem.-rel. v. f.

518. Les Manieurs d'argent, par Oscar de Vallée. *Paris, Lévy*, 1857. — Dame Fortune, par Perret. *Paris, Hetzel*, 1862. Le Démon de l'argent et le chemin de la fortune, par Henri Conscience. *Paris, Lévy*, 1869. En tout 4 rol. in-12, dem.-rel.

519. Un beau-frère, par Hector Malot. *Paris, Hetzel, s. d.*— Romain Kalbris, par le même. *Paris, Hetzel*, 1869. — Le Marchand de curiosités, par H. de Kock. *Paris, Faure*, 1867. 3 vol. in-12, dem.-rel.

520. Les horizons prochains et les horizons célestes, par Mme de Gasparin. *Paris, Lévy*, 1860, 2 vol. in-12, dem. v. f.

521. En chemin de fer. Nouvelles par Marmier. *Paris, Lévy*, 1864. — Physiologie des chemins de fer, par Siebecker. *Paris, Hetzel*. 1867. — Les Romans du wagon, par Ad. Marx. *Paris, Faure*, 1867, 3 vol. in-12. dem-rel. v.

522. La Bêtise humaine, par Jules Noriac. *Paris, Lévy*, 1864. — Les Originaux du siècle dernier, par Ch. Monselet. *Paris, Lévy*, 1864. Chanvallon, par le même. *Paris, Sartorius*, 1872 (*fig.*). En tout 3 vol. in-12, dem.-rel.

523. L'Aumône sans argent, par M. d'Eltea. *Paris, Douniol*, 1865.— Le Chemin de l'hôpital, par Esm. du Mazet. *Paris*, 1867. — Un Nomade, par le prince Lubomirski. *Paris, Didier*, 1874. 3 vol. in-12, dem.-rel.

524. La Villageoise à Paris, par l'abbé Tounissoux, *Paris, Lecoffre, s. d.* — L'Amour du clinquant, par le même. *Paris, Dentu*, 1865. — L'homme de quarante ans, par Olympe Audouard. *Paris, Dentu*, 1860. En tout 3 vol. in-12, dem.-rel.

525. Nouvelles, de Prosper Mérimée. *Paris, Lévy*, 1866. — Les Blagues de l'Univers, par Barnum. *Paris, Faure*. 1865. — Un Mari mystifié, par M. Audouard. *Paris, Dentu*, 1863, 3 vol. in-12, dem.-rel.

526. Le Dossier no 113, par Gaboriau. *Paris, Dentu*, 1867. — La Corde au cou, par le même. *Paris, Dentu*, 1874. 2 vol. in-12, dem.-rel. v.

527. Les Lions du jour, par Alfred Delvau. *Paris, Dentu.* 1867.— Les Uns et les Autres, par Méry. *Paris, Lévy*, 1864. — Baigneuses et Buveurs d'eau, par Brainne. *Paris, Dentu*, 1861. En tout 3 vol. in-12 dem.-rel.

528. Mémoires d'un dissipateur, par Deligny. *Paris, Lévy*, 1869. — Mémoires d'Antoine, par Rondelet. *Paris, Didier*, 1862. — Mémoires de Mme Lafarge. *Paris, Lévy*, 1867. En tout 3 vol. in-12, dem.-rel.

529. Souvenirs d'un Sibérien. *Paris, Hachette*, 1870. — Souvenirs de 40 ans. *Paris, Lecoffre*, 1861. — Souvenirs d'un spahis, par Razoua. *Paris, Faure*, 1866.— Souvenirs d'un aspirant de marine, par P. de Leusse. *Paris, Dentu*, 1867. En tout 4 vol. in-12, dem.-rel.

530. Les mains pleines de roses, pleines d'or et pleines de sang. *Paris, Michel Lévy*, 1874, in-8, dem. mar. bl., tr. jasp.

531. Fabiola ou l'Eglise des Catacombes, par le card. Wiseman. *Paris, Casterman*, 1858, in-8, dem.-rel. mar. r. (*Fac-simile.*)

On y a joint : Mélanges religieux du même auteur, et Callista, du R. P. Newman. *Bruxelles*, 1857. En tout 3 vol. rel. unif.

532. Contes et nouvelles du R. P. Bresciani. *Paris, Casterman*, 1859-62, 11 vol. in-18, bas. rac., tr. jasp.

Le Zouave pontifical. La Maison de glace. — Ubaldo et Irène. — Edmond. — Le Juif de Vérone. — Lionello. — La République Romaine. — Lorenzo. — Don Giovanni.

533. Les Martyrs de la Sibérie, par A. de Lamothe. *Paris, Blériot*, 1873, 4 vol. in-18, dem.-rel.

534. Vida y hechos del ingenioso cavallero Don Quixotte de la Mancha, por Mig. de Cervantès Saavedra. *En Bruselas, Juan Mommarte*, 1662, 2 in-8, v. br. (*Fig.*)

535. Histoire de l'admirable Don Quichotte de la Manche, en VI volumes. Nouvelle édit. revue et augm. *A Amsterdam, chez Wetstein*, 1717, 6 vol. in-12, frontispices et figures, v., tr. r. (*Reliure ancienne aux armes.*)

536. Don Quichotte de la Manche, par Miguel de Cervantès. Traduit et annoté par Louis Viardot. Vignettes de Tony Johannot. *Paris, Dubochet*, 1845, gr. in-8, dem.-rel. chagr. viol., tr. dor.

537. Le Vicaire de Wakefield et le Voyage sentimental. *Paris, Pagnerre*, 1847. — Robinson Crusoé, par Daniel Foé. *Paris, Didot*, 1854. — Lettres de Silvio Pellico. *Paris, Dentu*, 1857. En tout 3 vol in-12, dem.-rel.

538. La Case de l'oncle Tom, par miss H. Beecher Stowe. Trad. de Old Nick et Joanne, avec de nombr. gravures. — La clef de la Case de l'oncle Tom, par les mêmes. *Paris, Magasin Pittoresque*, 1853, 2 vol. gr. in-8. dem.-rel. (*Fig.*)

539. Le Neveu de ma tante. Histoire personnelle de David Copperfield, par Ch. Dickens. Trad. d'Am. Pichot. *Paris*, 1851, 3 in-8, dem.-rel.

540. La Famille Caxton, par sir Ed. Bulwer Lytton. Trad. d'Am. Pichot. *Paris*, *Perrotin*, 1853, 2 in-8, dem.-rel.

541. **Œuvres de Walter Scott.** Traduction de Defauconpret. *Paris*, *Furne*, 1853-56, 25 vol. in-8, dem. v. f., tr. jasp. (*Portr. et fig.*)

Superbe exemplaire en GRAND PAPIER VÉLIN avec les belles figures de Raffet, Johannot, etc. Les jolis portraits des femmes de Walter Scott ne se trouvent que dans ces sortes d'exemplaires.

542. Les Mille et une Nuits. Contes arabes traduits en français par Galland. *Paris*, *Galliot*, 1826, 6 vol. in-8, dem v. f., tr. jasp. (*Fig. de Westall.*)

3° Dissertations singulières.

543. De Pierre Arétin. Notice. — Recherches sur le dicton populaire : Faire ripaille. — Opinions relatives à l'origine du mot Pontife, par Gabr. Peignot. *Dijon*, *Lagier*, 1836-38, 3 brochures réunies en 1 seul vol. in-8, dem. v. rose.

544. Essai sur les hivers les plus rigoureux et sur les effets les plus singuliers de la foudre, par G. P. (Gabr. Peignot). *Dijon*, *Lagier*, 1821, dem. v. bl. ébarb.

545. Histoire d'Hélène Gillet ou relation d'un événement extraordinaire survenu à Dijon, par un ancien avocat (Gabr. Peignot). *Dijon*, *Lagier*, 1829, in-8, dem. mar. r., coins, tête dor., ébarb.

546. Recherches sur l'origine et l'usage de l'instrument de pénitence appelé discipline, par Gabr. P... (Peignot). *Dijon*, *Lagier*, 1841, dem. v. rose, ébarb.

547. Choix de testaments anciens et modernes remarquables par leur singularité, par G. Peignot. *Paris*, *Renouard*, 1829, 2 in-8, pap. vergé, dem. mar. n., tête dor.. ébarb.

548. Le Livre des singularités, par G. P. (Peignot) Philomneste. *Dijon*, *Lagier*, 1841, in-8, dem. mar. vert, tête dor., ébarb.

549. Predicatoriana ou révélations singulières et amusantes sur les prédicateurs, par G. P. Philomneste (G. Peignot). *Dijon*, *Lagier*, 1841, in-8. dem. mar. r., coins, tête dor., ébarb.

Envoi autographe de l'auteur *à son confrère de l'Académie de Bourges, M. Pierquin de Gembloux.*

550. Les chats, par Champfleury. Illustr. de 80 dessins. *Paris*, *Rothschild*, 1870. — Le réalisme, par le même. *Paris*, *Lévy*, 1857, 2 vol. in-12, dem.-rel.

V. — PHILOLOGIE.

1° Philologie proprement dite et mélanges de littérature. 2° Critiques, satires et emblêmes.

551. Lycée ou cours de littérature ancienne et moderne, par La Harpe. *Paris*, *Ledoux*, 1822, 16 vol. pet. in-12, dem.-rel. v. vert.

552. Cours de littérature ancienne et moderne, par M. l'abbé Dassance. *Paris*, 1844, 6 vol. in-8, v. rac., tr. marbr.

553. Histoire de la littérature française, par Nisard. *Paris*, *Didot*, 1863, 4 vol. in-18., dem.-rel. v. viol.

554. Histoire de la littérature française, de l'origine à la Révolution, par Géruzez. *Paris*, *Didier*, 1863, 2 vol. — Id., pendant la Révolution. *Paris*, *Charpentier*, 1859, 1 vol. En tout 3 vol. in-12, dem.-rel.

555. Histoire de la littérature française sous la Révolution et sous le gouvernement de Juillet (1814-48), par Alfred Nettement. *Paris*, *Lecoffre*, 1858-59, 4 vol. in-8., dem. v. rose, tr. jasp.

On y a joint du même auteur : Histoire du Journal des Débats, 1842, 1 vol. — Poëtes et artistes contemporains, 1862, 1 vol.

556. Etudes sur la littérature française au XIXe siècle, par A. Vinet. *Paris*, 1849, 3 in-8 bas., tr. marbr.

On y a joint : Alexandre Vinet, sa vie et ses écrits, par Ed. Scherer. 1 vol. in-8, même-rel.

557. Annales littéraires ou choix chronologique des principaux articles de M. Dusault. *Paris*, *Maradan*, 1818, 5 vol. in-8, dem.-rel. v. f.

558. Variétés historiques et littéraires. Recueil de pièces volantes rares et curieuses en prose et en vers, revues par Ed. Fournier. *Paris*, *Jannet*, 1855-63, 10 vol. in-12, percal. r. non rogn.

559. **Correspondance littéraire**, philosophique et critique de 1753 à 1769, par le baron de Grimm et Diderot. *Paris*, *Longchamp*, 1813-14, 17 vol. in-8 (y compris le supplément de Barbier), dem.-rel., tr. jasp.

Bel exemplaire de cet *excellent ouvrage*.

560. Mélanges de philosophie, d'histoire et de littérature, par M. de Féletz. *Paris*, *Guimbert*, 1828, 6 vol. in-8, dem.-rel. v. f., tr. jasp.

On y a joint de même auteur : Jugements historiques et littéraires sur quelques écrivains du temps. *Paris*, 1840, in-8, dem. v. f.

561. Causeries du lundi, par Sainte-Beuve. *Paris*, *Garnier*, 1851-56, 11 vol. in-12 (dont la table générale), dem.-rel. v. f., tr. jasp.

Exemplaire neuf.

562. Nouveaux lundis, par Sainte-Beuve. *Paris*, *Michel Lévy*, 1864-69, 11 vol. in-12, dem.-rel. v. f., tr. jasp.

Exemplaire neuf.

563. **Œuvres de M. Villemain**. *Paris*, *Didier*, 1855-59, 13 vol. in-8, dem.-rel. v. or., tr. jasp.

Belle collection qui renferme : Littérature au moyen âge, 2 vol. — Tableau de la littérature au XVIIIe siècle, 4 vol. — Littérature ancienne et étrangère, 1 vol. — Littérature contemporaine, 1 vol. — Discours et mélanges, 1 vol. — La République de Cicéron, 1 vol. — Éloquence chrétienne au IVe siècle, 1 vol. — M. de Chateaubriant et ses écrits, 1 vol. — Essais sur Pindare, 1 vol.

564. Œuvres littéraires de Pontmartin. *Paris*, *Michel Lévy*, 1859-69, 16 vol. in-18, dem. v. gris, tr. jasp.

Causeries du samedi. — Nouveaux samedis. — Causeries littéraires. — Semaines littéraires.— Jeudis de Mme Charbonneau.

565. Mélanges de critique et de philologie, par Chardon de la Rochette. *Paris*, *d'Hautel*, 1812, 3 in-8, dem.-rel. v. gris.

566. Mélanges religieux, historiques, politiques et littéraires, par Louis Veuillot. 1re et 2e série. *Paris*, *Vivès*, 1860-61, 12 vol. in-8, dem. v. bl., tr. jasp.

567. Etudes religieuses, historiques, philosophiques et littéraires, par des Pères de la compagnie de Jésus. *Paris*, *Albanel*, 1867-77, 20 vol. in-8, dem.-rel. v. fauve, tr. jasp.

568. **Plutarchi cheronensis Apophthegmata** ad Traianum Cæsarem (per Franc. Philelphum e græco in lat. translata). *Venetiis*, *per Vindelinum de Spira*, 1471, in-4 de 77 ff. non chiffrés à 32 lignes par page, lettres rondes, vél. bl., tr. r. (*Rel.moderne.*)

PREMIÈRE *et fort rare édition*. Très bel exemplaire réglé du temps et de la plus parfaite conservation.

569. **Banquet des savans**, par Athénée, trad. par Lefebvre de Villebrune. *Paris*, *Lamy* (*de l'impr. de Didot jeune*), 1789-91, 5 vol. in-4, dem.-rel. mar. r. non rogné (*Thouvenin*).

Magnifique exemplaire.

570. Index verborum ac phrasium Luciani a Car. Conr. Reitzio. *Trajecti ad Rhenum*, *Hermann*, 1746, in-4, v. br.

571. Amusements philologiques ou variétés en tous genres, par G. P. (Peignot) Philomneste. *Dijon*, *Lagier*, 1842, in-8, dem. v. rose, ébarb.

572. Voyage merveilleux du prince Fan-Férédin dans la Romancie. (Par le P. Bougeant.) *Paris*, Le *Mercier*, 1735, in-12, v. br.

Mordante critique contre l'abus de la lecture des romans.

573. Virgile en France ou la Nouvelle Enéide, poème héroï-comique, orné d'une figure à chaque chant, par Le Plat du Temple. *A Bruxelles*, *chez Weissenbruch*, 1807, 2 tomes en 1 vol. in-8, bradel, non rogn. (*Fig.*)

TRÈS RARE. Violente satire contre la Révolution française et Napoléon Ier, dont la police française fit saisir et détruire à Bruxelles l'édition presque entière.

574. Çà et là, par Louis Veuillot. *Paris*, *Gaume*, 1860, 2 vol. — — Les libres penseurs, par le même. *Paris*, *Lecoffre*, 1860. En tout 3 vol. in-12, dem. v. bl.

575. Satires, par Louis Veuillot. *Paris*, *Gaume*, 1863. — Le fond de Giboyer, par le même. *Paris*, *Gaume*, 1863. — Les Couleuvres, du même. *Paris*, *Palmé*, 1869. En tout 3 vol. in-12, dem. v. bl.

576. Le Parfum de Rome. Rome pendant le Concile, par Louis

Veuillot. *Paris*, *Palmé*, 1865-72, 4 vol. in-8, dem. v. bl., tr. jasp.

577. Les Odeurs de Paris. — Paris pendant les deux sièges. *Paris*, *Palmé*, 1867-71, 3 in-8, dem. v. bl., tr. jasp.

578. La Comédie de notre temps et la Vie hors de chez soi. Etudes au crayon et à la plume, par Bertall. *Paris*, *Plon*, 1874-75-76, 3 vol. gr. in-8, dem.-rel. v. f., tr. jasp. (*Fig.*)

Premier tirage devenu rare.

579. Emblemata Florentii Schoonhovii, partim moralia, partim etiam civilia. *Amstelodami, apud Janssonium*, 1648, in-4, v. br., tr. dor.

Volume rare orné de très belles figures sur cuivre.

VI. — ÉPISTOLAIRES.

Epistolaires anciens et modernes.

580. M. Tullii Ciceronis epistolarum ad familiares libri XVI. *Lugd. Batavor.*, *ex off. Elzeviriana*, 1642, pet. in-12, vél. bl.

Très joli exemplaire. Haut. 130mm.

581. Epistres familières de Cicéron, traduites en françois, partie par Estienne Dolet et le reste par Belle-Forest. *A Genève*, *Iacob Stoer*, *s.d.*, pet. in-12 de 1172 ff. chiffrés, v. f., fil., dent., tr. r.

Rare comme tous les *ouvrages* de *Dolet*.

582. **Enee Silvii Picolominei Epistole familiares** *Impressus est Rome per Iohan. Schurener de Bopardia. Anno MCCCCLXXV*, in-fol., lettres rondes, de 75 ff. non chiffrés à 36 lignes par page, broché.

La plus ancienne édition connue AVEC DATE des célèbres lettres d'Æneas Sylvius. Très bel exemplaire.

583. Epistolæ S. Bonifacii, archiepiscopi Magontini et martyris. *Magontiaci*, *Crass*, 1789, in-fol., v. br., tr. r. (*Fac-simile.*)

584. Lettres de saint Bernard. Trad. en français par l'abbé P. *Lyon*, *Guyot*, 1838, 3 in-8, dem.-rel.

585. Lettres de sainte Catherine de Sienne. Trad. de l'italien par Cartier. *Paris*, *veuve Poussielgue*, 1858, 3 in-8, dem. v. viol., tr. jasp. (*Portr.*)

586. Lettres de Madame de Sévigné, de sa famille et de ses amis. Avec portraits, vues et fac-simile. *Paris*, *Blaise*, 1818, 11 vol. in-8 (dont 1 de planches), marocain rouge, dent., tête dor., ébarb. (*Fig.*)

Très bel exemplaire de cette *excellente édition* qui est ornée de 8 portraits, 13 vues et 10 fac-simile. On y a joint la collection de 20 portraits publiée séparément en 1818.

587. Mémoires touchant la vie et les écrits de Madame de Sévigné, par M. de Walckenaer. *Paris*, *Didot*, 1845, 6 vol. in-12, dem.-rel. v. f., tr. jasp.

588. Lettres du comte d'Avaux à Voiture, suivies de pièces inédites de Conrart, publiées par Am. Roux. *Paris, Durand (impr. de L. Perrin)*, 1858, in-8, dem. v. f., ébarb.

Tiré à 100 exemplaires *sur papier teinté.*

589. Lettres choisies de Voltaire, avec une notice de L. Moland et des portraits de Staal et Philippoteaux. *Paris, Garnier*, 1872, dem. mar. vert, plats toile, tr. dor. (*Portr.*)

Beau volume avec de nombreux *portraits sur acier.*

590. Lettres du maréchal Saint-Arnaud. *Paris, Lévy*, 1855, 2 in-8, dem. mar. rouge, tr. jasp. (*Portr. sur acier.*)

591. Mémoires politiques et correspondance diplomatique de J. de Maistre (1803-1817), publ. par Albert Blanc. *Paris, Librairie Nouvelle*, 1859-60, 3 vol. in-8, dem. v. vert, tr. jasp.

592. Lettres de Alexandre de Humboldt à Varnhagen von Ense. Edit. ornée d'un beau portr. *Paris, Hachette*, 1860, in-8, bas. pleine, fil., tr. jasp. (*Portr.*)

593. Lettres de Gabriel Peignot à son ami Baulmont. *Dijon, Lamarche*, 1857, in-8, dem.-rel., ébarb. (*Portr.*) — Opuscules de Gabriel Peignot. *Paris, Techener*, 1863, in-8, papier de Hollande, dem-rel. (*Eau-forte d'Hédouin.*)

594. Lettres de la sainte mère baronne de Rabutin-Chantal, publiées par Ed. de Barthélemy. *Paris, Lecoffre*, 1860, 2 in-8, dem. v. bl. (*Portr.*)

595. Lettres de Madame Swetchine. — Madame Swetchine, sa vie et ses œuvres. — Madame Swetchine. Méditations et prières. — Lettres inédites de Madame Swetchine. — Correspondance du R. P. Lacordaire avec Mme Swetchine. Le tout publié par M. le comte de Falloux. *Paris, Didier*, 1860-66, 7 vol. in-8, dem.-rel. v. bleu.

596. Eugénie et Maurice de Guerin. Journal et lettres publiés par Trébutien. *Paris, Didier*, 1863-65, 3 vol. in-18, dem.-rel. v. f.

VII. — POLYGRAPHES ANCIENS ET MODERNES.

597. Luciani Samosatensis opera, cum nova versione Hemsterhusii, etc. *Amstelodami, sumptibus Jac. Wetstenii*, 1743, 3 vol. in-4, bas. rac., tr. r. (*Frontis. grav.*)

Édition la plus estimée de cet auteur.

598. Œuvres complètes de Lucien ; trad. de Eug. Talbot. *Paris, Hachette*, 1857, 2 forts vol. in-12, dem.-rel., v. f.

599. Œuvres complètes de Cicéron, publiées en français avec le texte en regard par Victor Leclerc. *Paris, Werdet et Lequien*, 1827, 36 vol. in-12, dem.-rel. v. viol., tr. jasp.

C'est encore la meilleure traduction de Cicéron.

600. **Œuvres diverses du sieur de Balzac.** *Amsterdam, chez Daniel Elzevier*, 1651-1675, 7 vol. pet. in-12, v. viol., comp. et fil., tr. dor., front. grav. (*Thouvenin.*)

Charmant exemplaire de ces 7 volumes qu'il est fort difficile de réunir. La collection comprend : Œuvres diverses, 1664. — Aristippe ou la Cour, 1664. — Ses entretiens, 1663. — Lettres choisies, 1656. — Lettres à Conrart, 1664. — Lettres familières, 1656. — Socrate chrestien. *Paris, Courbé*, 1661. Haut. 124mm.

601. **Œuvres de monsieur Scarron.** Nouvelle édition. *A Amsterdam, chez Wetstein*, 1752, 7 vol. in-12, cart. à la bradel, dos en toile, entièrement ébarb. (*Portr. et fig.*)

Édition la plus complète et la plus estimée des œuvres de Scarron. *Très rare, surtout en pareille condition.*

602. Œuvres complètes de Bossuet, évêque de Meaux. *Paris, Gaume*, 1845-46, 12 vol. gr. in-8, dem. mar. viol., tr. jasp. (*Portr.*)

SUPERBE EXEMPLAIRE de cette excellente édition.

603. Œuvres complètes de Fénelon, archevêque de Cambrai, précédées de son histoire littéraire, par M. Caron. *Paris, Gaume*, 1851-52, 10 vol. gr. in-8, dem. mar., tr. jasp. (*Portr.*)

Très bel exemplaire.

604. Œuvres diverses de Maucroix. *Paris, Techener*, 1854, 2 vol.— Œuvres choisies de Sedaine. *Paris, Hachette*, 1860, in-12. En tout 3 vol., dem.-rel. v. f.

605. Œuvres de Voiture. Lettres et poésies. *Paris, Charpentier*, 1855, 2 vol. — Œuvres de Malherbe, J.-B. Rousseau et Lebrun. *Paris, Didot*, 1844, 1 vol. En tout 3 in-12, dem.-rel. v. f.

606. Œuvres complètes de M. Gesner. *S. l. n. d.* (*Paris, Cazin*, 1778.) 3 vol. pet. in-12, v. f., fil., tr. dor. (*Rel. de l'édit.*)

Charmantes fig. de Marillier, gravées par De Launay. La reliure du 1er vol. n'est pas parfaitement uniforme.

607. Œuvres complètes de M. de Belloy. *A Paris, chez Moutard*, 1779, 6 vol. in-8, v. rac., tr. marb. (*Portr.*)

Ex libris de Cayrol.

608. Œuvres complètes de Rivarol, précédées d'une notice sur sa vie et ornées du portr. de l'auteur. *Paris, Collin*, 1808, 6 in-8, dem. v. f., tr. jasp. (*Portr.*)

609. Œuvres complètes de Chamfort. *Paris, Chaumerot*, 1824, 5 in-8, dem. chagr., ébarb.

610. Œuvres de Fontenelle. *A Paris, chez Belin*, 1818, 3 in-8, dem. rel. v. f. (*Fac-simile.*)

611. Œuvres du comte Joseph de Maistre. *Paris, Pelagaud*, 1851-1870, 11 vol. in-8, rel. pleine en veau vert, tr. marb. (*Portr.*)

Belle collection qui comprend : Considérations sur la France, 1 vol. — De la Justice divine 1 vol. — Du Pape, 1 vol. — De l'Église gallicane, 1 vol. — Soirées de Saint-Pétersbourg, 2 vol. — Philosophie de Bacon, 1 vol. — Lettres et opuscules inédits, 4 vol.

612. Œuvres de M. Ballanche, de l'académie de Lyon. *Paris, Barbezat*, 1830, 4 vol. in-8, dem. v. vert, tr. jasp.

613. Œuvres complètes de M. le vicomte de Chateaubriant. *Paris, Lefèvre*, 1834, 4 vol. gr. in-8, dem.-rel. mar. bl. (*Portr.*)

614. Œuvres de Chateaubriand. Itinéraire de Paris à Jérusalem. —Génie du Christianisme.— Les Martyrs. *Paris, Didot,* 1844-52, 5 vol. in-12, dem.-rel. v. f.

615. Œuvres complètes d'Augustin Thierry. *Paris, Furne,* 1851-55, 5 vol. in-8, dem.-rel. v. bleu. (*Portr.*)

Conquête de l'Angleterre par les Normands, 2 vol. — Lettres sur l'histoire de France. — Récits des temps mérovingiens. — Histoire du Tiers-État.

616. Œuvres du cardinal P. Giraud. Instructions, lettres pastorales et discours publiés à Rodez. *Lille, Lefort,* 1850, 7 vol. in-8, dem.-rel. v., dos orné. (*Portr.*)

On y a joint : Vie du cardinal Giraud, archevêque de Cambrai, par M. l'abbé Capelle. *Lille, Lefort,* 1852, in-8, même rel. (*Port.*).

617. Œuvres complètes du cardinal de Bérulle, publiées par M. l'abbé Migne. — Œuvres complètes de M. Emery, supérieur de Saint-Sulpice. *Paris, Migne,* 1856-57, 2 vol. gr. in-8, dem.-rel.

De la collection Migne.

618. Œuvres de Monseigneur Pavy, évêque d'Alger. *Paris, Poussielgue,* 1858, 2 in-8, rel. pleine v. viol.

HISTOIRE.

I. — GÉOGRAPHIE.

1° Dictionnaires généraux. — 2° Géographie ancienne, du moyen-âge et moderne.

619. Grand Dictionnaire de géographie universelle ancienne et moderne de toutes les parties du monde, par Bescherelle. *Paris, administration générale,* 1857, 4 vol. gr. in-4°, dem. mar. viol., tr. jasp.

Exemplaire neuf.

620. Dictionnaire de géographie ancienne et moderne, par Meissas et Michelot. *Paris, Hachette,* 1847, gr. in-8, dem.-rel.

621. Dictionnaire géographique et statistique, rédigé sur un plan nouveau par Adr. Guibert, *Paris, Renouard,* 1850, fort vol. gr. in-8, dem. v. bl., tr. j.

622. Le Grand Dictionnaire géographique et historique de Bruzen de La Martinière. *Paris, chez les Libraires associés,* 1768, 6 vol. in-fol., v. br., tr. r.

623. Essai sur l'histoire de la géographie ou sur son origine, ses progrès et son état actuel, par Robert de Vaugondy. *Paris, Boudet*, 1755, in-12, v. f., tr. r.

Aux armes du *Président* ROUJAULT.

624. Histoire et théorie générale de la géographie, par Malte-Brun, revue et augm. par Huot. *Paris*, *Garnier*, 1853, gr. in-8, dem. bas. (*Cartes*.)

Ce volume qui forme le tome Ier de la Géographie universelle n'a pas été reproduit dans les éditions suivantes.

625. Histoire de la géographie et des découvertes géographiques depuis les temps les plus reculés jusqu'à nos jours, par Vivien de Saint-Martin. *Paris*, *Hachette*, 1873, gr. in-8, dem.-rel. v. f.

626. Histoire des découvertes géographiques des nations européennes. Asie-Mineure, par Vivien de Saint-Martin. Tomes II et III seuls parus. *Paris*, *Bertrand*, 1845, 2 in-8, dem.-rel. v. f. (*Cartes*.)

627. **Geographiæ veteris scriptores græci (et arabici) minores**, cum interpret. lat., dissertat. ac annotationibus. *Oxoniæ*, *e Theatro Sheldoniano*, 1698, 1703, 1712, 3 vol. in-8, vélin bl. de Holl. (*Cartes et fig*.)

Superbe exemplaire de cette COLLECTION AUJOURD'HUI FORT RARE et qui est connue sous le nom de PETITS GÉOGRAPHES. Les 3 volumes sont absolument conformes à la description si minutieuse de Brunet (tome II, col. 1537 et 1538), et on y a ajouté les 2 éditions de 1697 et de 1710, de la *Géographie de Denys Periegete* qui forme le 4e vol. de cette précieuse collection.

628. Geographi græci minores. E codicibus recognovit et tabulis æri incisis illustravit Mullerus. *Parisiis*, *Didot*, 1855, 3 vol. gr. in-8, dont 1 atlas de 29 planches, texte grec-latin, dem.-rel. v. souris.

629. Géographie des Grecs analysée ou les systèmes d'Eratosthènes, de Strabon et de Ptolémée, comparés entre eux et avec nos connaisances modernes. — Recherches sur la géographie systématique et positive des anciens, pour servir de base à l'histoire de la géographie ancienne, par Gosselin. *Paris*, *imprimerie de la République*, 1780 à 1813, 5 vol. gr. in-4, dem. mar. bl., entièrem. ébarb.

Très bel exemplaire de ce *savant ouvrage*.

630. Fragments des poèmes géographiques de Scymnus de Chio et du faux Dicéarque, par Letronne. *Paris*, *Gide*, 1840, in-8, dem.-rel.

On y a joint : Les papes géographes et la cartographie du Vatican, par Thomassy. *Paris*, 1852, in-8, rel. en v. vert., fil, dent., tr. dor. (*Tiré à 200 exempl.*).— Pythéas de Marseille et la Geographie de son temps, par Lelewel. *Paris*, 1836, in-8, bas. pl. dent. (*Cartes*.)

631. Voyage de Néarque des bouches de l'Indus jusqu'à l'Euphrate. Journal conservé par Arrien et trad. de W. Vincent par Billecocq. *A Paris*, *impr. de la Rèpubl. an VIII*, gr. in-4, veau vert, dos et plats couverts de dentelles et d'ornements dorés, dent. à l'int., tr. dor. (*Cartes et portr.*)

632. Géographie ancienne abrégée par M. d'Anville, *Paris, Merlin*, 1768, 3 vol. in-12, v. br. (*Frontisp. et cartes.*)

On y a joint du même auteur : Lettre au sujet des pays de Kamtchatka, 1737, in-12 (*carte*). — L'empire Turc et l'empire de Russie, origine et accroissements, 1772, 2 tomes en 1 vol. in-12.

633. Mémoires sur la géographie ancienne. Extraits des mémoires de l'académie des Inscriptions et Belles-Lettres. *Paris*, 1744-61, 20 broch. en 1 vol. in-4, dem. v. f. (*Cartes*)

Recueil factice de MM. d'Anville, Bonamy et l'abbé Belley.

634. Mélanges de géographie ancienne et d'archéologie. Extraits des mémoires de l'académie des Inscriptions et Belles-Lettres. *Paris*, 1750-63, 22 brochures en 1 vol. in-4, dem. v. f. (*Cartes et fig.*)

Recueil factice de MM. l'abbé Barthélemy, Vaillant, Renaudot, d'Anville, etc. A la fin un manuscrit autographe de Barbier du Boccage, ayant pour titre : *Analyse des changements faits 1786 sur la mappemonde de d'Anville.*

635. Pièces diverses sur l'histoire et la géographie ancienne. Extraits des mémoires de l'académie des Inscriptions et Belles-Lettres. *Paris, s. d.*, 35 broch. en 1 vol. in-4, dem. v. f. (*Cartes et fig.*)

Recueil factice de MM. Bougainville, Fourmont, Bonamy, etc., etc.

636. **Mémoires de littérature**, par M. d'Anville. Recueil factice de 23 pièces, mémoires, dissertations, etc., publiées de 1754 1759 et réunies sous un titre à la main en 1 seul vol. in-4°, veau rac., tr. r. (*Cartes.*)

RECUEIL PRÉCIEUX *et sans doute unique* de la presque totalité des mémoires publiés par d'Anville dans la collection de l'Académie des Inscriptions et Belles-Lettres. Cet exemplaire, qui provient de la bibliothèque du célèbre géographe lui-même, porte sur le titre le cachet de M. d'HAUTECLAIR, son petit-fils. *Très bel exemplaire.*

637. **In hoc opere hæc continentur : geographia Ptolemæi**..... emendata et correcta a Marco Beneventano et Joanne Cotta (sic). *Rome, Evangelista Tosinus*, 1508, gr. in-fol., reliure en bois recouverte en peau de truie avec fermoirs, tranches ébarbées. (*Cartes coloriées.*)

PRÉCIEUX EXEMPLAIRE *d'une admirable conservation*. Voici la collation de ce beau vol. : 35 ff. pour le titre, la dédicace et la table des lieux ; ff. 36 à 107 suiv. d'un f. blanc, pour le texte ; 34 cartes gravées sur cuivre et coloriées du temps ; 20 ff. renfermant un Traité *De tribus orbis partibus*, enfin 14 ff. contenant *Marci Beneventani orbis nova descriptio*. (*Voir Brunet*, t. IV, 954.)

Cette édition renferme la première représentation en double hémisphère du monde ancien et du nouveau monde. C'est la première qui donne une idée de l'Amérique. Les cartes qu'on y trouve sont encore les plus belles qui aient été gravées pour la géographie de Ptolémée, dans aucune édition, sans même en excepter celles de Mercator. Les lettres y sont frappées par des poinçons et à coup de marteau, ainsi que le pratiquent les orfèvres quand ils marquent l'argenterie.

Le libraire éditeur, EVANGELISTA TOSINUS, *était Français, du diocèse de* BOURGES.

638. **Cl. Ptolemæi opus geographiæ**, noviter castigatum, etc... *Hæc bona mente Laurentius Phrisius in lucem jussit*

prodere. Joannes Grieninger civis Argentoratenus opera id opus insigne excepit et perfecit anno M.D.XXII. In-fol., reliure en bois recouverte en peau de truie estampée, avec fermoirs.

Très bel exemplaire, COLORIÉ A L'ÉPOQUE, *de cette rare et précieuse* édition de Ptolémée, où l'on trouve pour la première fois le nom d'AMÉRIQUE, adopté par l'imprimeur *Waldsee-Muller* (HYLACOMYLUS, *en grec*), qui sciemment ou non confondit le navigateur Florentin, AMÉRIC VESPUCE, avec le navigateur Génois, CHRISTOPHE COLOMB.

639. **Ptolèmeo. La Geografia di Claudio Ptolemeo**, con aggiunte do Sebast. Munstero, con le tavole non solamente antiche e moderne, ma altre nuove di Iacopo Gastaldo, ridotta in Italiano da M. Pietro Andrea Mattiolo. *In Venetia, per Pedrezano*, 1548, in-8 mar. vert, fil. à froid, dent., tr. dor. (*Lortic.*)

Superbe exemplaire de cette édition rare, inconnue de la plupart des bibliographes. Elle se compose de 8 ff. prél., 214 ff. chiffrés et 2 ff. dont 1 pour le registre et 1 blanc ; 60 cartes doubles avec notices (dont 3 très exactes de l'*Amérique*, appelée encore TERRA NUOVA), très finement gravées sur cuivre, et 64 ff. de table.

640. Cl. Ptolemæi Geographiæ libri octo græco-latini cum tabulis geographicis restitutis per Ger. Mercatorem. *Amsterodammi, Iodocus Hondius*, 1605, in-fol., rel. pl. en bas. rac., dent., tr. marb.

Bel exemplaire *colorié de l'époque.*

641. In Claudii Ptolemæi quadripartitum enarrator ignoti nominis, quem tamen Proclum fuisse quidam existimant; item Porphyrii introductio, etc. *Basileæ, ex officina Petriana*, 1559, in-fol. de 12 ff. et 279 pages, rel. de l'époque en peau de truie estampée, avec fermoirs.

Dans le même volume : Orbis universalis descriptio, in qua præter Ptolemæi aliorumque veterum cosmographorum investigationem, Africæ et item Indiæ extrema littora..... ut sequenti tabula ostendetur. *Basileæ, ex off. Henrici Petri*, 1552, in-f° de 195 pages (y compris l'appendice, de Sébast. Munster), avec 54 cartes sur bois extrêmement curieuses et fort bien exécutées. TRÈS RARE.

642. **Géographie de Ptolémée,** reproduction photolithographique du manuscrit grec du monastère de Vatopédi, au mont Athos, exécutée sous la direction de P. de Sewastianoff, avec une introduction par Langlois. *Paris, Didot*, 1867, gr. in-4, cart. à la bradel, ébarb.

Superbe volume, dédié à ALEXANDRE II *et qui n'a été tiré qu'à 200 exemplaires.* Il se compose de 117 pages de texte, d'une carte du mont Athos, et de 108 pages en chromolithographie reproduisant avec la plus scrupuleuse exactitude le texte et les cartes en couleurs du fameux manuscrit.

643. **Strabo de situ orbis** (græce ex recensione Ben. Tyrrheni). *Venetiis, in ædibus Aldi et Andreæ soceri, mense novembri*, 1516. In-fol., mar. r. (*Ancienne reliure.*)

Première édition RARE ET FORT RECHERCHÉE. Superbe exemplaire bien conforme à la description de Brunet.

644. Géographie de Strabon, traduite du grec en français (par de La

Porte, Letronne, etc.). *A Paris, de l'imprimerie impériale*, 1805-19, 5 vol. gr. in-4, cart. à la bradel, marges intactes.

Très bel exemplaire de cet important ouvrage.

645. **La division du monde**, contenant la déclaration des provinces et régions d'Asie, d'Europe et d'Aphricque. Ensemble les passages, lieux et destroitz par lesquelz on peut entrer et passer des Gaules es parties d'Italie (par Jacques Signot). *A Lyon, par Benoist Rigaud*, 1555, très pet. in-12, v. b., tr. r.

TRÈS RARE.

646. Géographie de Pomponius Méla, trad. par Baudet. — Description de la nature de Rufus Festus Avienus, trad. par Despois. — Poésies de Priscien, trad. de Corpet. *Paris, Panckoucke*, 1843-45, 3 vol. in-8, dem. v. souris, tr. jasp.

De la bibliothèque Latine-Française.

647. Geographiæ sacræ pars prior Phaleg seu de dispersione gentium..... et pars altera Chanaan seu de coloniis Phænicum. Authore Sam. Bocharto. *Cadomi, typis Cardonelli*, 1646, 2 parties en 1 vol. in-fol. parch. (*Nombr. cartes.*)

Bel exemplaire de ces savants ouvrages.

648. Geographia sacra ex veteri et novo testamento desumta, auctore Nic. Sanson. *Amstelaedami, Franciscus Halma*, 1704, in-fol., v. br. (*Frontispice gravé et cartes.*)

Superbe exemplaire auquel on a joint : 1° Onomasticon locorum sacræ scripturæ græce scriptus ab Eus. Cæsariensi, 1707. — 2° La description de la Terre-Sainte, par Brocard.

649. La Géographie sacrée et les monuments de l'histoire sainte. Lettres du P. Joly, avec des planches et des cartes. *Paris, Jombert*, 1784, in-4, bas. rac. (*Fig.*)

650. Géographie historique, ecclésiastique et civile de toutes les parties du globe, enrichie de cartes géographiques, par Dom Vaissette. *Paris, Desaint*, 1755, 4 vol. in-4, v. marbr., tr. r.

651. Dictionnaire géographique de la Bible, par Barbier Du Bocage. *Paris, Crapelet*, 1834, in-8 bas., dent., tr. marbr.

652. Géographie d'Edrisi, traduite de l'arabe en français et accomp. de notes par Amédée Jaubert. *Paris, impr. Royale*, 1836, 2 in-4, dem.-rel. v. f. (*Cartes.*)

Edrisi, appelé aussi le *Géographe de Nubie*, appartient au XIIe siècle.

653. Géographie d'Aboulféda, traduite de l'arabe en français et accomp. de notes par Reinaud. *Paris, imprimerie nationale*, 1848, tome 1er et tome 2e (1re partie), 2 vol. in-4, dem-rel. v. f. (*Cartes et fig.*)

654. Géographie du moyen âge, par Joachim Lelewel. Avec un atlas dans chaque vol. *Breslau, Schletter*, 1852, 4 tomes en 2 vol. in-8, v. rac., dent., tr. jasp. (*Cartes.*)

On y a joint : Précis de la Géographie historique du moyen âge, par Ansart, *Paris*, 1839, in-8°, dem.-rel.

655. Essai sur l'histoire de la cosmographie et de la cartographie pendant le moyen-âge, pour servir d'explication à l'atlas composé de mappemondes et autres monuments géographiques, par le vicomte de Santarem. *Paris*, *Maulde et Renou*, 1849-52, 3 in-8, dem. v. vert. (Avec le N° 676.)

On y a joint du même auteur, même format et même reliure: Recherches sur la priorité de la découverte de la côte occidentale d'Afrique au xve siècle. *Paris*, 1842 (*Avec un atlas*). — Recherches sur Améric Vespuce et ses voyages. *Paris*, 1842.

656. Mélanges de géographie du moyen-âge. Recueil factice de 4 brochures in-4° en dem.-rel., tr. jasp. (*Cartes*.)

Notice d'un atlas en langue catalane. Manuscrit de l'an 1375, par MM. Buchon et Tastu. *Paris*, *impr. roy.*, 1839, 152 pp. et 6 cartes., etc., etc.

657. **Isolario di Benedetto Bordone,** nel qual si ragiona di tutte l'Isole del mundo con li lor nomi, historie, favole... Di nuovo ristampato con la gionta del Monte del oro novamente ritrovato. *In Vinegia*, *ad instantia del nobile Feder. Toresano*, 1547, in-fol. de 10 ff. prél. et 74 ff. chiffrés, vél. bl. (*Rel. anc.*)

TRÈS RARE. La première édition est de 1528 ; même dans celle-ci, qui est la 3e, l'*Amérique* (voyez la mappemonde) n'est encore désignée que sous le nom de MUNDO NUOVO. Curieuses cartes gravées sur bois et tirées dans le texte.

658. **Cosmographiæ universalis libri VI**, *in* quibus describuntur omnium orbis partium situs, regionum effigies, animalium picturæ, gentium mores, etc. Autore Sebast. Munstero. *Basileæ, apud Henr. Petri*, 1550, pet. in-fol. de 1163 ff., sans compter de nombr. ff. prélim., cartes, etc., marocain rouge, dos orné, fil., tr. marb., armes à froid sur les plats (*Rel. anc.*)

Bel exemplaire de ce curieux ouvrage où l'on rencontre à la fois les narrations les plus authentiques et les les fables plus naïves. Les cartes sont intéressantes à cause de leur ancienne date, et les plans des villes sont en général d'une assez complète exactitude. Les figures sur bois qui se rencontrent par centaines dans ce volume sont grossières mais fort originales.

659. **L'Isole piu famoso del mundo** descritte da Th. Porcacchi e intagliate da Girolamo Porro. *In Venetia*, *app Simon Galignani*, *1576* (*In fine : 1575*), in-fol. de 74 ff et 202 pp., vél. bl. (*Reliure ancienne.*)

Très bel exemplaire de ce LIVRE RARE qui renferme une quantité considérable de fort jolies petites cartes sur cuivre de la plus parfaite exécution.

660. P. Bertii tabularum geographicarum libri quinque. *Amstelodami*, *apud Cornelium Nicolai*, 1606, in-8 oblong, v. br., tr. r.

Bel exemplaire de ce curieux atlas.

661. La Géographie raccourcie, par Pierre Bertius, avec de belles cartes taillez par Iud. Hondius. *A Amsterdam*, *chez Iosse Hondius*, 1618, in-8 oblong, v. br. (*Incomplet de qq. ff.*)

662. Notitia orbis antiqui, sive geographia plenior. Christophorus Cellarius collegit et novis tabulis geographicis illustravit. *Canta-*

brigiæ, impr. Joh. Oweni, 1703, 2 vol. in-4, vél. bl., comp. à froid, tr. jasp. (*Portr., cartes et fig.*)

Superbe exemplaire d'un ouvrage encore fort estimé.

663. Stephanus de urbibus, quem primus Th. de Pinedo donabat. Cum collationibus Jac. Gronovii. *Amstelædami, apud Wetstenios*, 1725, in-fol., v. br.

664. Lucæ Holstenii notæ et castigationes postumæ in Stephani Byzantii ΕΘΝΙΚΑ : editæ a Th. Ryckio. *Lugd. Batavorum, apud Jac. Hackium*, 1684, in-fol., dem.-rel., v. f.

Sur le titre ces mots autographes : *Stephanus Baluzius Tutelensis.*

665. Recueil des itinéraires anciens, comprenant l'itinéraire d'Antonin, la table de Peutinger, etc., publié par le Mis de Fortia d'Urban. *Paris, imprimerie Royale*, 1845, in-4, dem.-rel. v. f.

Voir pour l'atlas le no 699.

666. Précis sur le globe terrestre ou explication de la mappemonde, par Maclot. *Paris, Vente*, 1765, in-12, mar. r., dos et coins ornés, fil., dent., tr. dor. (*Rel. ancienne.*)

Très bel exemplaire.

667. Cartes des voies de communication établies dans le monde entier par la vapeur et l'électricité, par Anat. Chatelain. *Paris, Lanée*, 1863, très grand in-fol., dem.-rel., ébarb.

Réunion factice de 19 grandes cartes de format in-fo grand aigle, coloriées.

668. Géographie ancienne historique et comparée des Gaules Cisalpine et Transalpine, par le baron de Walckenaer. *Paris, Dufart*, 1839, 3 in-8, dem.-rel. (*Atlas.*)

669. Abrégé de géographie, par Adrien Balbi. Avec 24 cartes et plans. *Paris, Renouard*, 1850, gr. in-8, dem. v. rose, tr. jasp.

670. **Géographie universelle de Malte-Brun**, mise au courant de la science par Lavallée. *Paris, Furne*, 1845-57, 6 vol. gr. in-8, rel. pleine en veau vert, fil. et dent. sur les plats, tr. jasp. (*Cartes et fig.*)

Superbe exemplaire de cet excellent ouvrage orné d'une quantité considérable de *belles gravures sur acier.*

671. Géographie universelle de Malte-Brun, revue par Cortambert. *Paris, Dufour*, 1858, 8 vol. gr. in-8, dem-rel. v. f. (*Portr., cartes et nombr. grav. sur acier.*)

672. Mélanges de Malte-Brun ou choix de ses principaux articles sur la géographie et l'histoire. *Paris, Aimé André*, 1828, 3 in-8, dem.-rel.

673. L'année géographique. Revue annuelle des voyages, par M. Vivien de Saint-Martin. *Paris, Hachette*, de 1863 (origine) à 1875 incl., 14 vol. in-12, dem.-rel. v. vert.

3° Atlas généraux et cartes particulières.

674. **Monuments de la géographie** ou recueil d'anciennes cartes européennes et orientales, etc., publiées en fac-simile de la grandeur des originaux, par Jomard. *Paris*, *Duprat*, 1854-62, gr. in-fol., dem. mar. v., non rogné.

OUVRAGE REMARQUABLE sous tous les rapports, dit Brunet. Il se compose de 49 planches *noires et coloriées*, parues en 8 livraisons, et a coûté environ 350 fr.

675. Atlas dressé pour l'histoire de la géographie et des découvertes géographiques depuis les temps les plus reculés, par Vivien de Saint-Martin. *Paris*, *Hachette*, 1874, in-fol. dem.-v.

13 cartes de la plus parfaite exécution.

676 Atlas composé de mappemondes et de cartes depuis le XIe jusqu'au XVIIe siècle, pour la plupart inédites, recueillies par le vicomte de Santarem. *Paris*, *Fain et Thunot*, 1842 et ann. suiv., gr. in-fol., dem.-rel. mar. vert, ébarb.

Cette PRÉCIEUSE COLLECTION, *publiée aux frais du gouvernement portugais*, se compose de 67 pièces de format grand aigle.

677. **Theatrum orbis terrarum Abrahami Orteli.** *Auctoris œre et cura impressum apud Ægid. Coppenium Diesth, Antverpiœ*, 1571, in-fol., vél. bl.

Superbe exemplaire en GRAND PAPIER, *de l'*ÉDITION ORIGINALE de ce célèbre atlas. *A la fin du vol.* : Additamentum theatri orbis Orteli. *Antverpiœ*, 1573. En tout 1 titre gravé et 70 cartes *de la plus grande rareté.*

678. Atlas sive cosmographicæ meditationes de fabrica mundi et fabricati figura. Gerardo Mercatore Rupelmundano autore. *Duisburgi Clivorum*, 1595, in-fol., vél. bl. (*Frontisp. gravé et portr.*)

RARE ET BEL ATLAS que recommandent ses *cartes spéciales des provinces de la France* et une carte curieuse du pôle arctique et des terres environnantes.

679. Theatrum orbis terrarum Abrahami Orteli, tabulis novis et vita auctoris illustratum. *Anverpiœ, apud Joan. Urintium*, 1603, in-fol., vélin blanc, comp. dor.

Curieux et célèbre atlas renfermant un très grand nombre de *cartes coloriées.*

680. L'Epitome du Théâtre de l'Univers, d'Abraham Ortelius. Nouvellement recogneu et restauré par Michel Coignet. *Antverpiœ, sumpt. Ioan. Keerbergii*, 1602, in-8 oblong, vél. bl.

Joli recueil parfaitement gravé.

681. Gerardi Mercatoris Atlas, sive cosmographicæ meditationes de fabrica mundi et fabricati figura. Denuo auctus. Editio quarta. *Amsterodami, sumpt. et typ. Hondii*, 1619, gr. in-fol., bas., tr. r.

Nombreuses *cartes coloriées.*

682. **Le Théâtre du monde** ou nouvel atlas contenant les Chartes et descriptions de tous les païs de la terre, mis en lumière par Guillaume et Jean Blaeu. *Amsterdami, apud Blaeu*, 1647, 4 forts vol. gr. in-fol., marocain lavallière foncé, plats à la Dusseuil, dos orné, tr. dor. (*Rel. anc.*)

Superbe exemplaire.

683. Atlas nouveau contenant toutes les parties du monde, par Guillaume de l'Isle. *A Amsterdam, chez Covens,* 1733, gr. in-fol., v. br., ébarb. (*Frontisp. de R. de Hooghe.*)

Ce magnifique atlas se compose de 89 *cartes coloriées* et montées sur onglets.

684. **Atlas géographique et universel,** par Guil. Delisle et Ph. Buache. *A Paris, chez Dezauche*, 1789-1801, 3 vol. très grand in-fol., veau fauve, dent. sur les plats, dos orné, tr. marb.

SUPERBE ATLAS qui se compose de 271 très belles *cartes coloriées* et non pas de 158 seulement comme l'indique Quérard.

685. Atlas historique, généalogique, chronologique et géographique de Le Sage. *Paris, Garnier, s. d.*, grand in-fol., dem.-rel.

Édition complète en *37 feuilles coloriées.*

686. Atlas général de géographie physique, politique et historique, par L. Dussieux. *Paris, Lecoffre, s. d.*, gr. in-4, dem.-rel.

Bel atlas renfermant *157 cartes coloriées.*

687. Atlas sphéroïdal et universel de géographie, par Garnier. *Paris, Renouard*, 1862, in-fol. grand aigle, dem. mar. r., ébarb.

Superbe atlas composé de *60 cartes coloriées* de la plus belle exécution.

688. Atlas universel de géographie ancienne et moderne, dressé par Tardieu et revu par Vuillemin. *Paris, Furne*, 1863, gr. in-fol., dem.-rel. toile.

Très bel atlas renfermant *31 cartes coloriées.*

689. Atlas de Stieler. 84 cartes. 1872. 1 vol gr. in-4, dem.-rel. cuir de Russie, avec coins, tr. marb.

Un des meilleurs, sinon le meilleur atlas moderne.

690. Atlas de géographie ancienne, par le Sr D'Anville. *Paris*, 1763, gr. in-fol., reliure pleine en parchemin vert, large dentelle sur les plats, tr. r.

Réunion de 13 belles cartes auxquelles on a ajouté celle du *diocèse de Lizieux* qui est rare.

691. Atlas moderne, par le Sr d'Anville. *Paris, chez l'auteur*, 1738-1782, très grand in-fol., dem.-rel. parch., ébarb.

Recueil de 44 cartes parfaitement exécutées.

692. Atlas (recueil factice) de 76 cartes coloriées, de Pierre Bertius, Samson, Duval et Guillaume de Lisle. *Paris, Tavernier et autres graveurs*, 1629-1683, in-fol., dem.-rel. v. br.

Premières cartes françaises qui purent soutenir comme exécution la concurrence avec les belles cartes hollandaises de Mercator, Ortelius, Janssen, etc.

693\. Lot de 8 grandes cartes : planisphère, mappemonde ou Europe, publiées en France ou à l'étranger, collées sur toile, pliées et en étui de format in-8.

Mappemonde, par Andriveau-Goujon, 1853. — Mappemonde, par Dufour, 1860. — Planisphère, par Vuillemin, 1853. — Carte générale du globe, 1839. — Agrandissements successifs de l'Europe, par Sagansan, 1860. — Europe, par Andriveau-Goujon, 1852. — Tableau comparatif des fleuves et montagnes du globe. — Télégraphie de l'Europe, par Sagansan, 1854.

694\. Atlas de 20 cartes coloriées de Nolin, Tillemont et Coronelli *Paris, de 1689 à 1718*. En 1 vol. in-fol., dem.-rel.

695\. Atlas de 11 cartes coloriées de N. de Fer et de Guill. Danet. *Paris, de 1693 à 1731*, in-fol., dem.-rel.

696\. Atlas de 12 cartes coloriées, exécutées à Paris, de 1703 à 1734, par Hubert Jaillot. Réunion factice en 1 vol. gr. in-fol., demi-rel.

On y remarque entre autres : *Le Dauphiné de 1728.*

697\. Atlas ou réunion de 32 cartes coloriées de Guillaume Delisle. *Paris, chez l'auteur*, 1700-1724, très grand in-fol. v. br.

Les cartes de Guill. Delisle sont fort estimées.

698\. Atlas des chemins de fer, publié par Napoléon Chaix. *Paris, Napoléon Chaix*, 1857, très grand in-fol., dem. mar. r., plats en toile.

15 magnifiques *cartes coloriées* sur papier grand aigle.

699\. Orbis Romanus delineatus a P. Lapie. *Lutetiæ*, 1834, in-fol., dem.-rel.

Cette belle carte complète en 6 feuilles est destinée à accompagner le Recueil des Itinéraires anciens, publié par le Mis Fortia d'Urban. *Paris, impr. roy.*, 1845, in-4°. (*Voir n° 665*).

700\. Atlas départemental de la France, par Dufour. Avec une notice sur chaque département, par Guibert. *Paris, Basset, s. d.*, in fol. grand aigle, dem.-mar. r., ébarb.

Superbe atlas composé de 87 *belles cartes coloriées.*

701\. Atlas de la guerre de Crimée (1854-55). Collection de 6 cartes diverses de Lapie, Brué, Etat-Major, etc., *réunies en* 1 vol. très grand in-fol., dem.-rel., ébarb.

702\. Analyse géographique de l'Italie, par le sieur d'Anville. *A Paris, chez la veuve Estienne*, 1744, in-4, veau fauve, larg. dent. sur les plats, tr. dor. (*Cartes.*)

Superbe exemplaire dans une *reliure genre Bozerian.*

703\. Le cours du Pô. Atlas de 5 cartes dédié au Roy, par le P. Placide. *Paris, Berey*, 1734, in-fol., dem.-rel.

704\. Lot de 13 grandes cartes intéressant l'Angleterre, l'Allemagne, l'Autriche, le Danemark, la Suisse et l'Italie, collées sur toile, pliées et en étuis de format in-8.

British isles by Walker, 1847 (2 feuilles). — Iles Britanniqnes, 1851. — Allemagne, 1856. — Allemagne, par Marie. — Danemark, 1864. — Suisse, d'après Keller et Lapie, etc., etc.

705. Oro-Hydrographische und Eisenbahn-Wand-Karte von Deutschland, entworfen und gezeichnet von Dr Heinrich Mohl. *Cassel*, 1872, pliée en étui.

Superbe carte coloriée d'environ 1m50 de large sur 2 mètres de hauteur, collée sur toile et pliée de format gr. in-4o.

706. Atlas des possessions Néerlandaises dans le grand archipel indien, par le baron von Derfelden van Hinderstein. *La Haye*, 1841-46, in-fol. grand aigle, dem. mar. r., ébarb.

8 superbes cartes montées sur onglets et publiées par ordre de S. M. le roi des Pays-Bas.

707. Lot de 10 grandes cartes générales ou particulières de l'Asie, publiées en France et à l'étranger, collées sur toile, pliées et en étui de format in-8.

Asie, par Bruée, 1850. — Asie, par Dyonnet, 1860. — Asie orientale (Chine, Japon et Indo-Chine), par Andriveau-Goujon, 1860. — La Chine, par Klaproth, 1857. — L'Inde, 1857. — Himalaya, par Webb, 1835. — Indoostan by Arrowsmith, 1848. — Palestine, par Andriveau-Goujon, 1857. — Syrie, par Berghaus, 1835. — Turquie d'Asie, 1841.

708. Nouvel Atlas de la Chine, de la Tartarie chinoise et du Thibet. Cartes générales et particulières levées par M. d'Anville. *A La Haye, chez H. Scheurleer*, 1737, in-fol. v. br.

Superbe exemplaire de cet ATLAS RARE renfermant 42 cartes parfaitement gravées qui ont été faites pour accompagner l'ouvrage du *père* DU HALDE.

709. Mémoires analytiques sur la carte de l'Asie centrale et de l'Inde, construite d'après les relations chinoises des premiers siècles de notre ère, par Vivien de Saint-Martin. *Paris, impr. imp*, 1858, in-8, dem.-rel. (*Carte.*)

Don de l'auteur à M. JOMARD.

710. Atlas de 10 cartes coloriées sur l'Afrique occidentale, exécutées à Paris de 1730 à 1750 par le Sr d'Anville. Réunion factice en 1 vol. gr. in-fol., dem.-rel.

711. Atlas de l'Algérie et des contrées circonvoisines. *Paris, 1840 et années suivantes*, 1 vol. très grand in-fol., dem. mar. rouge, ébarb.

Cet atlas se compose de 47 pièces soigneusement montées sur onglets et a été formé des meilleures cartes publiées par le Dépôt de la Guerre et de quelques autres parues à différentes époques.

712. Lot de 8 grandes cartes générales ou particulières de l'Afrique et de nos colonies, collées sur toile, pliées et en étui de format in-8.

Afrique, 1866. — Afrique, par Dufour, 1860. — Afrique, par Hérisson, 1829. — Algérie et Sahara, par Delaroche, 1856. — Algérie, 1851. — Algérie et Tunis, 1852. — Maroc, 1844. — Bassin du Nil, 1858.

713. A new map of Tropical-America, north of the equator, compraising the West.-Indies, Central-America, Mexico, etc., and dedicated to Alex. von Humboldt by Kiepert. *Berlin, by Dietrich Reimer*, 1858, in-fol., dem.-rel.

Superbe carte coloriée complète en 6 feuilles de format grand aigle.

714. Lot de 8 grandes cartes générales ou particulières de l'Amérique et de l'Océanie, collées sur toile, pliées et en étui de format in-8.

Amérique du Nord, par Dufour, 1860. — Amérique du Sud, par Dufour, 1857. — Etats-Unis, 1850. — Mexique, par Vuillemin, 1853. — Mexico et ses environs. — De Mexico à Vera-Cruz. — Nouvelle-France, par Champlain, 1632 (Réimpression). — Australie, par Robiquet, 1863.

715. Atlas lithographié de 16 cartes, portraits, plans, vues, etc., pour servir à l'histoire du Paraguay, par Demersay. Gr. in-fol., dem.-rel.

716. Catalogue des cartes géographiques, topographiques et marines de la bibliothèque du prince Alex. Labanoff de Rostoff. *Paris, Didot*, 1823, gr. in-8, dem. v. f., ébarb.

GRAND PAPIER VÉLIN, *tiré à 30 exemplaires*. Ce précieux catalogue, qui est fort rare, n'a été imprimé que pour les membres de la société des *Bibliophiles français*.

II. — VOYAGES.

1° Généralités. — 2° Collections de relations de voyages. — 3° Voyages autour du monde.

717. Voyageurs anciens et modernes ou choix des relations de voyages les plus intéressants du ve au xixe siècle, par Edouard Charton. *Paris*, 1854, 4 vol. gr. in-8, dem.-rel. (*Fig. sur bois.*)

718. Histoire des expéditions maritimes des Normands au xe siècle, par Depping. *Paris, Ponthieu*, 1826, in-8, v. f., dent. sur les plats, tr. marbr.

On y a joint: Recherches sur les navigateurs normands en Afrique, dans les Indes et en Amérique, par Estancelin. *Paris, Pinard*, 1832, in-8, dem. v. f. — L'Archipel des iles Normandes, par Th. le Cerf. *Paris, Plon*, 1863, in-8, dem. v. v. (*Carte*).

719. Les Navigations françaises et la révolution maritime du xive au xvie siècle, par Pierre Margry. *Paris, Tross (impr. Jouaust)*, 1867, in-8, dem. v. bl., ébarb.

Tiré à très petit nombre sur PAPIER DE HOLLANDE. *On y a joint :* Les Colonies de la France, par J. Duval, avec 2 cartes du Sénégal et de Madagascar. *Paris, Bertrand*, 1864, in-8, dem. v. f.

720. Journal du voyage de Vasco da Gama en 1497. Trad. du portugais par Morelet. *Lyon, impr. de L. Perrin*, in-4, dem. mar. v., tête dor., ébarb. (*Portr. à l'eau forte.*)

Tiré à 250 exemplaires sur *papier vergé teinté*.

721. **Novus orbis** regionum ac insularum veteribus incognitarum una cum tabula cosmographica, etc. (edidit Sim. Grynæus.) *Basileæ, apud Io. Hervagium*, 1555, in-fol., reliure en peau de truie estampée avec fermoirs.

DE TOUTE RARETÉ. Très bel exemplaire *avec la carte* qui manque presque toujours. Coupure au titre dans le blanc de la marge du bas et tache aux 3 derniers feuillets.

722. **Collectiones peregrinationum in Indiam orientalem et Indiam occidentalem,** XXV partibus comprehensæ a Theodoro, Joan.-Theodoro de Bry et a Matheo Merian publicatæ. EDITIO LATINA. *Francofurti ad Mœnum*, 1590-1634, 21 parties en 6 vol. in-fol., rel. pleine en cuir de Russie, dent. dorées et ornements à froid pour les GRANDS VOYAGES, et veau brun, dos refait, tr. jasp. pour les PETITS VOYAGES (*Reliure ancienne.*)

CETTE MAGNIFIQUE COLLECTION, CONNUE SOUS LE NOM DE **Grands et Petits Voyages de Théodore de Bry**, EST DE LA PLUS INSIGNE RARETÉ, et c'est sans contredit l'ouvrage le plus précieux qui puisse figurer dans une *Bibliothèque Américaine*. Ajoutons que *M. Müller, libraire à Amsterdam*, a acquis au prix énorme de 19,000 fr., l'exemplaire de *Sobolewski*, qui était, il est vrai, le plus beau et le plus complet connu.

IL FAUT 25 PARTIES. Notre exemplaire qui est superbe, à toutes marges et qui n'a encore subi ni lavage, ni restauration, n'en contient que *vingt-et-une*. (ONZE pour les *Grands Voyages* et DIX pour les *Petits*.) Nous en donnons ci-après la description sommaire, en priant de se reporter à *Brunet* (*tome* I, *1309 et suiv.*) pour plus de détails :

1° **Grands Voyages** (Hr 347mm.— Larg. 235mm.).—Pars I (1590), 2e édition. — Pars II (1591), 2e édition. — Pars III (1592), 2e édition. -- Pars IV (1594), 2e édition. — Pars V (1595), 2e édition. — Pars VI (1596), 1re ÉDITION. — Pars VII (1599), 1re ÉDITION. — Pars VIII (1599), 1re ÉDITION. — Pars IX (1602), 1re ÉDITION — Pars X (1619), 1re ÉDITION. — Pars XI (1619) et Appendix (1620), 1res ÉDITIONS. *Manquent les 12e et 13e parties.*

2° **Petits voyages.** (Hr 306mm. — Larg. 200mm). Pars I (1598), 1re ÉDITION. — Pars II (1599), 1re ÉDITION. — Pars III (1601), 1re ÉDITION. — Pars IV (1601), 1re ÉDITION. — Pars V (1601), 1re ÉDITION. — Pars VI (1604), 1re ÉDITION. — Pars VII (1606), 1re ÉDITION. — PARS VIII (1607), 1re ÉDITION. — Pars IX (1612) et Supplementum (1613), 1res ÉDITIONS, *avec les 5 planches refaites.* — Pars X (1613), 1re ÉDITION. *Manquent les 11e et 12e parties.*

723. **Mémoire sur la collection des grands et petits voyages et sur la collection des voyages de Melchisédech Thevenot, par Camus.** *Paris*, *Baudouin*, 1802, in-4, bas., tr. jasp.

724. **Relations de divers voyages curieux** qui n'ont point été publiées ou qui ont été traduites d'Haclvyt, de Purchas et d'autres voyageurs anglois, hollandois, etc. Enrichies de figures de plantes et d'animaux inconnus à l'Europe et de cartes des païs, pas Monsieur Thevenot. *A Paris, chez André Pralard*, 1683, 4 parties en 2 vol. in-fol., v. br. (*Cartes et fig.*)

RARISSIME. TRÈS BEL EXEMPLAIRE DE CE LIVRE. On trouve au verso de chacun des titres des 4 parties la table détaillée du contenu de chacune d'elles. Les pièces publiées postérieurement et qui forment dans quelques exemplaires une 5e partie ne se trouvent pas dans celui-ci.

725. **Histoire générale des voyages ou nouvelle collection de toutes les relations qui ont été publiées jusqu'à présent (par l'abbé Prévost, etc.).** *Paris*, *Didot*, 1746-89, 20 vol. in-4, v. f., tr. r. (*Portr. et fig.*)

Très bel exemplaire avec le 20e vol. qui manque souvent.

726. Bibliothèque universelle des voyages anciens et modernes, par Boucher de La Richarderie. *Paris*, *Treuttel*, 1808, 6 vol. in-8, bas., fil., tr. marbr.

Excellent ouvrage.

727. **Annales des voyages,** de la géographie et de l'histoire, ou collection des voyages nouveaux, traduits de toutes les langues européennes... avec des cartes et des planches en taille-douce. Publiées par Malte-Brun. *Paris, Buisson*, 1809-14, 24 vol. in-8, cart. à la bradel. (*Fig.*) — Nouvelles annales des voyages, etc..., publ. par Eyriès et Malte-Brun. Cartes et planches. *Paris, Gide*, 1819-1871, 208 tomes en 152 vol. in-8, dem.-rel. (*Cartes et fig.*)

SUPERBE EXEMPLAIRE de cette importante collection. On y a joint la *Table générale des matières de 1819 à 1839, 1 vol. in-8, dem.-rel.*

728. **Bulletin de la Société de géographie,** rédigé avec le concours de la section de publication. *Paris, Delagrave, de 1822 (origine) à 1877 incl.*, 90 vol. in-8, dem.-rel.

On y a joint la *Table raisonnée de 1822 à 1843, in-8° même reliure.* Exemplaire en parfait état de cette collection intéressante et rare, où l'on trouve en même temps que les relations les plus authentiques des voyageurs, de nombreuses cartes qu'on chercherait vainement ailleurs.

729. **Univers pittoresque.** Histoire et description de tous les peuples, de leur religion, mœurs, coutumes, etc. *Paris, Firmin Didot*, 1836 à 1863, 67 vol. in-8, dem. mar. vert, tr. jasp. (*Fig.*)

MAGNIFIQUE EXEMPLAIRE *de ce bel ouvrage orné de plus de 3,000 gravures et* qui a eu pour rédacteurs les littérateurs et voyageurs les plus distingués de notre époque. On y a joint les tomes 39 *bis et* 43 *bis* qui complètent absolument l'ouvrage.

730. Archives des voyages ou collection de relations inédites ou très rares relatives à la géographie, par Ternaux-Compans. *Paris, Bertrand, s. d.* (*1842*), 2 in-8, dem.-rel. v vert.

731. Abrégé chronologique ou histoire des découvertes dans les différentes parties du monde, par Barrow. Trad. par Targe. *Paris, Saillant*, 1766. 12 vol. in-12, bas., tr. r.

732. Voyage de l'illustre seigneur François Drach, admiral d'Angleterre, à l'entour du monde. *A Paris, chez Iean Gesselin*, 1627, in-8, vél. bl.

C'est le premier Anglais qui ait fait le tour du monde.

733. Relation des voyages entrepris pour faire des découvertes dans l'hémisphère méridional, par Byron, Carteret, Wallis et Cook. Trad. de l'angl. (par Suard). *Paris, Saillant*, 1774, 4 vol avec 52 planches. — Voyage dans l'hémisphère austral et autour du monde en 1772-75, écrit par Cook et trad. de l'angl. *Paris*, 1778, 5 vol. avec 65 planches. — Troisième voyage de Cook ou voyage à l'Océan Pacifique. *Paris*, 1785, 4 vol. avec 88 planches. En tout 13 vol. in-4, v. rac., tr. r. (*Port., cartes et fig.*)

Très bel exemplaire.

734. Voyage autour du monde et principalement à la côte Nord-Ouest de l'Amérique, de 1785 à 1788, par les capitaines Portlock et Dixon. Trad. par Lebas. *Paris, Maradan*, 1789, in-4, bradel. (*Cartes et fig.*)

735. Voyage autour du monde pendant les années 1790, 91 et 92, par Etienne Marchand. Avec cartes et fig. par Claret-Fleurieu. *Paris, de l'impr. de la Rép., an VI et an VIII*, 4 vol. in-4, v. écaillé, tr. jasp. (*Atlas de 15 cartes.*)

736. Voyage de La Pérouse autour du monde, publié par Milet-Mureau. *A Paris, de l'impr. de la République*, 1797, 4 vol. in-4, dem.-rel., tr. marbr. (*Portr.*)

Avec un superbe ATLAS, GR. IN-F°, renfermant 70 planches, dont un magnifique frontispice, dessiné par *Moreau* et gravé par *Trière.*

737. Relation du voyage à la recherche de La Pérouse, par le C^en^ Labillardière *Paris, Jansen, an VIII*, 2 vol. in-4, v. rac., dent.

Avec un superbe ATLAS GR. IN-F° renfermant 44 planches.

738. Voyage pittoresque autour du monde, avec des portraits de sauvages d'Amérique, d'Asie, etc., des paysages, des vues, etc., accompagné de descriptions, par M. le baron Cuvier, Gall, etc., par M. Louis Choris, peintre. *Paris, Firmin Didot*, 1822, in-fol., cart. à la bradel, non rogné. (*Portr. et carte.*)

Curieux ouvrage publié au prix de 165 fr. et qui renferme plus de 100 planches lithographiées.

739. Voyage de découvertes autour du monde et à la recherche de La Pérouse, par Dumont-d'Urville. Histoire du voyage. *Paris, Roret*, 1832-33, 5 vol. in-8, rel. pleine en v. vert, filets, tr. jasp.

740. **Voyage autour du monde** fait par ordre du roi sur les corvettes l'Uranie et la Physicienne de 1817 à 1820, publié par Freycinet. *Paris, Pillet aîné*, 1826-27, 7 vol. in-4, accompagnés de 4 atlas renfermant 348 planches, dont 117 coloriées, dem. mar. b., tr. jasp.

Très bel exemplaire de VALCKENAER, *qui comprend* : Histoire du voyage, 3 vol. — Zoologie, 1 vol. — Botanique, 1 vol. — Figure du globe, 1 vol. — Navigation et hydrographie, 1 vol. NOMBREUSES PLANCHES COLORIÉES.

741. **Voyage de la corvette l'Astrolabe** exécuté de 1826 à 1829, sous le commandement de Dumont-d'Urville. *Paris, Tastu*, 1830, 12 vol. in-8, dem. v. vert, tr. jasp.

Histoire du voyage, 5 vol. — Botanique, 1 vol. — Zoologie, 5 vol. — Entomologie, 1 vol. (*Avec le N° suivant.*)

742. Voyage de la corvette l'Astrolabe exécuté de 1826 à 1829, sous le commandement de Dumont-d'Urville. ATLAS. *Paris, Tastu*, 1833, 5 vol. gr. in-fol. de planches, dem.-rel. v. vert, tr. jasp.

Ce magnifique atlas se compose de plus de 500 cartes ou lithographies. L'ouvrage complet coûtait à l'origine environ 1000 fr.

744. Voyage autour du monde, publié sous la direction du contre-amiral Dumont-d'Urville. *Paris, Furne*, 1848, 2 vol. gr. in-8, dem. v. v.

Portraits, cartes et nombreuses fig. sur acier d'après *Rouargue*.

745. Souvenirs d'un aveugle. Voyage autour du monde par Jacques Arago. Illustr. de 25 grandes vignettes, portraits et de 150 grav. dans le texte. *Paris, Lebrun, s. d.*, 2 vol. in-8, dem. mar. r. (*Fig.*).

746. Voyage autour du monde sur la frégate la Vénus, par Abel du Petit-Thouars Avec une carte générale et un atlas in-fol. *Paris, Gide*, 1840-41, 4 tomes en 2 vol. in-8, dem. mar. viol.

Avec un magnifique ATLAS PITTORESQUE GR. IN-F°, dem.-rel., contenant 70 planches et cartes.

747. Histoire pittoresque des voyages autour du monde. Extraite de Magellan, Bougainville, Cook, La Pérouse, Dumont-d'Urville, etc., par Hatin. *Paris, Ardant*, 1847, 2 vol. gr. in-8, dem. v. bl. (*Nombr. fig. coloriées.*)

748. **Le Tour du Monde**. Nouveau journal de voyages publié sous la direction de M. Edouard Charton et illustré par nos plus célèbres artistes. *Paris, Hachette*, 1860-77, 34 vol. in-4, dem. chagr. vert. (*Fig.*)

Superbe exemplaire de ce bel ouvrage.

749. Seize mois autour du monde, par Jacq. Siegfried. *Paris, Hetzel*, 1869. (*Carte.*) — Les Voyageurs nouveaux, par Marmier. *Paris, Bertrand*, 1851. 3 vol. En tout 4 vol. in-12, dem. rel.

750. Promenade autour du monde, par M. le baron de Hübner. *Paris, Hachette*, 1873, 2 in-8, dem. v. vert, tr. jasp.

4° Relations qui embrassent plusieurs parties du monde.

751. Les observations de plusieurs singularitez et choses mémorables, trouvées en Grèce, Asie, Iudée, Egypte, Arabie et autres pays estranges... par Pierre Belon du Mans. *A Paris, en la boutique de Gilles Corrozet*, 1554, in-4, dem.-rel.

OUVRAGE FORT RARE. Cette deuxième édition, plus recherchée que l'originale, contient de plus que la première un *portrait de Belon*, et une *carte du* MONT SINAÏ.

752. Les Voyages du seigneur Villamont. *A Arras, G. de la Rivière*, 1602, in-8, vél. bl.

753. Relation des voyages de M. de Brèves, tant en Grèce, Terre-Sainte et Egypte, etc. *A Paris, chez Nic. Gasse*, 1628, in-4, v. gris, fil., dent., tr. dor. (*Reliure neuve.*)

754. Les Voyages et observations du sieur de la Boullaye-le-Gouz, gentilhomme angevin, en Europe, Asie et Afrique, le tout enrichi de figures. *A Paris, chez Clousier*, 1653, in-4, v. br. (*Portr.*)

TRÈS RARE. La plupart des figures sont coloriées du temps.

755. Relation de plusieurs voyages faits en Hongrie, Servie, Bulgarie, Autriche, etc., avec les figures de quelques habits et des places les plus considérables. Trad. de l'angl. du sieur Brown. *A Paris, chez Clouzier*, 1674, in-4, v. br. (*Superbe frontisp. gravé et fig.*)

Exemplaire de *Ternaux-Compans* avec son chiffre sur les plats.

756. Voyage d'Italie, de Dalmatie, de Grèce et du Levant, par Jacob Spon et Georges Wheler. *A Amsterdam, chez Henri et Théod. Boom*, 1679, 2 vol. pet. in-12, vél. bl. (*Frontisp., portr. et fig.*)

Charmant exemplaire de ce *livre rare*. Haut. 132mm.

757. Voyage en divers Etats d'Europe et d'Asie, entrepris pour découvrir un nouveau chemin à la Chine, etc. *Paris, Barbin*, 1692, in-4, v. br. (*Fig.*)

758. Voyage du maréchal de Raguse en Hongrie, Russie, Syrie, Palestine, Egypte, etc. *Paris, Ladvocat*, 1837, 5 in-8, dem. v. r. tr. marbr.

759. L'Europe, l'Asie, l'Afrique et l'Amérique en plusieurs cartes nouvelles et exactes et en divers traictés de géographie et d'histoire, par le sieur Sanson d'Abbeville. *A Paris, chez Pierre Mariette et chez l'autheur*, 1662, 4 vol. in-4, vélin blanc (*Front. grav.*)

Très bel exemplaire avec les *cartes coloriées*.

760. Les Voyages de Jean Struys en Moscovie, Tartarie, Perse, Inde, etc., avec la relation d'un naufrage par M. Glanius. *A Amstredam, Jac. van Meurs*, 1681, in-4, v. br. (*Nombr. fig. et cartes.*)

761. Voyages de Corn. Le Brun par la Moscovie, en Perse et aux Indes Orientales. Ouvrage enrichi de plus de 320 tailles-douces des plus curieuses. *Amsterdam, Wetstein*, 1718, 2 tomes en 1 vol. in-fol, v. br., tr. marb. (*Frontisp. grav., cartes et fig.*)

Les figures sont superbes d'épreuves

762. Voyages de M. de Thevenot en Europe, Asie et Afrique. *A Amsterdam, chez Le Cène*, 1727, 5 vol. in-12, v. br., tr. jasp. (*Nombr. cartes et fig.*)

763. Voyages du Sr A. de La Motraye en Europe, Asie, Afrique.... et Prusse, Russie, Pologne. *A La Haye, chez Johnson*, 1727-1732, 3 vol. pet. in-fol., fig., veau fauve, dos orné, dent à l'int., tr. r. (*Pasdeloup.*

SUPERBE EXEMPLAIRE de ce bel ouvrage que décorent une quantité considérable de figures de la plus parfaite exécution.

764. **Voyages de Rabbi Benjamin** en Europe, Asie et Afrique, depuis l'Espagne jusqu'à la Chine. Traduits de l'hébreu et annotés par Baratier. *Amsterdam, aux dépens de la Compagnie*, 1734, 2 tomes en 1 vol in-1., v. br.

Cette traduction est devenue EXTRÊMEMENT RARE et M. Ed. Charton assure, dans sa collection des *Voyageurs anciens et modernes*, n'en avoir pu découvrir à Paris qu'un seul exemplaire, celui de la Bibliothèque de l'Institut.

765. Di Marco Polo et degli altri viggiatori Veneziani più illustri dissertazioni del Plac. Zurla. *Venezia, Fuchs*, 1814, 2 tomes en 1 vol in-4, dem.-rel., ébarb. (*Cartes.*)

Intéressant et plein de recherches curieuses.

766. Le livre de Marco Polo, citoyen de Venise, rédigé en français sous sa dictée en 1298 par Rusticien de Pise. Publié pour la première fois par Pauthier. *Paris, Didot*, 1865, 2 vol. in-8, dem.-rel. v. f., tr. jasp. (*Cartes et fig.*)

767. Recueil de voyages et de mémoires, publié par la Société de géographie. Tome premier. *Paris, Everat*, 1824, in-4, dem.-rel. v., tr. marb. (*Kleinhans.*)

Ce volume renferme les textes français et latin, avec glossaire et variantes, des *Voyages de Marco Polo dans les mers des Indes.*

768. Voyages d'Ali-Bey El Abbassi en Afrique et en Asie, de 1803 à 1807. *Paris, Didot*, 1814, 3 in-8, dem.-rel. v. v. (*Portr.*)

769. Voyage en Asie et en Afrique d'après les récits des derniers voyageurs, par Eyriès et Alf. Jacob. *Paris, Furne*, 1855, gr. in 8, dem. v. v. (*Cartes et fig sur acier.*)

770. **Historiale description de l'Afrique,** tierce partie du monde, contenant ses royaumes, régions, villes, fleuves, animaux, etc., etc. Escrite par Iean Léon, african, et à présent mise en françois. *A Lyon, par Iean Temporal*, 1556, 2 tomes en 1 vol. in-fol., veau fauve, dent. sur les plats et à l'int., tr. jasp. (*Simier.*)

Superbe exemplaire de ce LIVRE RARE dont le titre fait mal connaître le contenu, puisque les 2 volumes renferment une collection de voyages en Afrique, Asie et Amérique, d'après Ramusio.

771. **Quarta editione delle navigationi et viaggi** raccolto da M. Gio. Batt. Ramusio. Nel quale si contengono la descrittione dell'Africa, (dell'Asia et dell'America). *In Venetia, nella stamperia de'Giunti, 1588 (pour le 1er vol.), 1583 (pour le 2e) et 1606 (pour le 3e).* En tout 3 in-fol., v. br., tr. r. (*Fig.*)

Très bel exemplaire de cette COLLECTION RECHERCHÉE et dont les exemplaires bien conservés et aussi complets que celui-ci sont fort rares. On sait que le 3e vol. renferme les *Voyages de Jacques Cartier au Brésil et à la Nouvelle-France.*

772. Voyages en Afrique, Asie, Indes orientales et occidentales. Faicts par Jean Mocquet et enrichis de figures. *A Paris, chez J. de Heuqueville*, 1617, in-8, mar. v., dos orné, tr. dor. (*Rel. ancienne.*)

Superbe exemplaire.

773. Recueil de divers voyages faits en Afrique et en Amérique qui n'ont point esté encore publiez, enrichi de figures et de cartes géographiques (par Richard Ligon, Tellès et de la Borde, trad. par Henri Justel.) *A Paris, chez Billaine*, 1674, in-4, veau gris, filets à froid, dent., tr. dor. (*Fig. et cartes.*)

Bel exemplaire de *de Bure* de cet ouvrage rare.

774. Relation d'un voyage fait aux côtes d'Afrique, détroit de Ma-

gellan, Brézil et Isles Antilles... faite par le Sr Froger, enrichie de fig., et imprim. aux frais du Sr de Fer. *Paris*, *Brunet*, 1698, in-12, v. br. (*Cartes et fig.*)

775. Voyage du chevalier des Marchais en Guinée, îles voisines et à Cayenne, de 1725 à 1727, par le P. Labat. *Amsterdam, aux dépens de la Comp.*, 1731, 4 vol. in-12, cart. à la bradel, entièr. ébarb. (*Cartes et fig.*)

776. **Narratio regionum Indicarum** per Hispanos quosdam devastatarum verissima : prius quidem per Casaum hispanicè conscripta. *Francofurti, sumptibus Theodore de Bry*, 1598, in-4, vél. bl. (*Rel. anc.*)

Volume rare qui renferme de nombreuses figures de la plus parfaite exécution et qui sont ici en *premier tirage*. Quelques mouillures et une piqûre de vers aux 2 derniers ff.

777. Histoire naturelle et moralle des Indes, tant orientales qu'occidentales. Composée en castillan par Joseph Acosta et trad. par Robert Regnault Cauxois. *A Paris, chez Marc Orry*, 1606, in-8, v. f., tr. r.

Rare et important ouvrage.

778. Voyage de François Pyrard, de Laval, contenant sa navigation aux Indes orientales, aux Moluques et au Brésil, etc. Divisé en deux parties. *A Paris, par Rémy Dallin*, 1615, 2 vol. in-8, v. f., fil.

Très bel exemplaire de cette excellente et rare relation.

779. Nouvelles découvertes des Russes entre l'Asie et l'Amérique. Trad. de l'angl. de M. Coxe. *Paris, hôtel de Thou*, 1781, in-4°, veau rac. (*Cartes.*)

5° Voyages en Europe.

Pôle. — Angleterre, Allemagne, Espagne, Italie, Russie, Scandinavie, Suisse, Turquie d'Europe, etc.

780. Histoire chronologique des voyages vers le pôle arctique, par John Barrow. *Paris, Gide*, 1819, 2 vol. in-8 cart., n. rognés. (*Cartes.*)

On y a joint : Voyage vers le pôle arctique, par le capitaine Ross. *Paris*, 1819. — Voyage dans les régions arctiques à la recherche du capitaine Ross, par Back. *Paris*, 1836.

781. Voyage au pôle boréal fait en 1773, par Const.-Jean Phipps. Trad. de l'angl. *Paris, Saillant*, 1775, in-4 v. éc., tr. marbr. (*Plans, cartes et fig.*)

782. Journal d'un voyage aux mers polaires à la recherche de Franklin, par Bellot. *Paris, Perrotin*, 1854, dem. mar. v., tr. dor. (*Carte et portr.*)

On y a joint : Histoire des voyages faits dans le Nord, par Forster. *Paris*, 1788, 2 vol. — Voyage de Sam. Hearne dans la baie de Hudson. *Paris, an VII*, 2 vol.

783. La mer libre du pôle ; voyage de découvertes dans les mers arctiques exécuté par le Dr Hayes. Trad. de l'angl. et accomp. de 70 grav. sur bois et 3 cartes. *Paris*, *Hachette*, 1868, gr. in-8, dem. v. bl., tr. jasp. (*Fig.*)

784. Nouveau voyage vers le Septentrion, où l'on représente les coutumes des Nordwégiens, Lapons, Russiens, etc. (par de La Martinière). *A Amsterdam*, *chez Est. Roger*, 1708, in-12, v. f., fil., dent., tête dor., ébarbé. (*Hering et Muller.*)

Nombreuses figures gravées. *Très bel exemplaire.*

785. Recueil de Voyages au Nord, contenant divers mémoires très utiles au commerce et à la navigation. *A Amsterdam, chez Fréd. Bernard*, 1731-38, 10 vol. in-12, dem.-rel. v. f., tr. jasp. (*Cartes*).

786. Relation d'un voyage dans la mer du Nord, aux côtes du Groënland et de Norwège, par M. de Kerguelen Trémarec. *A Paris, chez Prault*, 1761, in-4, v. r., tr. r. (*Cartes et fig.*)

Jolies figures d'*Eisen* gravées par *Le Mire*.

787. Voyage au Cap-Nord, par la Suède et la Laponie, par Jos. Acerbi. Trad. par Lavallée. *Paris*, *Levrault*, 1804, 3 vol. in-8, v. rac., fil., tr. marbr.

788. Dissertazione intorno ai viaggi et scoperte settentrionali di Nicolo ed Antonio Fratelli Zeni di D. Plac. Zurla. *Venezia*, *Zerletti*, 1808, in-8, dem.-rel. (*Carte du Groënland.*)

A la suite : Del vantaggi della cattolica religione derivati alla geografia, del Plac. Zurla. *Venezia*, 1823, 59 pp. *Exemplaire de Letronne.*

789. Voyage dans les mers du Nord à bord de la corvette la Reine-Hortense, par Charles Edmond. Dessins de Karl Girardet. *Paris*, *Michel Lévy*, 1857, gr. in-4, reliure pleine en cuir de Russie, fil., compart. à froid, tête dor., ébarb. (*Cartes et fig.*)

Très bel exemplaire.

790. Voyage historique en Angleterre et en Ecosse, par Am. Pichot. *Paris*, *Ladvocat*, 1825, 3 vol. — L'Irlande et le pays de Galles, du même. *Paris*, *Guillaumin*, 1850, 2 vol. En tout 5 vol. in-8, dem. v. f. (*Fig.*)

791. Tableau de la Grande-Bretagne, de l'Irlande et des possessions anglaises (par Baert). *Paris*, *Maradan*, 1802, 4 vol. in-8, dem.-rel. (*Cartes.*)

792. La Grande-Bretagne en 1833, par le Baron d'Haussez. *Paris*, *Canel*, 1833, 2 in-8, dem. v. rose. — Voyage dans les trois royaumes d'Angleterre, par Chantreau. *Paris*, 1792, 3 in-8, bas. (*Cartes.*) Voyage en Angleterre, etc., par Pictet. *Genève*, 1802, in-8, dem.-rel. (*Portr.*)

793. Londres et les Anglais, par Em. de La Bédollière. Illust. de Gavarni. *Paris*, *Barba*, 1868, gr. in-8, texte encadré, dem. mar. lav., tr. jasp.

Premier tirage des figures.

794. Londres, par Louis Enault. Illustr. de 174 grav. sur bois, par Gust. Doré. *Paris, Hachette*, 1876, très grand in-4, papier teinté, dem. mar. r., plats en toile, ornements spéciaux, tr. dor.

Superbe exemplaire de PREMIER TIRAGE.

795. L'Irlande politique et religieuse, par Gust. de Beaumont. *Paris, Lévy*, 1863, 2 vol. — Excursions dans le Cornouailles, par L. Deville. *Paris, Dentu*, 1863. — Londres illustré, par Elisée Reclus. *Paris, Hachette*, 1865. (*Cartes et gravures*) En tout 4 vol. in-12, dem.-rel.

796. Le Rhin allemand et l'Allemagne du Nord. — Le Danube allemand et l'Allemagne du Sud, par Hippolyte Durand. Illustr. de Karl Girardet. *Tours, Mame*, 1863-65, 2 vol. gr. in-8, dem. chag. v., tr. j. *(Fig.)*

797. Dans la forêt de Thuringe. Voyage d'étude par Edouard Humbert. *Genève, Fick*, 1862, gr. in-8, dem.-rel. chag. vert, tr. jasp. (*Fig. sur bois.*)

798. Voyage au pays des milliards. — Voyage aux pays annexés. — Les Prussiens en Allemagne. — La Société et les mœurs allemandes. — Vienne et la vie viennoise, par Victor Tissot. *Paris, Dentu*, 1875-78, 5 vol. in-18, dem.-rel. v. vert.

799. Itinéraire descriptif et historique de l'Allemagne du Sud et de l'Allemagne du Nord, par Adolphe Joanne. Avec 2 cartes générales, 24 cartes spéciales et 20 plans de villes. *Paris, Maison*, 1854-55, 2 forts vol. in-12, percal. et dem.-rel.

800. Voyage en Autriche, par Marcel de Serres. *Paris, Bertrand*, 1814, 4 in-8, dem. rel. (*Cartes et nivellement.*)

801. **Voyage pittoresque et historique de l'Istrie et de la Dalmatie,** rédigé d'après l'itinéraire de Cassas, par Joseph Lavallée. *Paris*, *an X (1802)*, gr. in-fol., dem.-rel., mar. vert avec coins, tranches ébarbées.

Superbe exemplaire sur *papier vélin* avec les figures AVANT LA LETTRE.

802. La Transylvanie et ses habitants, par de Gerando. *Paris*, 1845, 2 vol. (*Carte et fig.*). — Trois ans de promenade en Europe et en Asie, par Bellanger. *Paris*, 1842, 2 vol. En tout 4 in-8, dem.-rel.

803. Voyages faits en divers temps en Espagne, en Portugal, en Allemagne, en France et ailleurs, par M***. *Amsterdam, Gallet*, 1700, in-12, mar. r., tr. dor. (*Rel. ancienne*).

Frontispice et figures de *Romain de Hooghe*.

804. Voyages du P. Labat, en Espagne et en Italie. *Paris. Delespine*, 1730, 8 vol. in-12, v. f., dent., tr. r. (*Fig.*).

Bel exemplaire aux chiffres dans les angles des *Rohan-Soubise*.

805. Tableau de l'Espagne moderne, par Bourgoing. *Paris, Levrault*, 1803, 3 in-8, bas. -- Voyage en Portugal et en Espagne, par Rich. Twiss. *Berne*, 1776, in-8, bas. (*Cartes et fig.*). -- Voyage du duc

du Chatelet en Portugal, par Bourgoing. *Paris*, 1798, 2 tomes en 1 vol. in-8, bas. (*Carte et fig.*)

806. **Voyage pittoresque et historique de l'Espagne,** par Alexandre de Laborde. *Paris, de l'impr. de Didot l'aîné*, 1806-1820, 4 vol. in-fol. max. dem.-rel. v. vert. (*Fig.*)

Ce magnifique ouvrage qui renferme près de 300 figures a été publié au prix de 1,000 fr. SUPERBE EXEMPLAIRE.

807. Voyage en Espagne et coup d'œil sur l'état social, politique et matériel de ce pays, par Aug. Malengreau. *Bruxelles*, 1866, gr. in-8, dem.-rel. (*Fig. sur bois.*)

808. Voyage en Espagne, par Eugène Poitou. Illustrat. par Foulquier. *Tours, Mame*, 1869, in-8, dem. v. bl., tr. jasp. (*Fig.*)

809. Voyage en Portugal, de 1789 à 1790. Mœurs, usages, édifices, arts, antiquités, etc. Trad. de Jacques Murphy. *Paris*, *Denné*, 1797, in-4°, cart. à la bradel, entier. ébarb.

Exemplaire en *papier vélin*, FIGURES AVANT LA LETTRE.

810. Journal du voyage de Montaigne en Italie, en 1580 et 1581. *Paris, Le Jay*, 1774. in-4, dem.-rel., v. f., tr. r.

811. Voyage en Italie, par Jules Janin. *Paris, Bourdin*, 1839, gr. in-8, dem.-rel. (*Fig.*)

Édition originale.

812. Voyage historique et philosophique dans les principales villes de l'Italie, par Petit-Radel. *Paris*, *Chanson*, 1815, 3 in-8, dem. v. f., tr. marbr. (*Kleinhans.*)

813. L'Italie, la Sicile, les îles Eoliennes, la Sardaigne, Malte, etc., d'après MM. de Chateaubriant, Lamartine, Piranezi, lord Byron, etc. Recueilli et publié par Audot père. *Paris*, *Audot fils*, 1834-36, 4 vol. gr. in-8, v. f, comp. dent., tr. dor.

Bel ouvrage qui renferme une quantité considérable de figures.

814. Mes Souvenirs sur l'Italie, par le Mis de Pisançon. *Grenoble*, 1833, in-8, dem.-rel. -- Voyages aux Alpes et en Italie, par Montémont. *Paris*, 1860, in-8, dem.-rel. -- Guide du voyageur à Milan par le Simplon. *Milan, s. d.*, in-8, dem.-rel. (*Carte.*)

815. Souvenirs de voyages et d'études en Italie, etc., par Saint-Marc Girardin. *Paris, Amyot, s. d.*, 2 vol. -- Un hiver à Rome, par le Mis de Ségur. *Paris*, *Bray*, 1876. -- Itinéraire du voyageur à Rome, par Dalmières. *Paris*, *Seguin*, 1846, 2 tomes en 1 vol. En tout, 4 vol. in-12, dem.-rel.

816. Itinéraire de l'Italie et de la Sicile, par Du Pays, avec 22 cartes et plans. *Paris, Hachette*, 1855, fort. in-12, dem.-rel.

On y a joint : Voyage d'un exilé, à Londres, Naples et Sicile, par le baron d'Haussez. *Paris*, 1825, 2 in-8°, dem.-rel. — Voyage critique à l'Etna, par Gourbillon. — *Paris*, 1820, 2 in-8°, dem.-rel.

817. P. Victor. Pomponius Lœtus. Fabricius Camers. Volaterranus. De urbe Roma scribentes. Flavius de locis ac civitatibus Italiæ. *Bononiæ, ex ædibus Hieronymi de Benedictis*, 1520, pet. in-4 de 40 ff., sign. A. A.-- K, K., v. f., fil., tr. jaspé. (*Lesné.*)

Bel exemplaire de ce LIVRE RARE.

818. Nouveau recueil de 100 vues de la ville de Rome et de ses environs gravées par Dom Pronti. (*Rome, 1795*), gr. in-8 oblong, dem.-rel.

Jolies gravures en belles épreuves.

819. Voyage de la Trappe à Rome, par le P. Géramb. *Paris, Le Clère*, 1838, in-8. (*Port.*) -- Esquisse de Rome chrétienne, par l'abbé Gerbet. *Paris*, 1844, 2 in-8.--Voyage dans les catacombes de Rome (par M. Artaud de Montor). *Paris*, 1810, in-8. En tout 3 vol., dem.-rel.

820. Les sept basiliques de Rome ou visite des sept églises, par le baron de Bussierre. *Paris, Lecoffre*, 1846, 2 tomes en 1 vol. gr. in-8, veau marbr., fil., tr. jasp. (*Plans.*)

821. Les trois Rome. Journal d'un voyage en Italie, par l'abbé Gaume. *Paris, Gaume*, 1847-48, 4 vol. in-8, dem. mar. viol., tr. dor. (*Plans.*)

822. **Rome**, description et souvenirs par Francis Wey. Ouvrage contenant 352 gravures sur bois et un plan de Rome. *Paris, Hachette*, 1873, gr. in-4, dem. mar. r., plats toile avec ornements spéciaux, tr. dor.

Très bel exemplaire de PREMIER TIRAGE.

823. Voyage dans l'Italie méridionale et dans l'Italie centrale, par Fulchiron. *Paris, Pillet*, 1843-47, 5 vol. in-8, dem. v. bl.

824. **Voyage pittoresque à Naples et en Sicile**, par Richard de Saint-Non. *Paris, Dufour*, 1829, 4 vol. in-8, et atlas en 3 parties, in-fol., dem. mar r. avec coins, ébarb. (*Fig.*)

Très bel exemplaire de ce remarquable ouvrage, avec la *Notice de Brizard* qui est fort rare et un MAGNIFIQUE ATLAS qui renferme 558 planches de la plus parfaite exécution.

825. Voyage de Naples à Amalfi. *Paris, Pinard*, 1829. --- Fragments d'un voyage en Italie, en Grèce et en Asie, par Gautier d'Arc. *Paris, Auffray*, 1831, 2 vol. in-12, pap. vélin, fig., mar. vert, fil., comp., tr. dor. (*Rel. aux armes.*)

Hommage de l'auteur. Ces 2 volumes qui sont rares n'ont été tirés qu'à 100 exemplaires.

826. **Voyage pittoresque des isles de Sicile,** de Malte, et de Lipari. *Paris, imprimerie de Monsieur*, 1782, 4 vol. gr. in-fol., ornés de 264 fig. au bistre, veau br., tr. marb.

Magnifique exemplaire.

827. Souvenirs de la Sicile, par M. le comte de Forbin. *Paris, imp. royale*, 1823, in-8, dem. v. f. (*Fig.*)

829. **Voyage en Sardaigne** ou description de cette île et recherches sur ses antiquités, par le comte de La Marmora. *Paris, Bertrand*, 1839, 2 in-8, dem. mar. vert. (*Avec le N° 830.*)

830. Voyage en Sardaigne ou description de cette île avec des recherches sur ses productions et ses antiquités, par le colonel de La Marmora. ATLAS. *Paris, Bertrand, s. d.*, 2 parties en 1 vol. in-fol. oblong, dem. mar. vert.

Très bel atlas comprenant 50 planches diverses, cartes et figures coloriées.

831. Pausaniæ descriptio Græciæ, græce et latine. *Parisiis. Firm. Didot*, 1845, gr. in-8 à 2 colonnes, dem.-rel., tr. jasp.

832. Lettres écrites sur une dissertation d'un voyage en Grèce, publié par M. Spon, médecin antiquaire. *Paris, Est. Michallet*, 1679, in-12. — Réponse à la critique publiée par M. Guillet sur le voyage de Grèce de Jacop Spon. *A Lyon, chez Th. Almaury*, 1679, in-12. En tout 2 vol., v. f., fil., dent., tr. dor. (*Thouvenin.*)

Superbes exemplaires.

833. Analyse de la carte intitulée les Côtes de la Grèce et l'Archipel, par M. d'Anville. *A Paris, de l'impr. royale*, 1757, in-4, dem.-rel.

834. L'Ile de Crète, par G. Perrot. *Paris, Hachette*, 1867. — L'Italie et Rome, par de Waren. *Paris, Dillet*, 1869. — Un philosophe en voyage, par Barthélemy. *Paris, Charpentier*, 1864. En tout, 3 vol. in-12, dem.-rel.

835. Voyage pittoresque en Russie, par Oliphant. *Paris*, 1855. — Scènes de la vie militaire en Russie, par le prince Lubomirski. *Paris, Didier*, 1873. — Sibérie et Mongolie, par Vict. Meignan. *Paris, Plon*, 1876. (*Carte et grav.*) — Ephémérides polonaises. *Paris, Dentu*, 1863. — En tout, 4 vol. in-12, dem.-rel.

836. La Russie libre, par William Hepworth Dixon. Trad. de l'angl., avec 75 grav. et 1 carte. *Paris, Hachette*, 1873, gr. in-8, dem. v. vert, tr. jasp. (*Fig.*)

837. Observations faites dans un voyage entrepris dans les gouvernements méridionaux de l'empire de Russie en 1793 et 1794, par Pallas. Avec planches enluminées. *Leipzig, Martini*, 1799, 2 vol. in-4, veau rac., dent. sur les plats (*Fig. col.*)

838. **Voyages du professeur Pallas** dans plusieurs provinces de l'empire de Russie et dans l'Asie septentrionale. Trad. de l'allem. par Gauthier de la Peyronie. *Paris, Maradan, an II*, 9 vol. in-8 (dont 1 ATLAS), papier vélin, marocain rouge, filets, dent., tr. dor. (*Reliure ancienne.*)

SUPERBE EXEMPLAIRE de cet excellent ouvrage. (*Avec le N° 839.*)

839. Atlas du nouveau voyage de Pallas dans les gouvernements méridionaux de l'empire de Russie en 1793-94, 1 vol. pet. in-fol. oblong, dem.-rel.

52 cartes et figures, parfaitement gravées et artistement *coloriées* au pinceau d'après GEISSLER.

840. Voyage dans la Russie méridionale et la Crimée, par Anat. de Démidoff. Illustré par Raffet. *Paris, Bourdin*, 1854, gr. in-8, mar. vert, fil., dent. à l'int., tr. dor, (*Portr., cartes et fig.*)

Très bel exemplaire avec les *figures de Raffet en* NOIR ET COLORIÉES.

841. Journal d'une résidence en Circassie, par James Stanislas Bell. Trad. par Vivien. *Paris, Bertrand*, 1841, 2 in-8, v. vert. (*Cartes et fig. col.*) — Voyage au Mont Caucase et en Géorgie, par M. Klaproth. *Paris*, 1823, 2 in-8, v. f., tr. marb. (*Carte.*)

842. Mémoire sur la mer Caspienne, par M. D'Anville. *Paris, impr. royale*, 1777, in-4, dem.-rel. (*Carte col.*)

Rare.

843. Les Steppes de la mer Caspienne, le Caucase et la Russie méridionale, par X. Hommaire de Hell. *Paris, Bertrand*, 1843. 2 vol. in-8, dem-rel. v. v.

844. Lettres sur le Caucase et la Crimée. Ouvrage enrichi de 30 vignettes et d'une carte (par M. de Gilles). *Paris, Gide*, 1859, gr. in-8, pap. vél., rel. pl. en veau vert., fil. et comp. dor., tr. jasp. (*Fig. sur bois.*)

845. Impressions de voyage en Russie et au Caucase, par Alex. Dumas. *Paris, Lévy*, 1865, 7 vol. in-18, dem.-rel.

846. La Hollande pittoresque. Voyage aux villes mortes et aux frontières menacées, par Henry Havard. Avec cartes et grav. *Paris, Plon*, 1874-76, 2 vol. — La Norwège, par Louis Enault. *Paris, Hachette*, 1857, 1 vol. — A travers la Suède et la Norwège, par Alb. Vandal. *Paris, Plon*, 1876. En tout 4 vol. in-12, dem.-rel. v.

847. Histoire de la Scandinavie. Danemarck, Suède et Norvège, par X. Marmier. *Paris, Bertrand*, 1840. — Histoire de l'Islande, du même. *Paris, Bertrand*, 1840. — Voyages en Scandinavie, en Laponie, au Spitzberg, etc., de 1838 à 1840, du même. *Paris, Bertrand*, 1840, 2 vol. En tout 4 in-8, dem. v. vert. (*Fig.*)

848. Le Danemark. Impressions de voyage, par de Flaux. *Paris, Didot*, 1862. — Etudes sur la Pologne, par Wolowski. *Paris, Douniol*, 1863. En tout 2 in-8, dem.-rel. v.

849. Voyage en Danemark, par Dargaud. *Paris, Hachette*, 1861. — Le Danemark tel qu'il est, par Comettant. *Paris, Faure*, 1865, — Un été au bord de la Baltique, par Marmier. *Paris, Hachette*, 1856. — Voyage à Terre-Neuve, par de Gobineau. *Paris, Hachette*, 1861. En tout 4 vol. in-12, dem.-rel.

850. La Finlande. Notes d'une excursion de Saint-Pétersbourg à Tornéo, par le prince Galitzin. *Paris, Bertrand*, 1852, 2 in-8, dem.-rel. (*Carte et fig.*)

On y a joint : Tableau de Pétersbourg, par Muller. *Paris*, 1814, in-8, (*Cartes.*)— Voyage en Norwège et en Laponie, par Léop. de Buch. *Paris*, 1816, 2 in-8, v. rac. (*Cartes*).

851. Histoire de la Laponie, sa description, l'origine, les mœurs, la

manière de vivre et les choses rares du Païs. Trad. de Scheffer. *A Paris, chez Olliv. de Varennes*, 1678, in-4 bas. (*Fig. et carte.*)

OUVRAGE TRÉS RECHERCHÉ.

852. Itinéraire de la Suisse, du Jura français, du Mont-Blanc et du Mont-Rose, par Adolphe Joanne. — Itinéraire de la Grande-Bretagne et de l'Irlande, par Esquiros. *Paris, Hachette*, 1865, 2 forts vol. in-18, dem. v. vert. (*Cartes et fig.*)

853. Voyage dans la Suisse occidentale (par Sinner). *Neufchatel*, 1781, 2 in-8 bas. — Voyage pittoresque à Aix-les-Bains, par le comte de Fortis. *Lyon*, 1830, 2 in-8, dem.-rel. (*Fig.*)

854. Voyage dans la Suisse française, par Alf. de Bougy. *Paris, Poulet-Malassis*, 1860. (*Carte.*) — Indiscrétions d'un touriste, par de Bussy. *Paris, Lacroix*, 1866. — Itinéraire de Chamounix. *Genève*, 1840. En tout 3 vol. in-12, dem.-rel.

855. Premiers et nouveaux voyages en zigzag ou excursions d'un pensionnat en vacances, par R. Topffer. Illustr. de Calame, Français, Daubigny, etc. *Paris, Garnier*, 1864-68, 2 vol. gr. in-8, dem. v. f., tr. jasp. (*Fig.*)

856. Impressions de voyage en Suisse, par Alex. Dumas. *Paris, Lévy*, 1861, 3 vol. — Une année à Florence et Quinze jours au Sinaï, du même. En tout 5 vol. in-8, dem.-rel. v. f.

857. Nouvelle relation de l'intérieur du Sérail du Grand-Seigneur, par Tavernier. *A Paris, chez Clouzier*, 1675, in-4, v. éc., tr. r. front. grav. (*Reliure moderne.*)

858. Mémoires du chevalier d'Arvieux, contenant son voyage à Constantinople, en Syrie, Egypte, etc., par le R. P. Labat. *Paris, Delespine*, 1735, 6 vol. in-12, v. br., tr. r.

859. Voyage dans l'empire du Sultan de Constantinople et dans le royaume de Perse, par Teule. *Paris*, 1842, 2 vol. — Voyage en Arménie et en Perse, par Am. Jaubert. *Paris*, 1821. (*Carte et fig.*) — Voyage de Bergmann chez les Kalmuks. *Châtillon-sur-Seine*, 1825, in-8. (*Fig.*) En tout 4 vol., dem.-rel. v. f.

860. De Paris à Constantinople, par Blanchard. *Paris, Hachette*, 1855. (*Plan.*) — Les Bachi-Bozouks, par le vicomte de Noé. *Paris, Lévy*, 1861. — Madagascar et le roi Radama II. *Paris, Douniol*, 1863. (*Portr.*) — Tunis, par Léon Michel. *Paris, Garnier*, 1867. — Le Maroc contemporain, par Cotte. *Paris, Charpentier*, 1860. En tout 5 vol. in-12, dem.-rel.

861. Quand on voyage, par Th. Gautier. *Paris, Lévy*, 1865. — Loin de Paris, par le même. *Paris, Lévy*, 1865. — Constantinople, du même. *Paris, Lévy*, 1865. En tout 3 vol in-12, dem. v. v.

862. Lettres sur l'Adriatique et le Montenegro, par Marmier. *Paris, Bertrand*, 1854, 2 vol. (*Fig.*) — Voyage dans l'île de Sardaigne, par Delessert. *Paris*, 1855. En tout 3 vol. in-12, dem.-rel.

863. Voyage en Bosnie, par M. Amédée Chaumette-des-Fossés. *Berlin (Paris, impr. de Didot l'aîné)*, 1812, in-8, fort papier vélin, dem.-rel. v., non rogné.

Cet ouvrage n'a pas été mis dans le commerce.

6° Voyages en Asie.

A. Turquie d'Asie. — Terre-Sainte. — Perse. — Tartarie. Russie et Sibérie.

864. Voyages de Tavernier en Turquie, en Perse et aux Indes, par toutes les routes que l'on peut tenir. *A Paris, chez Clouzier*, 1682, 2 in-4, v. br. (*Cartes et fig.*)

On y a joint comme 3e volume : Plusieurs relations et traitez curieux de Tavernier sur le Japon, etc. *Paris*, 1686, in-4. (*Cartes et fig.*)

865. Relation du voyage de Perse faict par le R. P. Pacifique, où vous verrez les remarques de la Terre-Saincte... aussi le commandement du grand sultan pour establir les capucins... avec le testament de Mahomet. *Paris, Nic. de La Coste*, 1631, in-4, v. f., tr. jasp.

866. Voyages du chevalier Chardin en Perse et autres lieux de l'Orient, enrichis de figures en taille-douce. *A Amsterdam, aux dépens de la Compagnie*, 1735, 4 vol. in-4, v. rac., tr. marbr. port. et fig. *(Rel. anc.)*

La plus belle et LA MEILLEURE ÉDITION de cette excellente relation.

867. Voyage en Perse de MM. Eug. Flandin et Coste. Relation du voyage, par Eug. Flandin. *Paris, Gide*, 1851, 2 vol. gr. in-8, veau plein vert, compart., tr. jasp.

868. **Voyage en Turquie et en Perse** exécuté de 1846 à 1848, par X. Hommaire de Hell. Ouvr. accomp. de cartes et de 100 planches lithographiques par Jules Laurens. *Paris, Bertrand*, 1854, 4 vol. gr. in-8, dem. mar. r., tr. jasp.

Avec un SUPERBE ATLAS en 2 vol. in-f°, renfermant 119 planches et qui a coûté à lui seul près de 500 fr.

869. Voyages en Perse, dans l'Afghanistan, le Béloutchistan et le Turkestan, par Ferrier. *Paris, Dentu*, 1860, 2 in-8, dem. v. vert. (*Cartes.*)

On y a joint : Voyage en Arménie et en Perse, par Jaubert. *Paris, Ducrocq*, 1860, in-8, dem. v. vert. (*Port.*)

870. Voyage du sieur Paul Lucas dans la Turquie, l'Asie, etc. *Rouen, Machuel*, 1719, 3 vol. — Voyage du sieur Paul Lucas au Levant. Paris, *Simart*, 1714, 2 tomes en 1 vol. — Voyage du sieur Paul Lucas dans la Grèce, l'Asie Mineure et l'Afrique. *Paris, Simart*, 1712, 2 vol. En tout 6 vol. in-12, v. br. (*Cartes et fig.*)

Ces 3 relations sont diffices à réunir, dit Brunet. — Manque le titre d'un volume.

871. Voyage au Levant, c'est-à-dire en Asie Mineure, à Chio, Rhodes, Chypre, de même qu'en Egypte, Syrie et Terre-Sainte. Enrichi de plus de 200 tailles-douces, par Corneille Le Brun. *A Paris, chez Guillaume Cavelier*, 1714, in-fol., v. br., tr. r.

Très bel exemplaire d'un OUVRAGE RECHERCHÉ. Il est orné de 210 superbes planches, non compris le frontispice, le port., la carte et la gravure de la page 4.

872. Relation d'un voyage du Levant. Enrichie de nombr. figures, cartes, plans, etc., par M. Pitton de Tournefort. *Paris, impr. royale*, 1717, 2 in-4, v. marb., fil., tr. marb. (*Fig.*)

873. Voyages de Piétro della Vallé dans la Turquie, l'Egypte et les Indes orientales. *Paris, Ganeau*, 1745, 8 vol. in-12.

874. Voyages dans l'Asie Mineure et en Grèce, de 1764 à 1766, par Richard Chandler. Trad. par Servois. *Paris, Bertrand*, 1806, 3 in-8, dem.-rel. (*Cartes.*)

875. Voyage dans la Cilicie et dans les montagnes du Taurus, par Victor Langlois. *Paris, Duprat*, 1861, gr. in-8, dem. mar. v., ébarb. (*Port. et fig.*)

876. Voyages en Orient, de 1821 à 1829, par Fontanier. *Paris, Mongie*, 1829, 3 in-8, dem.-rel. (*Carte et fig.*)

877. Voyage en Orient, par Alph. de Lamartine. *Paris, Gosselin*, 1841, 2 vol. -- Histoire de Jérusalem, par Poujoulat. *Paris, Vermot*, 1856, 2 vol. En tout 4 in-12, dem.-rel.

878. Voyage religieux en Orient, par l'abbé Michon. *Paris, Comon*, 1854, 2 in-8. --- Voyage en Orient, par le R. P. de Damas. *Paris, Cretté*, 1866, in-8. En tout 3 vol. in-8, dem.-rel.

879. Six mois en Orient, par Bottu de Limas. *Lyon, Scheuring* (*impr. de L. Perrin*), 1861, in-8, dem. mar. v., ébarb.

Beau volume tiré à petit nombre sur PAPIER VERGÉ TEINTÉ.—*On y a joint :* Souvenirs d'un voyage en Perse par M. le Comte J. de Rochechouard. *Paris, Challamel*, 1867, in-8, dem.-rel.

880. Orient et Syrie, par Jul. de Robersart. *Paris, Challamel*, 1867, 2 vol. — Asie Mineure et Syrie, par la princ. de Belgiojoso. *Paris, Lévy*, 1861. — Le Liban et la Syrie, par Poujade. *Paris*, 1860. En tout 4 vol. in-12, dem.-rel.

881. Correspondance d'Orient, par MM. Michaud et Poujoulat. *Paris, Ducollet*, 1833-35, 7 vol. -- Voyage dans l'Asie Mineure, en Syrie, en Palestine, etc., pour faire suite à la Correspondance, par Poujoulat. *Paris, Ducollet*, 1840, 2 vol. En tout 9 in-8, bas. pl., tr. marbr.

882. Correspondance et Mémoires d'un voyageur en Orient, par Eug. Boré. *Paris, Olivier*, 1840, 2 in-8, v. pl., filets, tr. jasp. (*Carte.*)

On y a joint : Voyage dans le Levant, par le Comte de Forbin. *Paris*, 1819, in-8. — Huit jours dans l'île de Candie, par Bourquelot. *Paris*, 1863, in-8. Voyage dans l'île de Rhodes, Patmos et Samos, par Guérin. *Paris*, 1856, in-8. (*Carte.*)

883. Itinéraire descriptif de l'Orient, par Adolphe Joanne et Em. Isambert. Avec 11 cartes et 19 plans. *Paris, Hachette*, 1861, fort vol. in-12, percal., tr. jasp.

884. Hadriani Relandi Palestina ex monumentis veteribus illustrata. *Trajecti Batavorum, ex libraria Guill. Brœdelet*, 1714, 2 tomes en 1 in-4, v. br., estampé. (*Front. grav., cartes et fig.*)

OUVRAGE FORT ESTIMÉ. Bel exemplaire.

885. Le Voyage de la Terre-Sainte, contenant une description des lieux que N.-S. a sanctifié de sa présence, l'estat de la ville de Jérusalem, etc., par Doubdan. *A Paris, chez Bienfait*, 1661, in-4, dem.-rel. v. f. (*Figures.*)

886. Voyage en Palestine et en Syrie, par M. Georges Robinson. *Paris, Bertrand*, 1838, 2 in-8, dem. v. vert (*Vues, cartes et plans.*)

On y a joint : Trois ans en Asie, par le Comte de Gobineau. *Paris, Hachette*, 1859, in-8, dem.-rel.

887. Mémoire sur la carte de l'ancienne Palestine ou de la Terre-Sainte, par M. de l'Isle. *A Paris, chez l'auteur*, 1763, in-4, dem.-rel.

Rare.

888. Histoire de la Terre-Sainte, par D. Math. Rodrig. Sobrino. Trad par Poillou. *Paris, Casterman*, 2 in-8, dem. v. bl. (*Cartes.*)

889. La Terre-Sainte et les lieux illustrés par les Apôtres. Vues pittoresques d'après Turner, Harding, etc. *Paris, Audot*, 1837, gr. in-8, dem.-rel. (*Cartes et fig.*)

890. La Terre-Sainte, par Louis Enault. *Paris, Maison*, 1854, (*Cartes.*) --- Lettres d'un Pèlerin de la Terre-Sainte, par l'abbé Forot. *Paris, Brunet, s. d.* --- Jérusalem, par de Létourville. *Paris, Amyot*, 1856. En tout 3 vol. in-12, dem.-rel.

891. Les Eglises de la Terre-Sainte, par le comte Melchior de Vogüé. *Paris, Didron*, 1860, in-4, dem. mar. r., tête dor., ébarb. (*Fig.*)

Bel exemplaire de cet excellent ouvrage qui renferme de jolies planches sur acier et à l'eau-forte et des cartes en couleurs.

892. Les Saints lieux. Pèlerinage à Jérusalem par Mgr Mislin. *Paris, Guyot*. 1851, 2 in-8, v. f., compart. dor. et à froid, tr. marb. (*Cartes et fig.*)

893. La Syrie et la Terre-Sainte au XVIIe siècle, par le P. Besson. *Paris, Palmé*, 1862. — La Vérité sur la Syrie et l'expédition française, par Poujoulat. *Paris, Gaume*, 1861. En tout 2 vol. in-8, dem.-rel. v.

894. Itinéraires de la Terre-Sainte des XIIIe, XIVe, XVe, XVIe et XVIIe siècles. Traduits de l'hébreu par Carmoly. *Bruxelles, Vandale*, 1847, in-8, dem.-rel. v. vert. (*Cartes.*)

895. Voyage autour de la mer Morte et dans les terres bibliques, par de Saulcy. *Paris, Gide*, 1853, 2 vol. gr. in-8, dem. v. vert, tr. marb.

896. Voyage dans le Haouran et aux bords de la mer Morte, de 1857 à 1858, par Guill. Rey. *Paris, Bertrand*, 1860, in-8, dem. v. vert. (*Cartes.*)

897. Beyrout et le Liban. Voyage en Syrie, par Henri Guys. *Paris, Rouvier*, 1850-55, 3 vol. in-8, dem. vert.

898. L'Euphrate et le Tigre, par M. d'Anville. *A Paris, de l'imprimerie Royale*, 1779, in-4, dem.-rel. cuir de Russie, tr. r. (*Carte.*)

899. **Le saint voiage et pélérinage de la cité saincte de Hierusalem** (fait et composé en latin par... Bernard de Breydenbach... Et a été translaté de latin en françois par Frère Iehan de Hersin). *Lyon, imprimé le xviij. jour de frevier (sic) l'an mil.cccc.Lxxxix. (1489)*, in-fol, gothique, veau rac., tr. r. (*Rel. moderne.*)

Édition de la plus grande rareté. Le vol. est signé de A à S iiij et il commence par le titre séparé ci-dessus avec une gravure en bois au verso. La souscription est placée au verso du 5e f. du cah. S. Viennent ensuite 3 ff. non chiffrés.

Il s'y trouve, dit Brunet, des figures et de grandes cartes gravées en bois qui ne sont pas la partie la moins précieuse de l'ouvrage et qui paraissent être les mêmes que celles de l'édition originale de 1486, moins le plan de Jérusalem qui ne se trouve pas dans notre exemplaire. Titre et cartes doublés. Exemplaire grand de marges.

900. Voyaige d'oultremer en Jhérusalem par le seigneur de Caumont l'an 1418, publié pour la première fois par le Mis de La Grange. *Paris, Aubry*, 1858, in-8, dem. v. vert, tête dor., ébarb.

Tiré à petit nombre sur *papier de Hollande.*

901. Relation historique d'un voyage au mont de Sinaï et à Jérusalem, etc , par le sieur Morison. *A Toul, par Laurent*, 1704, in-4, v. br.

902. Constantinople, Jérusalem et Rome, par l'abbé Pierre. *Paris, Michel Lévy*, 1860, 2 in-8, dem. v. vert. *(Cartes.)*

903. Souvenirs de Jérusalem. Album dessiné par le contre-amiral Pâris. Ouvrage publié par l'escadre de la Méditerranée. *Paris, Bertrand*, 1861, in-fol. grand-aigle, dem. rel. v. bl., ébarb.

Superbes lithographies en couleurs.

904. Voyage à Smyrne, dans l'archipel de l'île de Candie, de 1811 à 1814, par Tancoigne. *Paris, Nepveu*, 1817, 2 tomes en 1 vol. pet. in-12, veau bleu, large dent. sur les plats, dent. à l'int., tr. dor. fig. col. *(Bozerian.)*

905. Voyages en Arabie, suivis de notes sur les Bédouins, par Burckhardt. Trad. par Eyriès. *Paris, Bertrand*, 1835, 3 in-8, dem.-rel. *(Cartes.)*

906. Une année de voyage dans l'Arabie centrale, par W. Gifford Palgrave. Trad. de l'angl. et accomp. d'une carte et de 4 plans. *Paris, Hachette*, 1866, 2 vol. gr. in-8, dem.-rel. v. bl., tr. jasp. *(Portr.)*

907. Relation des voyages en Tartarie de Fr. Guillaume de Rubruquis, Fr. Jean du Plan Carpin, Fr. Ascelin et autres religieux... plus un Traicté des Tartares, de leur origine, mœurs... avec un abrégé de l'Histoire des Sarasins et Mahométans. Le tout recueilly par Pierre Bergeron. *A Paris, chez Michel Soly*, 1634, 3 parties en 1 vol. in-8, v. f., fil., tr. r.

Très rare.

908. Relation du voyage d'Adam Olearius, en Moscovie, Tartarie et Perse. Augm. en cette nouv. édit. du voyage de Iean de Mandelso

aux Indes orientales. *Paris, Dupuis*, 1659, 2 vol. in-4, v. br. (*Cartes.*)

909. Voyages en Russie, en Tartarie et en Turquie, par Clarke. Trad. de l'angl. *Paris, Buisson*, 1813, 3 vol. in-8, dem.-rel. (*Cartes et plans.*)

910. Souvenirs d'un voyage dans la Tartarie et le Thibet, par M. Huc. *Paris, Le Clère*, 1850, 2 vol. — L'Empire chinois, suite de l'ouvr. précéd., par le même. *Paris, Gaume*, 1854, 2 vol. En tout 4 in-8, dem. v. vert. (*Cartes.*)

911. **Voyage en Sibérie** fait en 1761; enrichi de cartes, de plans et de nombr. gravures, par M. l'abbé Chappe d'Auteroche. *A Paris, chez Debure*, 1768, 2 tomes én 3 vol. gr. in-4, v. br., tr. r.

SUPERBE EXEMPLAIRE avec les magnifiques fig. de *Leprince* et *Moreau* gravées par *Tilliard*. (*Avec le n° 912.*)

912. Atlas du voyage fait en Sibérie en 1761-68 par l'abbé Chappe d'Auteroche (*Paris*, 1768, 2 tomes en 3 vol. gr. in-4), gr. in-fol. parch., tr. r.

Cet atlas est devenu fort rare.

913. Souvenirs d'un voyage en Sibérie, par Christ. Hansteen. *Paris, Perrotin*, 1857, in-8, dem.-rel. (*Carte.*)

On y a joint : Le nord de la Sibérie. Voyage dans la mer glaciale par de Wrangell. Trad. par le prince Galitzin. *Paris*, 1843, 2 in-8. — Recherches sur les nations établies en Sibérie. Trad. de Fischer. *Paris, s. d.* in-8.

914. Le Montenegro contemporain, par Frilley. *Paris, Plon*, 1876. (*Carte et grav.*) — Voyage dans les pays slaves, par Cyrille. *Paris, Palmé*, 1876, — La Dalmatie, par Levasseur. *Paris, Dentu*, 1861. (*Carte.*) En tout 3 vol. in-12, dem.-rel.

915. Histoire et description de la Haute-Albanie ou Guégarie, par Hyac. Hecquard. *Paris, Bertrand*, 1859, in-8, dem.-rel. (*Cartes.*)

On y a joint : Voyage au Montenegro, par le colonel Vialla, *Paris*, 1820, 2 in-8. (*Cartes et figures coloriées.*)

B. — INDES GÉNÉRALES. — INDOUSTAN ET INDO-CHINE. — EMPIRE CHINOIS ET JAPON.

916. **La Description géographique** des provinces et villes plus fameuses de l'Inde orientale... par Marc Paule, Venetien. *A Paris, pour Estienne Grouleau*, 1556, in-4, v. br., tr. r.

Superbe exemplaire d'un LIVRE FORT RARE.

917. **Premier livre de l'histoire de la navigation aux Indes orientales** par les Hollandois et des choses à eux advenues : ensemble les mœurs, etc.... Le tout par plusieurs figures illustré par G. M. A. W. L. *Imprimé à Amsterdam, chez Cornille Nicolas*, 1609, in-fol. de 54 ff. — Le second livre, journal ou comptoir contenant le vray discours et narration histo-

rique du voyage fait par les huit navires d'Amsterdam en 1598 sous la conduite de l'admiral Iaques Cornille Nec et de Wibrant de Warwic. Orné avec beaucoup de lames d'airain et cartes. *Amt., chez Cornille Nicolas*, 1609, in-fol. de 22 ff, plus le Vocabulaire des mots Iavans et Malayts, 8 ff. — Description du pénible voyage fait entour de l'univers ou globe terrestre par le Sr Olivier du Nord d'Utrecht... de 1598 à 1601. Où sont pourtrait au vif en diverses figures plusieurs cas estranges à luy advenuz. *Amst., chez la veuve de Cornille Nicolas*, 1610, in-fol. de 62 pages. — Vraye description de trois voyages de mer très-admirables faits au Nord par derrière Norwège et Tartarie. Plus des ours cruels et ravissants : et la froidure insupportable... par Girard Le Ver. *Amst., par Cornille Nicolas*, 1604, in-fol. de 44 ff. En 1 vol. in-fol., v. br., tr. jasp. (*Fig.*)

Superbe exemplaire de ce LIVRE RARE orné de nombreuses et curieuses figures sur cuivre. *Ces trois voyages font partie de la* COLLECTION DES PETITS VOYAGES DE THÉODORE DE BRIE, *et celui d'Olivier du Nord est l'un des cinq qu'il faut joindre à la* COLLECTION DES GRANDS ET PETITS VOYAGES.

918. Description du premier voyage faict aux Indes orientales par les François, etc., par François Martin de Vitré. *A Paris, chez Laurent de Sonnius*, 1604, in-8, vélin blanc.

Superbe exemplaire de ce LIVRE RARE.

919. **Histoire de la navigation de Jean Hugues de Linschot,** Hollandois, aux Indes orientales. Contenant diverses descriptions, singularitez, etc., avec annotations de B. Paludanus. *A Amsterdam, chez Cloppenburch*, 1619, in-fol., v. br. (*Portr., cartes et fig.*)

Très bel exemplaire de ce LIVRE RARE qui renferme une grande quantité de curieuses figures sur cuivre et un certain nombre de cartes. On trouve reliés dans le même volume : 1° *Le grand routier de mer, de J.-H. de Linschot, contenant les routes qu'il convient tenir en la navigation des Indes orientales, etc. Amsterdam, 1619, 2 ff. et 181 pages ;* 2° *La description de l'Amérique et des parties d'icelle, comme la Nouvelle-France, Floride, etc. Amsterdam, 1619, 1 f., 86 pages et 1 carte.*

920. Recueil des voyages qui ont servi à l'établissement de la compagnie des Indes orientales. Avec un grand nombre de fig. *A Rouen, Cailloué*, 1725, 12 vol. in-12, v. marb., dent., tr. marb. (*Cartes et grav.*)

921. Description historique et géographique de l'Inde, contenant : 1° la géographie de l'Hindoustan, par le P. Jos. Tieffenthaler ; 2° des recherches d'Anquetil Du Perron ; 3° la carte générale de MM. Rennell et Bernoulli. *Berlin, Spener*, 1786, 3 vol. en 5 tomes in-4, veau rac., tr. r. (*64 cartes et autres planches.*)

Très bel exemplaire.

922. **Voyage dans l'Inde** par Victor Jacquemont, de 1828 à 1832. *Paris, F. Didot*, 1841-44, 4 vol. gr. in-4 et 2 vol. d'atlas, cart. à la bradel, dos en toile bleue, tr. ébarb. (*Fig.*)

Très bel ouvrage dont Brunet donne une longue description (T. III, 485). Il est orné de 3 cartes et d'environ 300 FIGURES NOIRES ET COLORIÉES.

923. Voyages dans l'Inde, par le prince Alexis Soltykoff, illustrés de belles lithogr. à deux teintes. *Paris, Garnier, s. d.*, gr. in-8, mar. vert, comp. dor., tr. jasp. (*Fig.*)

924. Excursions dans l'Inde, par Deville. *Paris, Hachette*, 1860. — Voyages dans l'Inde, par le prince Soltykoff. *Paris, Lecou*, 1853.— L'Inde contemporaine, par F. de Lanoye. *Paris, Hachette*, 1855. En tout 3 vol. in-12, dem.-rel.

925. Recueil d'un fort notable naufrage tiré des lettres du P. Pierre Martinez, escrites en la ville de Goa ès Indes orientales le 9 jour de decembre 1586. *A Paris, chez Nivelle*, 1588, pet. in-8 de 54 ff., dem.-rel.

Fort rare.

926. Voyages advantureux de Fernand Mendez Pinto (aux Indes), trad. de portugais en françois par le sieur Bernard Figuier. *Paris, Cotinet*, 1645, in-4, v. br.

Volume recherché et peu commun, dit Brunet.

927. Voyage dans l'Indostan, par M. Perrin. *Paris, Le Normant*, 1807, 2 tomes en 1 vol. in-8. — Voyage à Calcutta, par Héber. Trad. de l'angl. *Paris*, 1830, 2 vol. — Voyage dans l'Inde à travers du grand désert, par le major Taylor. *Paris*, 1803, 2 vol. En tout 5 in-8, dem.-rel. (*Cartes.*)

928. Journal d'un voyage dans l'Inde anglaise et sur les côtes mérid. de la Chine, par Devay. *Paris, Didot*, 1867, 2 vol. in-8, dem. v. bl., tr. jasp. (*Fig. en coul. et phot.*)

929. Voyages à l'embouchure de l'Indus et retour par la Perse, de 1831 à 1833, par Al. Burnes. Trad par Eyriès. *Paris, Bertrand*, 1835, 3 in-8, rel. pl. v. vert, fil., tr. jasp.

930. Trois mois sur le Gange, par Mme L. Jacolliot. *Paris, Dentu*, 1875. (*Fig.*) — Chasses dans l'Himalaya, par Jules Gérard. *Paris, Lévy*, 1862. — Conquêtes de la compagnie anglaise au Bengale, par W. Bolts. *Paris, Lévy*, 1858. — Un Parisien en Asie, par C. de Furth. *Paris*, 1866. En tout 4 vol. in-12, dem.-rel.

931. **Voyage d'exploration en Indo-Chine** de 1866 à 1868, par Doudard de Lagrée et publié par Francis Garnier, Delaporte, etc. Ouvr. illust. de 250 grav. sur bois et accompagné d'un atlas. *Paris, Hachette*, 1873, 2 vol. gr. in-4, dem.-rel. mar. r., plats en toile, tr. dor.

Superbe exemplaire. — (*Avec le N° 932.*)

932. Atlas du voyage d'exploration en Indo-Chine effectué de 1866 à 1868 sous les ordres de M. Doudard de Lagrée et publié par M. Francis Garnier. Première partie (cartes et plans) et deuxième partie (album pittoresque). *Paris, Hachette*, 1873, 2 vol. in-fol., dem.-rel. toile.

Superbe publication renfermant 24 cartes ou plans et 47 planches lithographiées *en noir et* en couleur d'une exécution magnifique.

933. Journal du voyage de Siam, fait en 1685 et 1686, par M. L. D. C.

(l'abbé de Choisy). *Paris, Séb. Mabr. Cramoisy*, 1687, in-4, veau rac., dent., tr. r.

Très bel exemplaire.

934. Voyage de Siam des pères Jésuites envoyez par le Roy aux Indes et à la Chine. *Paris, Seneuze*, 1686. (*Vignettes, cartes et figures.*) -- Second voyage du Père Tachard et des Jésuites envoyez par le Roy au Royaume de Siam. *Paris, Horthemels*, 1689. En tout 2 vol. in-4, v. br. (*Fig.*)

935. Les Mystères du désert. Souvenirs de voyages en Asie, par Hadji-Abd'el-Hamid-Bey. *Paris, Dentu*, 1859, 2 vol. --- Description du royaume de Siam, par Mgr Pallegoix. *Lagny, Vialat*, 2 vol. in-12, dem.-rel. (*Carte et gravures.*)

936. Souvenirs de Hué (Cochinchine), par Michel Chaigneau. *Paris, impr. Imp.*, 1867, in-8, dem-rel. (*Fig.*)

On y a joint : La Cochinchine et le Tonquin, par Eug. Veuillot. *Paris*, 1859, in-8. — Etat actuel du Tunkin et de la Cochinchine, par de La Bissachère. *Paris, 1812*, 2 vol. — Voyage à Pékin, par Timkovski *Paris, 1827*, 2 in-8.

937. Java, Siam, Canton, par le Cte de Beauvoir. *Paris, Plon*, 1870. (*Carte et phot. grav.*) — Voyage dans le Royaume de Siam, etc., par H. Mouhot. *Paris, Hachette*, 1868. — Une Campagne sur les côtes du Japon, par Roussin. *Paris, Hachette*, 1866 (*Carte*). En tout 3 vol. in-12, dem.-rel.

938. Relation de la nouvelle mission des pères de la compagnie de Jésus au Royaume de la Cochinchine. Trad. du P. Christ. Borri par le P. Ant. de La Croix. *A Rennes, chez Iean Hardy*, 1631, in-8, vél. bl.

PREMIÈRE RELATION SUR LA COCHINCHINE. Édition française de la plus grande rareté. Très bel exemplaire.

939. Tableau de la Cochinchine, par Cortambert et de Rosny, avec carte, plans et gravures. *Paris, Arm. Le Chevalier*, 1862, gr. in-8, dem. v. vert., tr. jasp. (*Fig.*)

940. Histoire et description de la Basse-Cochinchine, traduites d'après l'original chinois par Aubaret. *Paris, imprim. impériale*, 1863, gr. in-8, dem.-rel. (*Cartes coloriées.*)

941. Lettres des nouvelles missions de Maduré. *Lyon, imprim. de Louis Perrin*, 1839, 2 tomes en 1 vol. in-4, dem.-rel.

Rare et curieux recueil *lithographié à un très petit nombre d'exemplaires* destinés seulement aux parents et aux amis des missionnaires. CARTE ET FIGURES COLORIÉES.

942. La Chine d'Athanase Kirchere, illustrée de plusieurs monuments, tant sacrés que profanes, avec un dictionnaire chinois. *A Amsterdam, chez Jansson*, 1670, in-fol., vél. bl.

Rare et important ouvrage qu'enrichissent une quantité considérable de planches et figures d'une remarquable exécution.

943. La Chine et les puissances chrétiennes, par Sinibaldo de Mas. *Paris, Hachette*, 1861, 2 vol. — Les deux jeunes filles lettrées. Roman chinois, trad. par Stan. Julien. *Paris, Didier*, 1860, 2 vol. En tout 4 vol. in-12, dem.-rel. v.

944. Voyage en Chine, Inde et Malaisie, par Aug. Haussmann. *Paris, Olivier*, 1848, 3 in-8, dem.-rel. v. f.

945. Voyage en Chine, par Jurien de la Gravière. *Paris, Charpentier*, 1854, 2 vol. (*Carte.*) — Voyage dans les mers de la Chine, par le même. *Paris, Plon*, 1872, 2 vol. En tout 4 vol. in-12, dem.-rel. v. v. (*Cartes et fig.*)

946. Journal de mon troisième voyage dans l'Empire chinois, par l'abbé Arm. David. Avec 3 cartes. *Paris, Hachette*, 1875, 2 vol. — Voyage en Indo-Chine, par Louis de Carné. *Paris, Dentu*, 1872, 1 vol. -- Voyage dans l'Indo-Chine, par Bouillevaux. *Paris, Palmé*, 1858. En tout 4 vol. in-12, dem.-rel. v. (*Cartes.*)

947. Divers voyages et missions du P. Alexandre, de Rhodes en la Chine et autres royaumes de l'Orient. *A Paris, chez Sébast. Cramoisy*, 1653, in-4, vél. bl. (*Carte.*)

948. **Description géographique** historique, etc., de l'empire de la Chine et de la Tartarie chinoise, par le P. du Halde. *Paris, Le Mercier*, 1735, 4 vol. gr. in-fol. v. br., tr. r.

C'est la meilleure édition et l'exempl. est magnifique. — (*Avec le N° 708.*)

949. Voyage dans l'intérieur de la Chine et en Tartarie, par lord Macartney. Trad. de l'angl. par Castera. *Paris, Buisson*, 1798, 5 vol. in-8 et atlas de 30 planches, dem. mar. noir, ébarb. (*Port. gravé par de Launay.*)

950. Mémoire sur la partie méridionale de l'Asie centrale, par Nic. de Kanikoff. *Paris, Martinet*, 1861, in-4, dem. mar. viol., plats en toile, tr. dor. (*Cartes.*)

Envoi autographe de l'auteur à MONSIEUR JOMARD. Rare et curieux volume qui n'a pas été mis dans le commerce.

951. Voyages d'un faux derwiche dans l'Asie centrale, par Arminius Vambéry. Trad. de l'angl. et illustré de 34 grav. sur bois. *Paris, Hachette*, 1865, gr. in-8, dem. v. vert, tr. jasp. (*Carte et fig.*)

952. Voyage en Turcomanie et à Kiva, par Mouraviev. *Paris, Tenré*, 1823, in-8, v. f., dent., fil., tr. marb. (*Fig.*) -- Voyage à Boukhara) par le baron de Meyendorff. *Paris*, 1826, in-8, dem.-rel. (*Fig. col.*, — L'Afghanistan, par Perrin. *Paris*, 1842, in-8, dem.-rel. (*Carte.*)

953. Voyages de François Bernier, contenant la description des Etats du Grand Mogol, etc. *A Amsterdam, chez* P. *Marret*, 1724, 2 tomes en 1 vol. in-12, v. f., tr. r. (*R. Petit.*)

Superbe exemplaire avec cartes et figures.

954. Voyages à Péking, Manille et l'Ile de France, par M. de Guignes. *Paris, imprimerie impériale*, 1808, 3 in-8, dem.-rel.

Atlas in-folio de 97 planches très bien gravées.

955. Pékin, Yeddo, San-Francisco, par le comte de Beauvoir. *Paris, Plon*, 1872. (*Cartes et fig.*) -- De Pékin à Shanghaï, par Buissonnet. *Paris, Amyot*, 1871. -- Voyage à Pékin, par G. de Kéroulée. *Paris, Brunet*, 1861. En tout 3 vol. in-12, dem.-rel.

956. Le Discours de la venue des Princes Iapponois en Europe, en laquelle est constenue la description de leur pays, etc. Transl. de l'Italien en François, par Iaques Gaultier d'Annonay, maistre es arts de l Université de Tournon. *A Lyon, par Benoist Rigaud*, 1585, in-8 de 30 pages, cart. bradel.

RARISSIME. Ces pièces volantes du temps sont des documents originaux qui servent pour ainsi dire de *pièces justificatives* à l'histoire des missions.

957. Histoire et description générale du Japon... Enrichie de fig. en taille-douce, par le P. de Charlevoix. *A Paris, chez Nyon*, 1736, 9 vol. in-12, v. rac., tr. r. (*Cartes et fig.*)

958. Voyages de Thunberg au Japon. Trad. par Langles et revus par Lamarck. *Paris, Dandré*, 1796, 4 vol, in-8 bas. (*Portr. et planches.*)

959. **Voyage au Japon**, exécuté de 1823 à 1830 par de Siebold. Edition française rédigée par MM. de Montry et Fraissinet. *Paris, Bertrand*, 1838-40, 2 tomes (1 et 5) en 1 vol. in-8, dem. mar. r., ébarb. (*Fig.*)

Excellent ouvrage interrompu par la mort du duc d'Orléans sous les auspices duquel il était publié. — (*Avec le n° 960.*)

960. Atlas du voyage au Japon, exécuté de 1826 à 1830, ou description physique et géographique de l'empire du Japon, par M. de Siebold. *Paris, Bertrand*, 1838, gr. in-fol., dem.-rel. mar. r.

Superbe atlas de 130 planches pour la plupart COLORIÉES ET SUR CHINE.

961. Le Japon, par le colonel Du Pin. *Paris, Bertrand*, 1861, in-8. -- Le Japon tel qu'il est, par le comte de Montblanc, 1867. -- Voyage et captivité de M. Golovnin chez les Japonais. *Paris*, 1818, 2 vol. -- Relation de l'ambassade anglaise dans le royaume d'Ava. Trad. de l'angl. par Castera. *Paris*, 1800, 3 in-8. En tout 6 vol., dem.-rel. (*Cartes.*)

962. Le Japon, par Ed. Fraissinet, avec cartes de Malte-Brun. *Paris, Bertrand*, 1864, 2 vol. -- Une Campagne sur les côtes du Japon, par Alf. Roussin. *Paris, Hachette*, 1866. --- Un voyage autour du Japon, par Lindau. *Paris, Hachette*, 1864. En tout 4 vol. in-12, dem.-rel.

963. **Le Japon illustré**, par Aimé Humbert. Ouvrage contenant 476 fig. dess. par Bayard, Cicéri, Neuville, etc., une carte et cinq plans. *Paris, Hachette*, 1870, 2 vol. in-4, pap. vél., dem. mar. r., plats toile, tr. dor.

Très bel exemplaire.

7° Voyages en Afrique.

ALGÉRIE. --- EGYPTE. --- ABYSSINIE. --- AFRIQUE CENTRALE. — SÉNÉGAMBIE. -- GUINÉE, ETC.

964. Histoire complète des voyages et découvertes en Afrique, par M. A. C. (Cuvillier). *Paris, Bertrand*, 1821, 4 in-8, dem.-rel. v. vert. (*Atlas.*)

965. Voyages et découvertes dans le Nord et dans les parties centrales de l'Afrique, par le major Denham et Clapperton. Trad. de l'anglais. Premier et deuxième voyage. *Paris*, *Bertrand*, 1826-29, 5 vol. in-8, dem. v. (*Cartes et portr.*)

966. Voyages et découvertes dans l'Afrique septentrionale et centrale, par le Dr H. Barth. Trad. de l'allemand par P. Ithier. *Paris*, *Bohné*, 1860, 4 vol. in-8, dem. v. bl. (*Port. et fig.*)

967. Voyages de M. Shaw dans plusieurs provinces de la Barbarie et du Levant : avec des observ. sur Alger et Tunis, la Syrie, l'Egypte et l'Arabie, avec des cartes et des figures. Trad. de l'angl. *La Haye*, *Neaulme*, 1743, 2 in-4, dem.-rel., tr. ébarb. (*Cartes et fig.*)

Rare et recherché.

968. Etudes africaines. Récits d'un voyageur, par M. Poujoulat. *Paris*, *Comon*, 1847, 2 in-8, dem.-rel.

969. Voyage dans la régence d'Alger, par Rozet. *Paris*, *Bertrand*, 1833, 3 in-8, dem.-rel.

970. L'Algérie, par le baron Baude. *Paris*, *Bertrand*, 1841, 2 vol. — Souvenirs du maréchal Bugeaud de l'Algérie et du Maroc, par Christian. *Paris*, *Cadot*, 1845, 2 vol. En tout 4 vol. in-8, dem. v. f. (*Cartes.*)

971. L'Algérie pittoresque depuis les temps les plus reculés jusqu'à nos jours, par Clausolles. *Toulouse*, *Paya*, 1843, 2 parties en 1 vol. gr. in-8, dem.-rel. (*Carte, vues, portraits, etc.*)

972. **Exploration scientifique de l'Algérie** pendant les années 1840 à 1842, publiée par ordre du gouvernement. *Paris*, *impr. Royale*, 1844-53, 10 vol. gr. in-8, dem. mar. viol., tr. jasp.

Ce bel ouvrage, dont les volumes ont été publiés sans ordre déterminé, selon que le manuscrit des auteurs s'est trouvé prêt pour l'impression, comprend : *Routes suivies par les Arabes*, *Géographie de l'Afrique*, *Recherches sur les tribus de l'Afrique*, *Etudes sur la Kabylie*, *2 vol.*, *Mémoires sur l'Algérie*, *Histoire de l'Afrique*, *Description du Maroc*, *Voyage dans le sud de l'Algérie*, *Description de la Régence de Tunis.*

973. Relation d'un séjour à Alger. Trad. de l'angl. *Paris*, 1820, in-8, dem.-rel. (*Fig.*) — Le Maroc et ses tribus nomades, par Drummond Hay. Trad. de l'angl. *Paris*, 1844, in 8, dem.-rel. — Voyage dans l'empire du Maroc, par Lemprière. *Paris*, 1801, in-8, bas. (*Fig.*)

974. Itinéraire de l'Algérie comprenant le Tell et le Sahara, par Louis Piesse. — Guide pratique aux eaux minérales et aux bains de mer de France et de l'étranger, par le Dr James. *Paris*, *Hachette et Masson*, 1862, 2 forts vol. in-18, dem.-rel. v. vert (*Cartes, plans et fig.*)

975. Les Kabyles du Djerdjera, par Devaux. *Paris*, *Challamel*, 1859. — Quatre ans chez les Achantis. Journal de MM. Ramseyer et Kuhne. *Paris*, *Sandoz*, 1876. (*Fig.*) — Voyage à la côte orientale

d'Afrique, par le R. P. Horner. *Paris*, *Gaume*, 1872. — Souvenirs de l'ancienne Eglise d'Afrique. *Paris*, *Ruffet*, 1863. En tout 4 vol. in-12, dem.-rel.

976. A travers la Kabylie, par Ch. Farine. Orné de 45 figures. *Paris*, *Ducrocq*, *s. d.*, dem.-rel., plats toile, tr. dor. (*Fig.*)

977. Le Sahara algérien et le Grand désert ou itinéraire d'une caravane du Sahara au pays des nègres, par le colonel Daumas. *Paris*, *Langlois*, 1845-49, 2 in-8, dem. mar. v. (*Cartes coloriées.*)

978. Expédition du général Cavaignac dans le Sahara algérien, par le docteur Jacquot. *Paris*, *Gide*, 1849, gr. in-8, rel. pleine en veau rose, fil., tr. marb. (*Carte.*)

979. Explorations du Sahara. Les Touareg du Nord, par H. Duveyrier. *Paris*, *Challamel*, 1864, gr. in-8, dem. v. bl., tr. jasp. (*Cartes, plans, fig. et portr.*)

980. Sahara et Laponie, par Goblet d'Alviella. *Paris*, *Plon*, 1873 (*Grav.*) — Un été dans le Sahara, par Fromentin. *Paris*, *Lévy*, 1859. — Une année dans le Sahel, du même. *Paris*, *Lévy*, 1859. Cinquante jours au désert, par Ch. Didier. *Paris*, *Hachette*, 1857. En tout 4 vol. in-12, dem.-rel.

981. Souvenirs d'un chef de bureau arabe, par Hugonnet. *Paris*, *Lévy*, 1858. — Français et Arabes en Algérie, par le même. *Paris*, *Sartorius*, 1860 (*Portr.*) — Alger l'été et l'hiver, par Desprez. *Alger*, 1863. — Lettres sur l'Algérie, par Marmier. *Paris*, *Bertrand*, *s. d.* En tout 4 vol in-12, dem.-rel.

982. Les Femmes et les mœurs de l'Algérie, par B. Gastineau. *Paris*, *Lévy*, 1861. — Mœurs et coutumes de l'Algérie, par le général Daumas. *Paris*, *Hachette*, 1853. — Indicateur général de l'Algérie, par Berard. *Alger*, *Bastide*, 1858 (*Cartes.*) — L'insurrection de 1871, par le Com. du Cheyron. *Paris*, *Plon*, 1873 (*Cartes.*) En tout 4 vol. in-12, dem.-rel.

983. **Voyage d'Egypte et de Nubie**, par M. Fred.-L. Norden, traduit du danois en français, par Des Roches de Parthenais. *Copenhague*, *de l'impr. royale*, 1755, 2 vol. in-fol. avec 159 planches, 1 frontisp. et 1 portr., veau écaille, filets, dent., tr. dor. (*Reliure ancienne.*)

Superbe exemplaire en PAPIER DE HOLLANDE.

984. Voyages en Egypte et en Nubie, par Belzoni. Trad. par Depping. *Paris*, *Galignani*, 1821, 2 vol. (*Carte et port.*) — Voyages en Afrique avec les découvertes des Portugais. *Paris*, 1834, 2 vol. En tout 4 in-8, dem. v., tr. marb.

985. Voyage en Egypte et en Nubie, par Ampère. *Paris*, *Lévy*, 1868. — Journal de voyage du Dr Ch. Cuny de Siout à El-Obeid. *Paris*, *Bertrand*, 1863 (*Carte.*) En tout 2 vol. in-8, dem.-rel. v.

986. **Egypte, Nubie, Palestine et Syrie.** Dessins photographiques recueillis pendant les années 1849, 1850 et 1851, et accompagnés d'un texte explicatif par Maxime Du Camp. *Paris*,

Gide et Baudry, 1852, 1 vol. in-fol., dem.-rel.mar. r., coins, tranches ébarbées.

SUPERBE EXEMPLAIRE bien complet des 125 planches de ce bel ouvrage qui a coûté 500 fr.

987. Egypte et Ethiopie, par Trémaux. -- Le Soudan, par le même. *Paris, Hachette* (1852). 2 vol. in-8, dem. mar. bl.

988. Un hiver en Egypte, par Eugène Poitou. *Tours*, *Mame*, 1860, gr. in 8, dem. v vert. (*Jolies fig. sur bois.*)

989. Voyage du Luxor en Egypte, par Verninac Saint-Maur. *Paris*, *Bertrand*, 1835, in-8, dem.-rel. (*Planches.*) — Le Nil Blanc et le Soudan, par Brun-Rollet. *Paris*, 1855, in-8, v. plein, tr. marb. (*Fig.*) — Voyage en Afrique et dans la Cyrénaïque, par Pezant. *Paris*, 1840, in-8, dem.-rel. (*Carte et fig.*)

990. Le Fayoum, le Sinaï et Pétra, par Lenoir. *Paris*, *Plon*, 1872 (*Fig.*) — Les Femmes, les Eunuques et les Guerriers du Soudan. *Paris*, *Dentu*, 1868. — Le Cange, voyage en Egypte, par Pascal. *Paris*, *Hachette*, 1861. — Le Canal de Suez, par Desplaces. *Paris*, *Hachette*, 1858. — Séjour chez le Grand-Chérif de la Mekke, par Ch. Didier. *Paris*, *Hachette*, 1857. En tout 5 vol. 12, dem.-rel.

991. Du Rhin au Nil, par Marmier. *Paris*, *Bertrand*, *s. d.*, 2 vol. — 500 lieues sur le Nil, par Ch. Didier. *Paris*, *Hachette*, 1858. En tout 3 vol. in-12, dem.-rel.

992. Voyage aux sources du Nil, en Nubie et en Abyssinie, de 1768 à 1772, par M. James Bruce. Trad. par Castera. *Paris*, 1790, 10 in-8 bas.

993. Les Sources du Nil. Journal de voyage du capitaine Speke. Trad. de l'angl., avec cartes et grav. *Paris*, *Hachette*, 1864, gr. in-8, dem. v. bl., tr. jasp. (*Fig.*)

994. Découverte de l'Albert-N'Yanza. Nouvelles explorations des sources du Nil, par Sam. White Baker. Vrad. de l'angl. et illust. de 30 grav., avec 2 cartes. *Paris*, *Hachette*, 1868, gr. in-8, dem. v. bl., tr. jasp. (*Fig.*)

995. **Voyage à la côte orientale d'Afrique**, exécuté de 1846 à 1848 sous le commandement de M. Guillain. Album lithographié par Ciceri et autres. *Paris*, *Bertrand*, *s. d.*, gr. in-fol., dem. mar. bl.

SUPERBE ATLAS composé de 54 belles lithographies, cartes, types, etc.

996. Voyage aux Grands Lacs de l'Afrique orientale, par le capitaine Burton. Trad. de l'angl. et illust. de 37 vignettes. *Paris*, *Hachette*, 1862, in-8, dem. v. vert, tr. jasp. (*Fig.*)

997. Voyage sur la côte orientale de la mer Rouge, dans le royaume de Choa, par Rochet d'Héricourt. *Paris*, *Bertrand*, 1841, 2 vol. in-8, dem. v. v. (*Cartes et fig.*)

998. Historiale description de l'Ethiopie. Trad. du portugais d'Alvarez. *En Anvers*, *de l'impr. de Plantin*, 1558, très pet. in-8, dem.-rel. v. f. (*Mouillures.*)

999. Relation historique de l'Ethiopie occidentale (Congo, Angolle et Matamba). Trad. du P. Cavazzi par le R. P. Labat. *Paris, Delespine*, 1732, 5 vol. in-12, bas.

1000. Douze ans dans la Haute-Ethiopie (Abyssinie), par Arnauld d'Abbadie. Tome 1er (seul paru). *Paris, Hachette*, 1868, in-8. (*Cartes.*) — L'Egypte actuelle, par Guillemin. *Paris, Challamel*, 1867, in-8. En tout 2 vol. dem. v. bl.

1001. Voyage à Méroé, au fleuve Blanc, au delà de Fazoql, etc., par M. Fréd. Caillaud. *Paris, imp. Roy*, 1826, 4 in-8, dem.-rel.

Bel exemplaire avec les figures en deux états : NOIRES ET COLORIÉES.

1002. Voyage historique d'Abyssinie du R. P. Jerôme Lobo. Trad. du port. par M. Le Grand. *Amsterdam, aux dépens de la Comp.*, 1728, 2 tomes en 1 vol. in-12, mar. r., tête dor., ébarb. *(Front. grav.)*.

1003. Voyage en Abyssinie, par MM. Ferret et Galinier. *Paris, Paulin*, 1847, 2 vol. in-8 v. viol. plein, filets dor., tr. marb. *(Fig.)*

1004. Voyage dans l'intérieur de l'Afrique, par Mungo Park. Trad. de l'angl. par Castera. *Paris, Dentu, an VIII*, 2 in-8 bas. (*Portr. et fig.*) — Second voyage de Mungo Park. *Paris, Dentu*, 1820, in-8, v. rac. (*Carte et port.*)

1005. Voyage dans l'intérieur de l'Afrique depuis le cap de Bonne-Espérance, par Damberger. *Paris, an IX*, 2 in-8, bradel, n. rogn. (*Carte.*) — Voyage dans l'int. de l'Afrique septentrionale, par le capitaine Lyon. *Paris*, 1822, in-8 (*Carte et fig. col.*) — Résumé de l'exploration de l'Afrique centrale, par le Dr Vogel. *Paris, s. d.*, in-8, dem.-rel.

1006. Voyage au Soudan oriental. Le Darfour et le Ouadây, par Mohammed Ibn-Omar El-Tounsy. Trad. de l'arabe par le Dr Perron, avec cartes, planches et portrait. *Paris, Renouard*, 1845-1851, 2 vol. in-8, dem.-rel. v. (*Cartes et fig.*)

1007. **Voyages au Soudan oriental** et dans l'Afrique septentrionale, de 1847 à 1854, comprenant l'Algérie, la Tunisie, l'Egypte et les contrées inconnues de la Nigritie. ATLAS de vues, scènes de mœurs, types, panoramas et cartes, par Pierre Trémaux. *Paris, Borrani, s. d.*, in-fol. oblong, dem. mar. viol.

SUPERBE ATLAS de 56 planches diverses photo et lithographiées et de 4 cartes.

1008. Relation de la Nigritie, contenant une description de ses royaumes, des mœurs et raretez de ce païs, avec la découverte de la rivière du Sénéga. *Paris, Couterot*, 1689, pet. in-12, v. br.

Petit volume rare aux armes du COMTE DE TOULOUSE.

1009. Journal d'un voyage à Tembouctou et à Jenné, dans l'Afrique centrale, de 1824 à 1828, par René Caillié. *Paris, impr. royale*, 1830, 3 in-8, dem.-rel. v. f. (*Avec un atlas.*)

1010. Journal d'une expédition à l'embouchure du Niger, par Richard et Lander. Trad. par L. Belloc. *Paris*, *Paulin*, 1832, 3 in-8, dem.-rel. (*Cartes*.)

1011. Voyages et aventures dans l'Afrique équatoriale, etc., par Paul Du Chaillu. Illustrations et cartes. *Paris*, *Michel Lévy*, 1863, gr. in-8, dem.-rel. chag. v., tr. jasp. (*Fig*.)

1012. L'Afrique sauvage. Nouvelles excursions au pays des Ashangos, par Paul Du Chaillu. Avec illustrations et carte. *Paris*, *Michel Lévy*, 1868, gr. in-8, dem. chag. v., tr. jasp. (*Fig*.)

1013. Le Dahomé, souvenirs de voyage et de mission, par l'abbé Laffitte. *Tours*, *Mame*, 1874, gr. in-8, dem.- rel., tr. jasp. (*Carte et fig*.)

1014. Nouvelle relation de l'Afrique occidentale, contenant une description du Sénégal, etc., par le P. Labat. *Paris*, *Cavelier*, 1728, 5 vol. in-12, v. f., tr. r. (*Cartes et fig*.)

Exemplaire du Régent, *Louis-Philippe d'Orléans*.

1015. Voyage aux sources du Sénégal et de la Gambie, par Mollien. *Paris*, *Courcier*, 1820, 2 vol. — Naufrage sur la côte occidentale d'Afrique, publié par Riley et trad. par Peltier. *Paris*, *Le Normand*, 1818, 2 in-8. En tout 4 in-8, dem.-rel. v., tr. marb. (*Cartes*.)

1016. Voyages du capit. Landolphe aux côtes d'Afrique, rédigés par Quesné. *Paris*, *Bertrand*, 1823, 2 in-8, dem. mar. r., ébarb. (*Fig*.) — Naufrage du brick français La Sophie sur la côte occidentale d'Afrique, par Cochelet. *Paris*, 1821, 2 in-8, dem.-rel. (*Carte et fig*.)

1017. Voyage à la côte de Guinée, etc., par Van Boudyck Bastiaanse. *La Haye*, 1853, in-8, dem.-rel. — Voyage dans le pays d'Aschantie, par Bowdich. *Paris*, 1819, in-8, dem.-rel. — Voyage dans le Timanni et le Kouranko, par le major Cordon-Laing. *Paris*, 1826, in-8, dem.-rel. (*Carte et fig*.)

1018. Voyage dans l'Afrique occidentale, comprenant le Sénégal, la Gambie, etc. Rédigé par Anne Raffenel. *Paris*, *Bertrand*, 1846, in-8, dem. v. f.

1019. Voyage dans le Soudan occidental (Sénégambie-Niger), par Mage. Ouvr. illust. de 81 grav. sur bois, avec 6 cartes et 2 plans. *Paris*, *Hachette*, 1868, gr. in-8, dem. v. bl., tr. jasp. (*Fig*.)

1020. Nouveau voyage dans le pays des nègres, par Anne Raffenel. *Paris*, *Chaix*, 1856, 2 vol. gr. in-8, dem.-rel. v. f., tr. jasp. (*Fig. sur bois*).

1021. Esquisses sénégalaises, par l'abbé Boilat. *Paris*, *Bertrand*, 1853, 2 vol. in-8 dont un atlas, dem. cuir de Russie. (*24 planches coloriées*.)

1022. **Relatione del reame del Congo** et delle circonvicine contrade, tratta dalli scritti et ragionamenti di Odoardo Lopez, Portoghese, per Filippo Pigafetta. *In Roma*, *appresso*

Barth. Grassi (1591), in-4, avec 8 figures pliées et 2 grandes cartes, mar. r. jans., dent., tr. dor. (*Duru.*)

SUPERBE ET RARISSIME EXEMPLAIRE DE L'ÉDITION ORIGINALE de cette excellente relation dont les frères DE BRY ont inséré la traduction latine dans la première partie de leur *Collection des Petits Voyages.* Brunet ne mentionne pas les 8 grandes figures sur cuivre qui sont fort belles.

1023. Voyage de Guinée, contenant la description exacte de cette côte, où l'on trouve et trafique l'or, les dents d'éléphant et les esclaves..., par Guill. Bosman. Enrichi d'un grand nombre de figures. *Utrecht, Schouten*, 1705, in-12, v. br. *(Front., portr., carte et fig.)*

Très rare.

1024. Voyage au Congo et dans l'intérieur de l'Afrique Equinoxiale, par Douville. *Paris, Renouard*, 1832, 3 in-8, dem.-rel. (*Atlas.*)

1025. L'Afrique équatoriale, Gabonais, Pahouins, etc., par le Mis de Compiègne. *Avec carte et fig. Paris, Plon*, 1875, 2 vol. — L'Afrique nouvelle, par Alf. Jacobs. *Paris, Didier*, 1862, 1 vol. — Le Pôle et l'Equateur, par Lucien Dubois. *Paris, Douniol*, 1863. En tout 4 vol. in-12, dem.-rel. v. (*Fig.*)

1026. Relation du voyage du Royaume d'Issyny, Côte-d'Or, Païs de Guinée, en Afrique..., par le P. God. Loyer. Enrichie de figures en taille-douce. *Paris, Seneuze*, 1714, in-12, v. br. (*Fig.*)

Bel exemplaire de ce LIVRE RARE où l'on trouve sérieusement affirmée l'existence de gens qui établissent leurs maisons au fond des rivières comme des poissons.

1027. Description du cap de Bonne-Espérance, avec l'histoire naturelle et les usages des Hottentots. Tirée des mémoires de Pierre Kolbe. *Amsterdam, Catuffe*, 1741, 3 vol. in-12, v. br., tr. r. (*Fig.*)

Bel exemplaire de la meilleure édition avec les jolies fig. de Fokke.

1028. Souvenirs du cap de Bonne-Espérance, par Haussmann. *Paris, Challamel*, 1866, in-8, dem.-rel. — Relation d'une expédition pour reconnaître le Congo, dans l'Afrique méridionale, par Tuckey. *Paris*, 1818, dem.-rel. — Notice sur la colonie du Sénégal, par Faidherbe. *Paris*, 1859, in-8, dem.-rel. — Rapport sur le pays de Galam, etc. *Paris*, 1844, in-8, dem.-rel.

1029. Premier (et second) voyage de M. Le Vaillant dans l'intérieur de l'Afrique, par le cap de Bonne-Espérance. *Paris, Leroy et Crapelet*, 1790-1803, 5 vol. in-8, bas., tr. r. (*Fig.*)

1030. Explorations dans l'intérieur de l'Afrique australe et voyages à travers le continent jusqu'à l'embouchure du Zambèze, par le Dr Livingstone. Traduit de l'anglais. *Paris, Hachette*, 1859, gr. in-8, dem. v. vert, tr. jasp. (*Fig. sur bois et cartes.*)

1031. Voyage dans l'Afrique australe, notamment dans le territoire de Natal et dans celui des Cafres Amazoulous. Avec dessins et cartes, par Ad. Delegorgue. *Paris, Croissant, s. d.*, 2 vol. in-8, veau pl., compart., tr. jasp. (*Fig.*)

1032. Explorations du Zambèse et de ses affluents, par David et Charles Livingstone. Trad. de l'angl., avec 47 grav. et 4 cartes. *Paris*, *Hachette*, 1866, gr. in-8, dem. v. bl., tr. jasp. (*Fig.*)

1033. Relation du premier voyage de la compagnie des Indes orientales en l'isle de Madagascar ou Dauphine, par Souchu de Rennefort. *A Paris*, *chez I. de la Tourette*, 1668, in-12, v. bl.

Très bel exemplaire.

1034. Histoire et géographie de Madagascar, par Macé Descartes. *Paris*, *Bertrand*, 1846, in-8, dem.-rel. — Madagascar, par Barbié du Bocage (grande carte dressée par Malte-Brun). *Paris*, 1859, in-8, dem.-rel.— Histoire de Madagascar pendant la Restauration, par Carayon. *Paris*, 1845, in-8, dem-rel. (*Cartes.*)

1035. Histoire de l'île Bourbon, de 1643 à 1848, par Azéma. *Paris*, *Plon*, 1862, in-8, dem.-rel. — Sainte-Hélène, par Masselin. Dessins de Staal. *Paris*, *Plon*, 1862, in-8, dem.-rel. (*Fig.*)

1036. Notes sur l'île de la Réunion (Bourbon), par Maillard. *Paris*, *Dentu*, 1863, 2 tomes en 1 vol. gr. in-8, dem. v. bl., tr. jasp.

1037. Histoire de la première descouverte et conqueste des Canaries, faite dès l'an 1402 par Iean de Bethencourt. Escrite par Pierre Bontier et Jean Le Verrier, domestiques dudit. Plus un traité de la navigation... *A Paris*, *chez Iean de Heuqueville*, 1630, in-8, dem.-rel.

TRÈS RARE. Bon exemplaire au chiffre de *Ternaux-Compans*.

1038. Essais sur les Isles Fortunées et l'antique Atlantide ou précis de l'histoire de l'archipel des Canaries, par Bory de Saint-Vincent. *Paris*, *Baudoin*, *an XI*, in-4, bas. rac. (*Cartes et planches.*)

8° Voyages en Amérique.

A. — AMÉRIQUE DU NORD.

1039. **Voyages, relations et mémoires originaux,** pour servir à l'histoire de la découverte de l'Amérique, publiés pour la première fois en français par Henri Ternaux. *Paris*, *Bertrand*, 1837-41, 20 vol. in-8, dem.-rel. v. vert.

SUPERBE EXEMPLAIRE, bien conforme à la longue description qu'en donne *Brunet (Tome V, p. 724-25)*, de cette collection intéressante dont il n'a été tiré qu'un très petit nombre d'exemplaires.

1040. Voyage dans les deux Amériques, publié sous la direction de M. d'Orbigny. *Paris*, *Furne*, 1854, gr. in-8, dem. v. v. (*Cartes et fig. sur acier.*)

1041. **De insulis inventis.** Epistola Cristoferi Colom (cui etas nostra multum debet : de Insulis in mari Indico nuper inventis.... ab Hispano in latinum convertit Aliander de Cosco : tertio kalendas maii M.CCCC.XCIIj. *S. l. n. d.*, pet. in-8 goth. de 8 ff. à 26 et 27 lignes par page, fig. en bois, dem.-rel. mar. r., coins, tête dor., ébarb.

Réimpression fac-simile à un très petit nombre d'exemplaires de cette pièce rarissime.

1042. **Le nouveau monde et navigations faictes par Emeric de Vespuce, Florentin.** Des pais et isles nouvellement trouvez, auparavant à nous incogneuz. Tant en l'Ethiope que Arabie, Calichut et aultres plusieurs régions estranges. Translaté de italien en Langue françoyse par Mathurin du Redouer. Cum privilegio regis. *Imprimé à Paris, pour Galliot du pré, marchant libraire.... Cy finist le livre intitulé le nouveau monde et navigations de Almeric de Vespue, etc.* Pet. in-4 goth. de 6 ff. prélim. et CXXXII de texte, mar. vert., fil. à froid, dent. int., tr. dor. *(Duru, 1848.)*

MAGNIFIQUE EXEMPLAIRE *à toutes marges et de la plus parfaite conservation de ce livre* RARISSIME, le plus ancien recueil de voyages qui ait été publié. *Le privilège qui se trouve après le titre est daté du 10 janvier 1516.*

1043. Histoire générale des voyages et conquestes des Castillans dans les Isles et Terre-Ferme des Indes occidentales, trad. de l'esp. d'Ant. d'Herrera par N. de La Coste. *Paris, Nic. de La Coste*, 1660-71, 3 vol. in-4, v. br.

Rare et précieux ouvrage; c'est l'histoire la plus complète que nous ayons de la découverte et de la conquête de l'Amérique espagnole.

1044. **Nova typis transacta navigatio.** Novi orbis Indiæ occidentalis ad modum R.R. P.P. ac F.F. Dn. Buellii Cataloni. ... et in universam Americam Legati. Anno Christi 1492 nunc primum e variis scriptoribus in unum collecta et figuris orneta. Authore Fr. Don Hon. Philopono. (*Sine loco.*) 1621, in-fol., dem.-rel. vélin bl., tr. bl. (*Rel. anc.*)

DE TOUTE RARETÉ. Ce volume, *un des plus recherchés et des plus curieux sur l'*AMÉRIQUE, se compose de 7 ff. prél. y compris le frontisp. et 1 figure, 104 pp. de texte dont 1 p. d'errata et de 18 remarquables planches sur cuivre chiffrées et gravées par W. Kilian. *Magnifique exemplaire de la plus parfaite conservation et à toutes marges.*

1045. Histoire et voyage des Indes occidentales, par Guillaume Coppier, Lyonnois. *A Lyon, par Iean Huguetan*, 1645, in-8, mar. viol., dent., tr. dor. (*Bruyère.*)

RARE. Beau frontispice gravé par *Crispin de Pas.*

1046. A travers l'Amérique, par Jul. Frœbel. Trad. de l'all. par Tandel. *Paris, Jung-Treuttel*, 1861, 3 vol. in-12, dem. v. v.

1047. Voyage et découverte de quelques pays et nations de l'Amérique septentrionale, par le P. Marquette et Joliet. *Paris, Est. Michallet*, 1681, in-12, mar. viol., dent., ébarb. (*Carte.*)

Réimpression faite à Paris en 1845 et à 125 exemplaires seulement de ce rarissime opuscule.

1048. Voyages dans les contrées désertes de l'Amérique du Nord, par Wash. Irving. Trad. par Grolier. *Paris, Dufart*, 1839, 2 vol. — Voyage dans les Etats-Unis de l'Amérique du Nord, par le capitaine Basil-Hall. *Paris, Bertraud*, 1834, 2 vol. En tout 4 in-8, dem.-rel. (*Cartes.*)

1049. Relation du second voyage fait à la recherche d'un passage au Nord-Ouest, par sir John Ross. Trad. par Defauconpret. *Paris, Bellizard*, 1835, 2 in-8, dem. mar. r., coins, n. rogn. (*Carte et portr.)*

On y a joint : Voyage pour découvrir un passage du Nord-Ouest de l'Océan à la mer Pacifique, par W.-Ed. Parry. *Paris*, 1822, in-8. (*Carte.*)—Histoire des voyages de Franklin et Parry pour la découverte d'un passage au Nord-Ouest. *Paris*, 1824, in-8. (*Carte.*)

1050. Voyage d'Alex. Mackenzie dans l'intérieur de l'Amérique septentrionale. Trad. de l'angl. par Castera. *Paris*, *Dentu*, 1802, 3 in-8, v. f., tr. r. (*Portr. et cartes.*)

1051. Voyage dans l'intérieur de l'Amérique du Nord, par le prince de Wied-Neuwied. Avec 80 planches, par Ch. Bodmer. *Paris*, *Bertrand*, 1840, 3 in-8, dem.-rel., tr. jasp. *(Fig.)*

1052. Mémoire sur les mœurs, coustumes et religion des sauvages de l'Amérique septentrionale, par Nicolas Perrot. Publ. pour la première fois par le R. P. Tailhan. *Paris*, *Franck*, 1864, in-8, percal., n. rogn.

De la *Bibliotheca Americana.*

1053. Description et histoire naturelle du Groenland, par M. Eggede. Trad. en franç. par M. D. R. D. P. *A Copenhague, chez Philibert*, 1763, in-8, v. fauve, fil., dent., tr. dor. (*Muller.*)

Très bel exemplaire en GRAND PAPIER de cet ouvrage estimé avec la carte et les nombreuses figures sur cuivre.

1054. **Le grand voyage du pays des Hurons,** situé en l'Amérique vers la mer douce, etc., par F. Gabriel Sagard Théodat. *A Paris*, *chez Denys Moreau*, 1632, in-8, v. br., tr. r. (*Front. grav.*).

EXTRÊMEMENT RECHERCHÉ. Le dictionnaire de la langue huronne ne s'y trouve pas.

1055. Voyage au pays des Mormons, par Jules Rémy. Avec 10 grav. sur acier et une carte. *Paris*, *Dentu*, 1860, 2 vol. gr. in-8, dem.-rel. chag. v., ébarb. (*Fig. et carte.*)

1056. Voyage de la baie de Hudson pour la découverte du passage de Nord-Ouest. Trad. de l'angl. de M. Ellis. *A Paris*, *chez Ballard*. 1749, in-12, rel. pleine en mar. rouge, tête dor., ébarb. (*Fig.*)

Très bel exemplaire.

1057. Voyages et aventures dans l'Alaska (ancienne Amérique russe), par Whymper. Ouvr. trad. de l'angl. et illustré de 37 grav. sur bois. *Paris*, *Hachette*, 1871, gr. in-8, dem v. vert, tr. jasp. (*Fig. et carte.*)

1058. Voyage fait en 1750 et 1751 dans l'Amérique septentrionale pour rectifier les cartes de Terre-Neuve, etc., par M. de Chabert. *A Paris*, *de l'impr. royale*, 1753, in-4, v. br., tr. r. (*Cartes.*)

Aux armes royales.

1059. Véritable relation de tout ce qui s'est fait et passé au voyage que M. de Bretigny fit à l'Amérique occidentale, avec une description des mœurs des sauvages, un dictionnaire de la langue, etc., par Paul Boyer. *A Paris, chez Rocolet*, 1654, in-8, v. br.

TRÈS RARE. Bel exemplaire.

1060. Voyage de Jacques Cartier au Canada en 1534. Nouv. édit. publ. par Michelant avec documents inédits de Ramé. *Paris, Tross*, 1865, in-8, dem. mar. lev. viol., coins, tête dor., ébarb. (*Cartes.*)

De la *Bibliotheca Americana.*

1061. Relation originale du voyage de Jacques Cartier au Canada en 1534. Documents inédits publiés par Michelant et Ramé. *Paris, Tross*, 1867, in-8, dem. mar. lev. viol., coins, tête dor., ébarb. (*Fig.*)

De la *Bibliotheca Americana.*

1062. Bref récit et succincte narration de la navigation faite en 1535 et 1536, par le capit. Jacques Cartier, aux îles de Canada et autres. Réimpression figurée de l'édit. orig. rarissime. *Paris, Tross*, 1863, in 8, dem. mar. lev. viol., coins, tête dor., ébarb.

De la *Bibliotheca Americana.*

1063. Histoire du Canada et voyages que les frères mineurs Récollets y ont faits depuis l'an 1615, par Gabr. Sagard Théodat, avec un dict. de la langue huronne. *Paris, Tross*, 1866, 4 in-8, dem. mar. lev. viol., coins, tête dor., ébarb.

De la *Bibliotheca Americana.*

1064. **Relations des Jésuites**, contenant ce qui s'est passé de plus remarquable dans les missions des Pères dans la Nouvelle-France. *Québec, Coté*, 1858, 3 vol. gr. in-8 à deux colonnes, dem. mar. du lev. brun foncé, tête dor., ébarb. (*R. Petit.*)

EXCELLENT OUVRAGE *publié sous les auspices du gouvernement Canadien.* Les 3 vol. embrassent depuis l'année 1611 jusqu'à 1672 et se terminent par une table générale et analytique des matières.

1065. **Histoire de la Nouvelle-France**, contenant les navigations, découvertes et habitations faites par les François ès Indes occidentales et Nouvelle-France... depuis cent ans jusques à hui, par Marc Lescarbot. Troisième édition. *A Paris, chez Adrian Périer*, 1618, pet. in-8, avec cartes, v. f., dos orné, tr. r. (*Rel. mod.*).

VOLUME DE LA PLUS GRANDE RARETÉ. C'est la meilleure édition de cet ouvrage estimé. — Elle contient : *Les Muses de la Nouvelle-France. A Paris, chez Adr. Périer, 1618, pet. in-8 de 76 ff. chiffrés.*

1066. **Les Voyages de la Nouvelle-France occidentale, dicte Canada**, faits par le sieur de Champlain... et toutes les descouvertes qu'il a faites en ce païs depuis l'an 1603, iusques en l'an 1629 ; ensemble la relation de tout ce qui s'est passé à la Nouvelle-France en 1631, etc. *A Paris, chez Pierre Le Mur*, 1632, in-4, fig., mar. vert, filets à froid, dent. à l'int., tr. dor. (*Duru.*)

LIVRE DE TOUTE RARETÉ. Magnifique exemplaire auquel on a joint la reproduction fac-simile (tirée à 36 exemplaires seulement) de l'ancienne carte. *Dans notre exemplaire, qui est parfaitement complet, le relieur a placé la fin de la seconde partie à la fin de la première et celle de la première à la seconde. (Voir* BRUNET, *Tome I, p. 1778.)*

1067. Nouvelle relation de la Gaspésie, qui contient les mœurs et la religion des sauvages Gaspésiens Porte-Croix, adorateurs du soleil et d'autres peuples de l'Amérique Septentrionale, dite le Canada, par le P. Chrestien Le Clercq. *Paris Auroy*, 1691, in-12, v. br.

RARE et fort recherché en Amérique.

1068. Voyages du R P. Emm. Crespel dans le Canada et son naufrage en revenant en France, mis au jour par le Sr Louis Crespel, son frère. *A Francfort sur le Meyn*, 1742, in-12, v. br.

ÉDITION ORIGINALE fort rare, dédiée au *Comte de Montijo.*

1069. Histoire et description générale de la Nouvelle-France, adressée à Mme la duchesse de Lesdiguières, par le P. Charlevoix. *A Paris, chez Didot*, 1744, 6 vol. in-12, v. rac., tr. r., cartes. *(Cachet sur les titres.)*

1070. Mémoire sur la carte intitulée Canada, Louisiane et Terres Angloises (par d'Anville). *Paris, Le Breton*, 1756, in-4 de 26 pp., dem.-rel. *(Rare.)*

1071. **Præclara Ferdinandi Cortesii de Nova Maris Oceani Hyspania Narratio**... Carolo anno Domini M.D.XX. transmissa... et per doct. Pet. Saguorgnanum in latinum versa. *Ex Norimberga, per Fred. Peypus, anno dom. Millesimo Quingentessimo Vigesimo Quarto.* In-fol. tit. goth. et lettres rondes, de 4 ff. prél. avec entourage, armes et port. de Clément VII, 49 ff. chiffrés (et non 53 comme le dit Brunet), plus un f. blanc, veau fauve, tr. r. *(Reliure moderne.)*

Superbe exemplaire de cette pièce RARISSIME. — *On a relié dans le même volume* : De rebus et Insulis noviter Repertis a Sereniss. Carolo Imperatore. Et variis earum gentium moribus. (R. Petro Martyri anglerio authore). *S. l. n. d.*, in-fol. de 12 ff. chiffrés, caract. ronds, notes gothiques en manchettes. TRÈS RARE.

1072. **Tertia Fernandi Cortesii**.... in nova Maris Oceani Hyspania generalis præfecti preclara Narratio... per doct. Pet. Savorgnanum domini de Revelles Episcopi Viennensis secretarium.... in latinum versa. *Impressum In Imperiali Civitate Norimberga per Fred. Arthemesium, anno Millesimo quingentisimo Vigesimo quarto.* In-fol., titre goth. et lettres rondes, de 4 ff. prél., 51 ff. chiffrés et 1 f. pour l'errata, veau fauve, tr. r. (*Rel. mod.*)

DE TOUTE RARETÉ. Magnifique exemplaire.

1073. Les Etats-Unis d'Amérique, par Goodrich. *Paris, Guillaumin*, 1852, (*Carte.*) — Les Indiens des Etats-Unis, par Mondot. *Paris, Durand*, 1858. En tout 2 vol. in-8, dem.-rel. (*Fig.*)

1074. Nouveaux voyages aux Indes occidentales, par M. Bossu. *A Paris, chez Le Jay*, 1768, 2 parties en 1 vol. in-12, v. f., comp. à froid, tr. marb. (*Vogel.*)

Frontispice et fig. de *G. de Saint-Aubin.*

1075. Voyage de l'Atlantique au pacifique à travers les montagnes rocheuses, par Milton et Cheadle. Trad de l'angl. et contenant 22 vign. et 2 cartes. *Paris, Hachette*, 1866, gr. in-8, dem. v. bl. tr. jasp. (*Fig.*)

1076. La vie aux Etats-Unis, par X. Eyma. *Paris*, *Plon*, 1876. — Lettres sur les Etats-Unis, par Ferri Pisani. *Paris*, *Hachette*, 1862. — Le Grand-Ouest des Etats-Unis, par Simonin. *Paris*, *Charpentier*, 1869. — Campagne du Potomac. *Paris*, *Lévy*, 1863. En tout 4 vol. in-12, dem.-rel. v.

1077. Voyage de la Louisiane, fait en 1720. Avec des observations sur la Refraction faites à Marseille et divers voyages faits pour la correction de la carte de la côte de Provence, par le P. Laval. *Paris*, *Mariette*, 1728, in-4, v. br. (*Cartes.*)

1078. Histoire notable de la Floride, située ès-Indes Orientales, contenant les voyages du capitaine Laudonnière, mise en lumière par Basanier. *Paris*, *Jannet*, 1853, in-12, mar. viol., dent. sur les plats, tr. dor.

1079. Le Mexique, par Math. de Fossey. *Paris*, *Plon*, 1862. — L'Empire Mexicain, par M. de Bussierre. *Paris*, *Plon*, 1863. En tout 2 vol. in-8, dem.-rel. v.

1080. Essai politique sur le royaume de la Nouvelle-Espagne, par Al. de Humbold. *Paris*, *Schoell*, 1811, 5 in-8, bas. pl., fil., tr. marb. (*Cartes.*)

1081. Le Comte de Raousset-Boulbon et l'expédition de la Sonore (Mexique). *Paris*, *Dentu*, 1859. (*Portr.*) — Mexique, Havane et Guatemala, par Alf. de Valois. *Paris*, *Dentu*, *s. d.* — Le Mexique contemporain, par de Bazancourt. *Paris*, *Amyot*, 1862. — Le Mexique. Souvenirs, par D. Charnay. *Paris*, *Dentu*, 1863. En tout 4 vol. in-12, dem. veau.

1082. Voyages en Californie et dans l'Orégon, par M. de Saint-Amant. *Paris*. *Maison*, 1854, gr. in-8, veau pl., tr. jasp. (*Cartes et figures.*)

B. — Amérique centrale et Amérique du Sud.

1083. Voyage dans l'Amérique centrale, l'île de Cuba et le Yucatan, par Arth. Morellet. *Paris*, *Baudry*, 1857, 2 tomes en 1 vol. gr. in-8, dem. v. vert, tr. jasp. (*Cartes et fig.*)

1084. L'Amérique centrale et méridionale. Dessins de MM. Jules Noël, Lebreton et Gust. Janet. *Paris*, *Morizot*, 1867, gr. in-8, dem. v. bl. tr. jasp. (*Fig. sur acier.*)

1085. Relation des quatre voyages entrepris par Christophe Colomb, de 1492 à 1504, par Don de Navarrète. Trad. de l'esp. par de Verneuil. *Paris*, *Treuttel*, 1828, 3 in-8, dem.-rel. v. (*Port. et cartes.*)

1086. **Histoire générale des Antilles**, habitées par les François et enrichie de cartes et de figures, par le R. P. Du Tertre. *A Paris*, *chez Thomas Jolly*, 1667-71, 4 tomes en 3 vol. in-4, v. br., tr. marb. (*Cartes et fig.*)

Très bel exemplaire d'un OUVRAGE FORT RARE.

1087. Nouveau voyage aux isles d'Amérique. Ouvr. enrichi de cartes, plans et figures (par le P. Labat). *A La Haye, Husson, etc.*, 1724, 6 vol. in-12, cart., non rognés. (*Fig.*)

1088. Voyage aux Antilles françaises, par Granier de Cassagnac. *Paris, Dauvin*, 1842. — Souvenirs des Antilles, par M***. *Paris, Gide*, 1818, 2 vol. — Statistique de la Martinique, par Félix Renouard. *Paris*, 1822, 2 vol. (*Carte.*) En tout 5 in-8, dem.-rel.

1089. Histoire de l'Isle Espagnole ou de Saint-Domingue, écrite sur les mémoires du P. Le Pers, par le P. de Charlevoix. *A Amsterdam, chez L'Honoré*, 1733, 4 tomes en 2 vol. in-12, dem.-rel. (*Cartes et fig. de B. Picart.*)

1090. Voyage historique de l'Amérique méridionale, par Georges Juan et Ant. de Ulloa. Ouvrage orné de figures, plans et cartes, avec une Histoire des Yncas du Pérou. *A Paris, chez Jombert*, 1752, 2 in-4, v. écaille, tr. r. (*Reliure moderne.*)

Très bel exemplaire de cet excellent ouvrage, le meilleur dans ce genre qui ait paru en Espagne, avec les *jolies fig. de* PUNT *et de* B. PICART.

1091. Voyages dans l'Amérique méridionale, par don Félix de Azara, publiés par Walkenaer et Cuvier. *Paris, Dentu*, 1809, 4 in-8, v. rac., fil. (*Atlas.*)

1092. Voyages aux régions équinoxiales du Nouveau Continent, rédigé par Alex. de Humboldt. *Paris, librairie Grecque-Latine*, 1816, 13 tomes en 12 vol. in-8, bas. pleine, dent., tr. marb. (*Atlas*).

Épuisé et rare.

1093. **Voyage dans l'Amérique méridionale** (le Brésil, l'Uruguay, la Patagonie, le Chili, le Pérou, etc.) exécuté de 1826 à 1833, par Alcide d'Orbigny. *Paris, Levrault*, 1835-47, 7 tomes en 11 vol. in-fol., dem.-rel. veau rose, tr. jasp. (*Port. et fig.*)

Ce MAGNIFIQUE OUVRAGE qui ne renferme pas moins de *415 planches, pour la plupart admirablement coloriées*, a coûté 1,200 fr. en livraisons.

1094 Voyage dans l'Amérique du Sud, par Grandidier. *Paris, Lévy*, 1861. — Six ans en Amérique (Californie et Orégon), par l'abbé Rossi. *Paris, Dentu*, 1863. En tout 2 vol. in-8, dem. v. vert. (*Cartes.*)

1095. Voyage à travers l'Amérique du Sud, de l'Océan Pacifique à l'Océan Atlantique, par Paul Marcoy. Illustré de 626 vues et paysages par Riou et accomp. de 20 cartes. *Paris, Hachette*, 1869, 2 vol. in-4, pap. vélin, dem. mar., plats toile, tr. dor.

Très bel exemplaire de ce bel ouvrage.

1096. Promenade à travers l'Amérique du Sud. — Course humouristique autour du monde, par le Cte de Gabriac. Ouvr. illust. de 29 grav. et 2 cartes. *Paris, Michel Lévy*, 1868-72, 2 vol. in-8, dem. ch. vert, tr. jasp. (*Fig.*)

1097. Mes voyages en Amérique, par Herz. *Paris*, Faure, 1866.

(*Port.*) — Voyages dans l'Amérique centiale et méridionale, par Don Ramon Paez. *Paris*, *Barba*, 1870 (*Cartes et fig.*) — A travers l'Amérique du Sud, par Dabadie. *Paris*, *Sartorius*, 1858. — Lettres sur l'Amérique, par Marmier. *Paris*, *Bertrand*, 1851. En tout 5 vol. in-12, dem.-rel.

1098. Amérique équatoriale, son histoire, sa géographie et ses richesses, par le vicomte Onffroy de Thoron. *Paris*, *Renouard*, 1866, in-8, dem.-rel.

1099. Histoire naturelle, civile et géographique de l'Orénoque, par le P. Joseph Gumilla. Trad. de l'esp. par Eidous. *Avignon*, *Girard*, 1758, 3 in-12, v. gris, fil., dent., tr. marb., cartes. (*Vogel*).

Ouvrage estimé et fort curieux.

1100. Relation du voyage de la mer du Sud aux côtes du Chili et du Pérou, par M. Frezier (de Chambéry). *Paris*, *Nyon*, in-4, dem.-rel., ébarb. (*Cartes et fig.*)

1101. Vues des Cordillières et des monuments des peuples indigènes de l'Amérique, par Al. de Humboldt. Avec 19 planches. *Paris*, *Bourgeois*, *s. d.*, 2 in-8 bas. pleine, fil., tr. marb. (*Fig. col.*)

1102. Scènes et paysages dans les Andes, par P. Marcoy. *Paris*, *Hachette*, 1861, 2 vol. — Voyage à la Sierra-Nevada, par E. Reclus. *Paris*, *Hachette*, 1861. — Les Indiens de la Baie d'Udson, par Delessert. *Paris*, *Amyot*, 1861. En tout 4 vol. in-12, dem.-rel. v.

1103. Voyage de la France équinoxiale en l'isle de Cayenne, entretrepris par les François en 1652, par Ant. Biet. *A Paris*, *chez Clouzier*, 1664, in-4, v. br. (*Carte.*)

Au chiffre de *Ternaux-Compans.*

1104. La Guyane Française et ses mines d'or, par de Saint-Amant. *Paris*, 1856. (*Cartes.*) — Notice historique sur la Guyanne Française, par Ternaux-Compans. *Paris*, *Didot*, 1843. En tout 2 vol. in-8, dem.-rel.

On y a joint 3 autres volumes sur la *Colonisation de la Guyane-Française, etc.*

1105. La Guyane Française. Notes et souvenirs d'un voyage, par Fréd. Bouvier. Ouvr. illustré par Riou. *Paris*, *Hachette*, 1867, in-4, dem.-rel. v. bl. (*Fig.*)

1106. La Guyane Française, par Mourié. *Paris*, *Dupont*, 1874. (*Cartes.*) — Le Canada sous la domination française, par Dussieux. *Paris*, *Lecoffre*, 1862. (*Carte.*) — Facundo, Quiroga et Aldao, trad. par Giraud. *Paris*, *Bertrand*, 1853. — Le Brésil tel qu'il est, par Expilly. *Paris*, *Dentu*, 1862. En tout 4 vol. in-12, dem.-rel.

1107. Voyage à Surinam et dans l'intérieur de la Guiane, par Stedman. Trad. de l'angl. par Henry. *Paris*, *Buisson*, *an VII*, 3 in-8, dem.-rel. (*Atlas.*)

1108. Expédition dans les parties centrales de l'Amérique du Sud, exécutée par ordre du gouv. par Francis de Castelnau. Histoire du voyage. *Paris*, *Bertrand*, 1850, 6 vol. in-8, dem. mar. viol. (*Cartes.*)

1109. Géographie des parties centrales de l'Amérique du Sud et particulièrement de l'équateur au tropique du Capricorne, sous la direction de Francis de Castelneau. *Paris, Bertrand*, 1854, gr. in-fol., dem.-rel., mar. bl.

Cet atlas qui renferme 30 belles cartes coloriées forme aussi la *cinquième partie (Géographie) de l'Expédition dans les parties centrales de l'Amérique du Sud*, du même auteur. *(Voir le N° 1108.)*

1110. Histoire d'un voyage faict en la terre du Brésil, autrement dite Amérique, etc. Revue et bien augmentée en cette seconde édition, par Jean de Lery. (*A Genève*) *pour Anthoine Chuppin*, 1580, in-8, mar. vert. (*Fig.*)

Ouvrage rare et important pour l'histoire de la religion protestante.

1111. Voyage au Brésil de 1815 à 1817, par S. A. S. Maximilien. Trad. de l'all. par Eyriès. *Paris, Bertrand*, 1821, 3 in-8, dem.-rel. (*Cartes.*)

1112. Voyage dans l'intérieur du Brésil. *Paris, Grimbert, Gide et Bertrand*, 1830-1851, 4 parties en 8 vol. in-8, dem.-rel. (*Fig.*)

1113. Voyage dans le Nord du Brésil, fait en 1613 et 1614, par le père Yves d'Evreux. Publié d'après l'exempl. unique de la Bibl. nat. par Ferd. Denis. *Paris, Franck*, 1864, in-8, cart. percal, non rogné.

De la *Bibliotheca Americana*.

1114. Voyage au Brésil, par M. Agassiz ; trad. de l'angl. par Félix Vogeli. Ouvr. illust. de 54 grav. et 5 cartes. *Paris, Hachette*, 1869, gr. in-8, dem. v. bl., tr. jasp. (*Fig.*)

1115. Deux années au Brésil, par Biard. Ouvrage illustré de 180 vignettes d'après Riou. *Paris, Hachette*, 1862, gr. .in-8, dem.-rel. chagr. vert, tr. jasp. (*Fig.*)

1116. Considérations géographiques sur l'histoire du Brésil. — Les Voyages de Améric Vespuce au compte de l'Espagne, par M. d'Avezac. *Paris, Martinet*, 1857-58, 2 ouvr. en 1 vol. gr. in-8, dem. mar. v., coins, tête dor., ébarb. (*Cartes.*)

1117. Relation de la rivière des Amazones, trad. de Gomberville, sur l'original du P. Christ. d'Acuna. *Paris, Barbin*, 2 vol. in-12, v. br.

Rare et recherché.

1118. Histoire du Paraguay, par le P. de Charlevoix. *A Paris, chez Ganeau*, 1757, 6 vol. in-12, v. rac., tr. r. (*Cartes.*)

1119. Histoire du Paraguay et des établissements des Jésuites, par Demersay. *Paris, Hachette*, 1860, 2 in-8, dem. v. vert.

1120. Voyage dans le Nord de la Bolivie, par Weddell. *Paris, Bertrand*, 1853, in-8, dem. mar. viol. (*Cartes et figures.*)

On y a joint 4 autres volumes in-8 sur le *Mexique et le Pérou*.

1121. Description géographique et statistique de la Confédération Argentine, par Martin de Moussy, *Paris, Didot*, 1860, 3 vol. gr. in-8, dem. v. bl. (*Atlas.*)

1122. Mes voyages avec le docteur Philips dans les Républiques de La Plata, par Armand de B. *Tours, Mame*, 1861, gr. in-8, dem.-rel. (*Fig.*)

1123. Voyage à Buénos-Ayres et à Porto-Allègre, par Arsène Isabelle. *Le Havre*, 1835, in-8, dem.-rel. (*Lithogr.*)

1124. Histoire des navigations aux Terres Australes (par le président de Brosses). *A Paris, chez Durand*, 1756, 2 in-4, v. rac. tr. r. (*Cartes*).

Excellent ouvrage très estimé.

9° Océanie.

1125. De rebus Oceanicis et novo orbe decades tres, Petri Martyris ab Angleria Mediolanensis, etc. *Coloniæ, apud Gervinum Calenium*, 1574, in-8, vél. bl.

1126. Voyage au Pôle Sud et dans l'Océanie sur les corvettes l'Astrolabe et la Zélée (Histoire du voyage), par Dumont-d'Urville. *Paris, Gide*, 1841, 10 tomes en 5 vol. in-8, veau plein vert, tr. jasp.

1127. Journal d'un baleinier. Voyage en Océanie, par le Dr Thiercelin. *Paris, Hachette*, 1866, 2 vol. -- La Nouvelle-Calédonie, par Jules Garnier, *Paris, Plon*, 1871, 1 vol. --- L'Ile de Cuba, par Hipp. Piron. *Paris, Plon*, 1876. En tout 4 vol. in-12, dem.-rel. v. (*Fig.*)

1128. Seize mille lieues à travers l'Asie et l'Océanie, par le Comte H. Russell-Killough, avec 1 carte et 1 panorama. *Paris, Hachette*, 1864, 2 vol. --- Océanie, par Jules Garnier, avec cartes et fig. *Paris, Plon*, 1871, 1 vol. -- L'Océanie nouvelle, par Alf. Jacobs. *Paris, Lévy*, 1861. En tout 4 vol. in-12, dem.-rel. v. (*Cartes et fig.*)

1129. Voyage à la Nouvelle-Guinée. Description des lieux, histoire naturelle, etc., par M. Sonnerat. *A Paris, chez Ruault*, 1776, in-4, v. éc., fil., dent., tr. marb. (*Fig.*)

Très bel exemplaire avec 125 fig. gravées par *Baquoy et Thérèze Martinet.*

1130. Du Far-West à Bornéo. -- Six mois dans le Far-West. --- Le Pirate malais. Récits de voyage, par le baron de Wogan. *Paris, Didier*, 1873-74, 3 vol. in-12, dem. v. v. (*Port.*)

1131. Australie. Un voyage à travers le Bush, par Ed. Marcet. Dessins de M. Liquier. *Genève, Fick*, 1868, gr. in-8, dem. mar. vert, tr. ébarb. (*Texte encadré et jolies fig. photogr.*)

1132. Australie, par le comte de Beauvoir, *Paris, Plon*, 1869. (*Cartes et phot.*) -- Souvenirs de la Nouvelle-Calédonie, par de la Hautière. *Paris, Challamel*, 1869. --- Aventures d'une parisienne à la Nouvelle-Calédonie, par le Dr Thiercelin. *Paris, Lachaud*, 1872. --- Les Squatters australiens, par H. de Castella. *Paris, Hachette*, 1861. En tout 4 vol. in-12, dem.-rel.

1133. Mémoires historiques sur l'Australie, par Mgr Salvado. Trad. de l'ital. *Paris*, *Pringuet*, 1854, in-8. -- L'Australie intérieure, par Charles Grad. *Paris*, *Bertrand*, 1864, in-8. (*Carte*). --- Commentaires d'un marin. Océanie, etc., par Félix Julien. *Paris*, *Plon*, 1870. En tout 3 vol. in-8, dem.-rel.

1134. Lettres d'un mineur en Australie, par Fauchery. *Paris*, *Poulet-Malassis*, 1857. --- Les derniers Sauvages, par Radiguet. *Paris*, *Hachette*, 1859. --- Sous les tropiques, par Dhormoys. *Paris*, 1864, --- Luçon et Mindanao (par le duc d'Alençon). *Paris*, *Lévy*, 1870. En tout 4 vol. in-12, dem.-rel.

1135. Voyage dans l'archipel Indien, par Fontanier. *Paris*, *Ledoyen*, 1852, in-8, rel. pl. en v. vert, dent., tr. jasp.

On y a joint: Voyage du Bengale à Pétersbourg, par Forster, trad. par Langlès. *Paris*, 1802, 3 vol. (*Cartes.*) — Anciennes relations des Indes et de la Chine, trad. de l'arabe (par Renaudot). *Paris*, *Coignard*, 1718, in-8, v. br.

1136. Iles Taïti. Esquisse historique sur la colonisation française en Océanie, par Vincendon-Dumoulin. *Paris*, *Bertrand*, 1844, 2 vol. in-8, dem. v. br.

On y a joint: Iles Marquises ou Nouka-Hiva, par le même. *Paris*, 1843, in-8, (*Cartes*). — Relation des iles Pelew, par G. Keate. *Paris*, 1793, in-8 (*Carte*, *fig. et port.*)

1137. Les Philippines. Histoire, géographie, mœurs et commerce des colonies espagnoles en Océanie, par Mallat. *Paris*, *Bertrand*, 1846, 2 tomes en 1 vol, in-8, dem. v. vert.

ATLAS IN-F° de 18 cartes, avec *figures coloriées*, musique, etc., d'une très belle exécution.

1138. Aventures d'un gentilhomme Breton aux îles Philippines, par de La Gironière. Illustrations par Valentin. *Paris*, *chez l'auteur*, 1855; gr. in-8, dem. mar. v. (*Fig. sur bois.*)

III. — HISTOIRE DES RELIGIONS.

1° Histoire de l'Église chrétienne. — 2° Missions. — 3° Papes et conciles.

1139. **Cassiodori historia ecclesiastica tripartita.** MANUSCRIT SUR VÉLIN *du commencement du XIII° siècle*. In-folio, gothique à 2 colonnes, rel. en basane.

CE PRÉCIEUX MANUSCRIT *admirablement calligraphié* et dont les grandes lettres initiales sont alternativement de couleur verte, rouge et bleue, se compose de 106 feuillets de la plus parfaite conservation.

Cette histoire ecclésiastique, dite TRIPARTITE, a été traduite du grec par *Epiphane Scholastique* des trois auteurs, *Socrate*, *Sozomène* et *Théodoret*, et fondue en une seule par CASSIODORE. Elle va de l'an 306 à l'an 439.

1140. Œuvres de Sulpice Sevère et de Paulin de Périgueux, trad.

par Herbet. *Paris, Panckoucke*, 1848, 2 in-8, dem. v. souris, tr. jasp.

De la bibliothèque *Latine-Française*. On y a joint : *Caius Julius Solin et Polyhistor, trad. par Agnant, 1847, in-8°, même rel.*

1141. Histoire universelle de l'Eglise, par Jean Alzog, trad. par Goschler. *Paris*, *Lecoffre*, 1849, 3 in-8, dem. v. viol.

1142. **Histoire universelle de l'Église catholique**, par l'abbé Rohrbacher, suivie d'une table générale par Léon Gautier. *Paris*, *Gaume*, 1857-1861, 29 vol. in-8, rel. pleine en veau racine, tr. jasp. (*Portr.*)

SUPERBE EXEMPLAIRE NEUF de cet important ouvrage, auquel on a joint l'*Atlas de 24 cartes coloriées dressé spécialement pour cet ouvrage par Dufour. Paris, Gaume, 1861, gr. in-f° dem.-rel., v. rac.*

1143. Annales ecclésiastiques de 1846 à 1866, ou résumé de l'histoire de l'Eglise catholique, par Chantrel. *Paris*, *Gaume*, 1861-67, 2 vol. in-8, rel. pl. en veau rac., tr. jasp.

Ces deux vol. sont destinés à servir de *complément à l'histoire de l'Eglise de Rohrbacher.*

1144. Histoire du dogme catholique pendant les trois premiers siècles de l'église, par M. l'abbé Ginoulhiac. *Paris*, *Durand*, 1852, 3 in-8, dem.-rel. mar. viol.

1145. Cours d'histoire ecclésiastique à l'usage des grands séminaires, par M. l'abbé Rivaux. *Lyon*, *Briday*, 1864, 3 vol. in-8, dem. v. gris.

1146. Mémoires pour servir à l'histoire ecclésiastique pendant le XVIIIe siècle, par Picot. *Paris*, *Adr. Le Clère*, 1853, 7 vol. in-8, veau bl. plein, filets, tr. marbr.

1147. L'Eglise Romaine en face de la Révolution, par Crétineau-Joly. *Paris*, *Plon*, 1859, 2 in-8, dem. v. rose (*Portr.*)

1148. L'Eglise Romaine et le premier empire, 1800-1814, avec notes et pièces justificatives, par M. le comte d'Haussonville. *Paris*, *Michel Lévy*, 1869, 5 vol. in-8, dem.-rel. v. bl., tr. jasp.

1149. Histoire de l'Eglise de France pendant la Révolution, par M. l'abbé Jager. *Paris*, *Didot*, 1852, 3 in-8, veau plein bl., tr. jasp.

1150. Mémoires historiques sur les affaires ecclésiastiques de France pendant le commencement du XIXe siècle (par Jauffret). *Paris*, *Adrien Le Clère*, 1823, 3 in-8, v. plein, tr. jasp.

1151. Histoire de l'Eglise gallicane, par les PP. Longueval, Brumoy, Berthier, etc. *Paris*, *Bibl. cathol.*, 1825-28, 26 vol. in-12, bas. rac., tr. marb.

1152. Histoire générale des missions catholiques depuis le XIIIe siècle jusqu'à nos jours, par M. le baron Henrion. *Paris*, *Gaume*, 1847, 2 parties en 4 vol. gr. in-8, dem.-rel., tr. jasp.

Bel ouvrage qui renferme une quantité considérable de *belles gravures sur acier.*

1153. Les Missions catholiques, bulletin hebdomadaire de l'œuvre de la propagation de la foi. *Paris*, *Challamel*, 1868-77, 9 tomes en 8 vol. gr. in-4, à 2 col., dem.-rel. veau gris, tr. jasp. (*Fig. sur bois.*)

1154. Les Missions chrétiennes, par Marshall. Traduit de l'angl. par de Waziers. *Paris*, *Bray*, 1865, 2 in-8, dem. v. bl., tr. jasp.

1155. Annales de la propagation de la foi. Recueil périodique des missionnaires des deux mondes, etc. *A Lyon*, 1822-1877, 51 vol. in-8, dem. v. f., tr. marb.

Avec les deux volumes de *Table de 1822 à 1874.*

1156. Histoire de l'établissement et du progrès du premier monastère des religieuses Annonciades célestes de la ville de Lyon, par Mme Gabr. de Gadagne. *A Lyon, chez la veuve de Cl. Chavance*, 1699, in-4, v. f., fil., dent., tr. dor. (*Kœlher.*)

Très bel exemplaire de ce LIVRE RARE.

1157. Relation de deux missions de Dijon en 1737 et 1824 (par Gabr. Peignot.) *Dijon*, *Lagier*, 1824, in-12, dem.-rel.

1158. Œuvre des écoles d'Orient. *Paris*, *Belin*, *de 1857 à 1876*, en 6 vol. in-8, dem.-rel. v. f. (*Avec tables et comptes rendus.*)

1159. Lettres édifiantes et curieuses de la nouvelle mission du Maduré, éditées par le P. Bertrand. *Paris*, *Pélagaud*, *s. d.*, 2 in-8, dem. v., tr. jasp.

1160. Nouvelles lettres édifiantes des missions de la Chine et des Indes Orientales. *Paris*, *Ad. Le Clère*, 1818, 8 vol. in-12, bas., tr. marb.

1161. Histoire orientale des grands progrès de l'Eglise cathol. en la réduction des anciens chrestiens, etc., *composée en portugais*, par le R. P. Govea et tournée en françoys par J.-B. de Glen. *A Bruxelles*, *par Rutger Velpius*, 1609, in-8, dem.-rel.

1162. La mission du Maduré d'après des documents inédits, par le P. Bertrand. *Paris*, *Poussielgue*, 1847, 4 in-8, v. rac., tr. jasp. (*Cartes.*)

1163. Le Christianisme en Chine, en Tartarie et au Thibet, par M. Huc. *Paris*, *Gaume*, 1857, 4 vol. in-8, dem. v. vert.

1164. Histoire du christianisme au Japon, par le P. de Charlevoix. *Paris*, *Rusand*, 1828, 2 in-8, dem.-rel. v. f.

1165. Histoire de l'expédition chrestienne en la Chine, entreprise par les pères de la Compagnie de Jésus, tirée des commentaires du P. Mathieu Riccius par le P. Nic. Trigault. *A Paris*, *chez Pierre Le-Mur*, 1618, in-8, dem.-rel. mar. lev. viol., tr. marb. (*Fig.*)

Bel exemplaire.

1166. La Chine et le Japon, mission du comte d'Elgin, racontée par L. Oléphant, avec une introduction de Guizot. *Paris*, *Lévy*, 1860, 2 in-8, dem. v. bl., tr. jasp.

1167. Histoire de l'Eglise de Corée, avec carte et planches, par Dallet. *Paris*, *Palmé*, 1874, 2 in-8, dem. v. rose, tr. jasp. (*Fig.*)

1168. Madagascar et ses évêques, par Mgr Maupoint. *Paris*, *Dillet*, 1864, 2 vol. — Mission du Canada. Relations inédites avec cartes. *Paris, Douniol*, 1861, 2 vol. En tout 4 vol. in-12, dem.-rel.

1169. Estat présent de l'Eglise et de la colonie française dans la Nouvelle-France, par M. l'Evêque de Québec. *A Paris, chez Rob. Pepie*, 1688, in-8, mar. r., dos orné, filets, tr. marb. (*Rel. anc.*)

Très bel exemplaire *aux armes de France*. Double de la Bibliothèque Royale.

1170. Histoire de la mission des pères capucins en l'isle de Maragnan, où est traicté des mœurs merveilleuses des Indiens, etc., par le R. P. Claude d'Abbeville. *A Paris, de l'impr. de Fr. Huby*, 1614, in 8, frontisp. gravé et fig., dem.-rel. v. f. (*Incomplet des pages 330 à 335.*)

TRÈS RARE.

1171. Relation des insignes progrez de la Religion chrestienne faits au Paraquai, province de l'Amérique méridionale..., envoyée au R. P. Mutio, par le R. P. Nicolas Duran et trad. en franç. *A Paris, chez Sébast. Cramoisy*, 1638, in-8, v. f., tr. r. (*Rel. neuve.*)

TRÈS RARE.

1172. Lettres envoyées des Indes Orientales, contenant la conversion de cinquante mille personnes à la religion chrestienne, ès Isles de Solor et de Ende. Trad. par Léon. de La Ville, Charolais, maistre d'escole. *A Lyon, par Benoist Rigaud*, 1571, avec permission, in-8 de 8 ff. non chiffrés, cart. à la bradel.

RARISSIME.

1173. Notitia episcopatuum orbis Christiani. Aubertus Miræus publicabat. *Antuerpiæ, ex officina Plantiniana*, 1613, in-8°, vél. bl.

1174. Histoire populaire des Papes, par Chantrel. *Paris*, *Dillet*, 1862, 24 tomes en 12 vol. in-12, bas., tr. marb.

1175. Histoire de souverains Pontifes romains, par M. le chev. Artaud de Montor. *Paris*, *Firmin Didot*, 1847, 8 vol.in-8, rel. pl. en bas. rac., dent., tr. jasp.

On y a joint du même auteur et dans la même reliure : Histoire du pape Pie VIII, 1844, 1 vol. — La papauté et les émeutes romaines, 1849, 1 vol.

1176. Histoire de la papauté pendant les XIVe et XVe siècles, avec des pièces justificatives, par l'abbé Christophe. *Paris*, *Maison*, 1853-63, 5 vol. in-8, dem. v. f.

On y a joint : Histoire de la papauté pendant les XVIe et XVIIe siècles, par Ranke, trad. par Haiber. *Paris*, *Sagnier*, 1848, 8 in-8, même reliure.

1177. Histoire des Etats du Pape, par John Miley. Trad. de l'angl. par Ouin-Lacroix. *Paris*, *Gaume*, 1851, in-8, dem. v. bl. — La France et le Pape, par l'abbé Villecourt. *Paris*, 1849, in-8, bas. pleine, dent., tr. marb.

1178. Histoire du pape Léon XII, par M. Artaud de Montor. *Paris*, *Adr. Le Clère*, 1843, 2 in-8, dem. mar. lav.

1179. Les actes pontificaux cités dans l'encyclique et le syllabus du 8 décembre 1864. *Paris, Poussielgue*, 1865, gr. in-8. — Encyclique et documents, par M. l'abbé Raulx. *Paris*, *Lagny*, 1865, 2 vol. En tout 3 vol. in-8, dem. v. bl.

1180. Du pape et du concile ou doctrine de Liguori sur ce double sujet, par le P. Jacques. *Paris, Laroche*, 1869. — De l'influence sociale des conciles, par Albert Duboys. *Paris, Albanel*, 1869. — De la monarchie pontificale, par Dom Guéranger. *Paris, Palmé*, 1870. En tout 3 vol. in-8, dem. v. bl.

4° Ordres religieux (Bénédictins. — Franciscains. — Jésuites, etc.)

1181. Essai de l'histoire monastique d'Orient (par Bulteau). *Paris, Billaine*, 1680, in-8, v. br.

1182. **Histoire des ordres monastiques** religieux et militaires, et des Congrégations séculières de l'un et de l'autre sexe (par le P. Hélyot). *A Paris, chez Coignard*, 1714-19, 8 vol. in-4, v. br. (*Fig.*)

Ouvrage très recherché et dont les exemplaires bien conservés, dit Brunet, sont rares et chers. Celui-ci est très beau et les épreuves des figures excellentes.

1183. Histoire des chevaliers Hospitaliers de Saint-Jean de Jérusalem, appelés aujourd'hui chevaliers de Malte, par E. de Montaignac. *Paris, Aubry*, 1863, pet. in-8, dem.-rel., v. f., tête dor., ébarb. (*Fig. sur chine.*)

1184. Dictionnaire des ordres religieux et des congrégations séculières de l'un et de l'autre sexe, contenant leur origine, leurs progrès, leur histoire, etc., avec des figures représentant leurs divers habillements, par le R. P. Hélyot. Rangé par ordre alphabétique et publié par l'abbé Migne. *Paris, Migne*, 1860, 4 vol. gr. in-8, rel. pl. en bas., estamp., tr. marbr. (*Nombr. figures.*)

De la collection Migne.

1185. Histoire du clergé séculier et régulier, des congrégations de chanoines et de clercs et des ordres religieux de l'un et de l'autre sexe... avec des figures qui représentent les divers habillements de ces ordres. Tirée des PP. Bonanni, Hélyot, etc. *A Amsterdam, chez Brunel*, 1716, 4 vol. in-12, v. br., tr. marb. (*Front. et fig. de B. Picard*).

Très bel exemplaire *aux armes, dans le dos et sur les plats, de la* Comtesse de Verrue.

1186. Le nombre des ecclésiastiques de France, celuy des Religieux et des Religieuses, le temps de leur établissement, ce dont ils subsistent et à quoy ils servent. *S. l. n. d.* (*milieu du* XVIIIe *siècle*), in-12 de 52 pages, dem. rel., v. f.

Curieux volume qui doit être fort rare.

1187. **Regula beatissimi patris Benedicti** e latino in gallicum sermonem. Cy finist la reigle monseigneur sainct Benoist, nouvellement translatée de latin en francoys par scientifique homme dam Guy Iuvénal. *Imprimée à Paris, par Geoffroy de Marnef, le 28e jour de mars mil cinq cens et ung.* Très petit in-8 carré, gothique de 100 ff. chiffrés, v. br.

TRÈS RARE.

1188. Bibliotheca Cluniacensis, in qua S. S. Patrum vitæ, miracula, scripta... item catologus abbatiarum... omnia collegerunt Martinus Marrier et Andreas Quercetanus. *Lutetiæ-Parisiorum, sumptibus Sebast. Cramoisy*, 1614, in-fol., rel. en peau de truie estampée, tr. r. (*Beau frontispice gravé de L. Gaultier.*)

Très bel exemplaire de ce LIVRE RARE.

1189. Histoire de l'abbaye royale de Saint-Denys en France, contenant la vie des abbez, les priviléges, les titres, etc., par Dom Michel Félibien. *A Paris, chez Léonard*, 1706, in-fol., v. br. (*Carte, plans et figures.*)

Excellent ouvrage fort recherché.

1190. Histoire de l'abbaye royale de Saint Germain des Prez, contenant la vie des abbez, les priviléges, titres, etc.. par Dom Jacq. Bouillart. *A Paris, chez Dupuis*, 1724, in-fol., v. br. (*Cartes, plans et figures.*)

Excellent ouvrage très recherché.

1191. Histoire du massacre de plusieurs religieux de S. Dominique, de S. François et de la Comp. de Jésus, advenu en la rebellion de quelques Indois de l'Occident, etc., par le P. Nic. Trigault. *A Valencienne, de l'impr. de Veruliet*, 1620, in-8, vel. bl.

TRÈS RARE. — *A la fin :* Petit discours écrit par Élie Trigault, contenant plusieurs belles particularités de son voyage aux Indes Orientales. *A Valencienne, chez Veruliet*, 1620, 44 pages.

1192. Histoire des hommes illustres de l'ordre de Saint-Dominique, etc., par le P. Touron. *A Paris, chez Babuty*. 1743-49, 6 vol. in-4, dem.-rel.. tr. jasp.

Très bel exemplaire

1193. **Liber conformitatum.** Franscisce sequens dogmata superni creatoris tibi impressa stigmata sunt christi salvatoris (authore Fr. Bartholomæo degli Albizzi). *Impressum Mediolani per Gotardum Ponticum. Anno...* M. CCCCC. X. *Die* XVIII. *Mensis septembris.* In.-fol. à 2 col., lettres rondes, velin blanc. (*Reliure du temps.*)

RARISSIME ÉDITION ORIGINALE d'un livre que, dit Brunet, les absurdités qu'il contient ont rendu célèbre. — Il se compose de 4 ff. prél., dont 1 titre avec un encadrement renaissance au recto et l'arbre des conformités au verso, la table des matières, un discours et un avis de Franc. Zeno, l'éditeur, et CCLVI. ff. de texte.

1194. Chorographica descriptio, provinciarum et conventuum S. Francisci capucinorum olim quorumdam fratrum labore delineata et impressa jussu Joan. a Montecalerio. *Mediolani, Durellus*, 1712, gr. in-8 oblong, parchemin. (*Fermoirs.*)

Recueil curieux de 62 cartes et d'autant de descriptions.

1195. Chronique des abbés de Saint-Ouen de Rouen, publiée par Francisque Michel. *Rouen, Frère*, 1840, in-4, pap. vergé, dem.-rel. v. f., non rogné. (*Fig.*)

Tiré à 200 exemplaires.

Ouvrages sur les Jésuites.

1196. Histoire religieuse, politique et littéraire de la Compagnie de Jésus, par Crétineau Joly. Ornée de portraits et de fac-simile. *Paris, Mellier*, 1844-46, 6 vol. in-8, dem. v. gris. (*Fig.*)

1196. Histoire critique et générale de la suppression des jésuites au XVIIIe siècle, par Collombet. *Lyon, Périsse*, 1846, 2 in-8, dem. v. f.

1198. Comptes rendus aux divers Parlements des imputations dont on a chargé les Jésuites (par l'abbé Dazès). *Paris, Libraires associés*, 1765, 2 vol. — Apologie générale de la doctrine des Jésuites (par Cérutti). *Soleure, Schœrer*, 1763, 1 vol. En tout, 3 in-8, v. br.

1199. Mémoires d'une Société célèbre considérée comme corps littéraire ou Mémoires des Jésuites sur les sciences, etc., publiés par l'abbé Grosier. *Paris, Defer Maisonneuve*, 1792, 3 in-8, dem. v. f.

1200. Documents inédits sur les Jésuites, publiés par le P. Carayon. *Paris, l'Ecureux*, 1864-69, 8 vol. in-8, dem.-rel. v. tr. jasp.

Histoire des Jésuites de Paris, de 1624 à 1626, par le P. Garasse.— Banissement des Jésuites de la Louisiane. — Cinq jésuites massacrés au Mont-Liban en 1860. — Les prisons du marquis de Pombal. — Lettres du pére Delvaux sur le rétablissement des Jésuites en Portugal. — Mémoires du président d'Eguilles sur les Jésuites. — Charles III et les Jésuites. - Missions des Jésuites en Russie.

1201. Bibliotheca scriptorum Societatis Iesu, post excusum anno 1608 catalogum R. P. Ribadeneiræ. Nunc ad annum 1642 concinnata a Ph. Alegambe. *Antverpiæ, apud Meursium*, 1643, in-fol., v. br.

1202. Bibliothèque des écrivains de la Compagnie de Jésus, par Aug. et Alois de Backer. *Liège, Grandmont-Donders*, 1853-61, 7 vol. gr. in-8, rel. pleine en veau souris jasp., dent., tr. jasp.

1203. Regulæ Societatis Iesu. A la sphère. *Juxta exemplar impressum Lugduni, ex typogr. Iacobi Roussin*, 1606, in-12, v. br.

Édition elzévirienne de la plus grande rareté. Hauteur 131mm.

1204. Histoire de saint Ignace de Loyola et de la Compagnie de Jésus, par le R. P. Bartoli. *Paris, Vaton*, 1844, 2 in-8, dem. mar. viol. (*Port.*)

1205. Histoire de saint Ignace de Loyola, par Daurignac. *Paris, Bray*, 1859, 2 vol. (*Port.*) — Histoire de saint François Xavier, par le même. *Paris, Bray*, 1857, 2 vol. (*Port.*) En tout 4 in-12, rel. pl. en veau viol., fil., tr. jasp.

1206. Epistolæ sancti Ignatii Loyolæ, Societatis Jesu fondatoris. *Bononiæ, typ. Gasp. de Franciscis*, 1804, in-4, dem.-rel., v. f., tr. r. (*Port.*)

1207. Petit recueil d'aucuns hommes illustres et des plus signalés martyrs de la Comp. de Jésus, à l'occasion de leurs pourtraicts qui ont esté exposés à Douay lors de la canonization de saint Ignace, fondateur d'icelle et de S. François Xavier, son compagnon. *A Douay, chez Laur. Kellam*, 1622. 2 parties en 1 vol. in-8, v. bl.

Bel exemplaire de ce LIVRE RARE.

1208. Tableaux des personnages signalés de la Compagnie de Jésus exposés en la solemnité de la canonisation des SS. PP. Ignace et François Xavier (par P. d'Outreman.) *A Douay, chez Balth. Bell*, 1623, in-8, v. bl. (*Titre gravé.*)

5° Hagiographes généraux et vies particulières.

1209. **Incipit historia Lombardica**, seu aurea legenda, vel vitæ sanctorum per Jacobum de Voragine. Pet. in-8 gothique à 2 colonnes, de plus de 300 feuillets, rel. en peau blanche.

PRÉCIEUX MANUSCRIT SUR PEAU DE VÉLIN, DU XVe SIÈCLE. A la fin un supplément qui renferme en *écriture plus moderne* la *Vie de saint Arbogasth, évêque de Strasbourg*. Livre célèbre qui a eu une quantité d'éditions imprimées.

1210. Menologium magnum Seraphici P. Francisci ab Assisio, authore P. Fortunato Hubero. *Monachii, typis Straubii*, 1698, in-fol., rel. en bois recouverte de peau de truie estampée.

VOLUME RARE. — Curieux calendrier de la vie des saints dans lequel on rencontre un certain nombre de notices sur le *Mexique* et l'*Amérique du Nord*. Frontispice gravé et figure sur cuivre en tête de chaque mois.

1211. Fleurs de la vie des saints, et des festes de toute l'année, composées en espagnol, par le R. P. Ribadeneira, et trad. en franç. par René Gauthier, etc. *Paris, Coignard*, 1687, 2 in-fol., v. br. (*Front. grav.*)

Ouvrage recherché parce qu'il contient presque toutes les légendes du moyen âge.

1212. Esprit des saints illustres, avec notices biographiques, par l'abbé Grimes. *Lyon, Guyot*, 1847, 6 vol. in-12, dem.-rel. v. viol.

1213. Dictionnaire hagiographique ou vie des saints et des bienheureux, etc., par l'abbé Pétin. *Paris, Migne*, 1850, 2 vol. gr. in-8, dem.-rel., v. f.

1214. Vies des pères, martyrs et principaux saints. Trad. de l'anglais de Butler et revu par de Ram. *Bruxelles*, *Goemaere*, 1854. 7 vol. gr. in-8, dem. marb. viol., tr. jasp.

Très bel exemplaire.

1215. Vies des saints et fêtes de toute l'année, par le R. P. Ribadénéira. Trad. franç. de l'abbé Darras. *Paris*, *Vivès*, 1855, 12 vol. in-8, rel. pleine en veau viol.. fil., tr. jasp.

1216. **La vie des saints illustrée** en chromolithographie, d'après les anciens manuscrits, publiée par Kellerhoven. Texte par H. de Riancey. *Paris*, *Kellerhoven*, 1866, gr. in-4, pap. vélin, texte encadré, dem. mar., r. avec coins, tête dor., ébarb.

Superbe exemplaire de PREMIER TIRAGE.

1217. Vitæ patrum. De vita et verbis seniorum libri X. Historiam eremiticam complectentes : opera et studio H. Rosweydi. *Antverpiæ, ex officina Plantiniana*, 1615, in-fol., dem.-rel. (*Front. grav.*)

EXCELLENTE ÉDITION. C'est le P. Rosweyde qui le premier conçut le projet de l'immense compilation des Bollandistes, connue sous le nom d'*Acta sanctorum*.

1218. Sacrées reliques du désert, composées des vies de plusieurs saints solitaires peu connus, découverts par le R. P. Simon Martin. *Paris*, *Iosse*, 1655, in-fol., vél. bl.

1219. Vies et miracles des saints pères hermites d'Egypte, de Scythie, de Thébaïde et d'autres lieux, trad. et recueillies par saint Hiérosme et mises en françois par René Gauthier. *Paris*, *Oliv. de Varennes*, 1668, in-8. (*Frontisp. gravé doublé et fig. sur cuivre.*)

1220. Vies des pères des déserts d'Orient. par le R. P. Michel-Ange Marin. *Paris*, *Méquignon*, 1824, 9 in-8, bas. pleine, fil., tr. marb.

1221. Vies des saints du diocèse de Paris, par M. l'abbé Hunkler. *Paris*, *Poilleux*, 1853. 1 vol. — Vies des saints du diocèse de Lyon, par Collombet. *Paris*, *Poussielgue*, 1835. En tout 2 vol. in-8, bas. pl., fil., tr. marbr.

1222. Les vies des saints de Bretagne et des personnes d'une éminente piété qui ont vécu dans cette province, par Dom Lobineau. *Paris*, *Méquignon*, 1836, 5 in-8. — L'Eglise de Bretagne, d'après Dom Morice de Beaubois, par l'abbé Tresvaux. *Paris*, *Méquignon*, 1839. En tout 6 vol. in-8, bas. pleine, fil., tr, marb.

1223. Les vies des sainls de la Bretagne-Armorique, par Albert le Grand. *Paris*, *Pesron*, 1837, in-4 à deux colonnes, dem.-rel., v. f.

1224. Vie des saints de Franche-Comté, par les professeurs du collège de Besançon. *Besançon*, *Tubergue*, 1854, 4 vol. in-8, dem.-rel.

1225. Saints et grands hommes du catholicisme en Belgique, par le P. Smet. Trad. par Speelman. *Paris*, *Casterman*, 1857, 3 in-8, dem.-rel. bl.

1226. Caractéristiques des saints dans l'art populaire, expliquées par le P. Cahier. *Paris, Poussielgue*, 1867, 2 vol. gr. in-4, dem. mar. bl., tête dor., ébarb. (*Fig. sur bois.*)

Très bel exemplaire de ce savant ouvrage.

1227 **Vie et légende de sainte Marguerite.** Petit in-4 goth. de 17 ff. non sign., sans titre, de 23 lignes à la page, fig. sur bois, cart. à la bradel, tranches ébarbées.

RARISSIME LÉGENDE de sainte Marguerite en vers de 8 syllabes, ornée de 7 figures sur bois de la plus naïve exécution. *Édition de la fin du XVe siècle, attribuée aux presses lyonnaises.* (Manque le 5e feuillet.)

1228. **Vita sancti Ambrosii.** Mediolanensis episcopi, secundum Paulinum episcopum Nolanum ad beatum Augustinum episcopum. *S. l. n. d.* in-4. sign. A.-L. par 8, et M. par 4. — Incipit liber sancti Ambrosii de obitu fratris sui Satyri sancti : una cum libello de resurrextione et cruce domini et de bono mortis. *Mt'i. impressum per magistrum Vldericum Seinzenzeler, anno domini* M.CCCC LXXXVIII. Pet. in-4, caract. ronds, sign. A.-F. par 8, vélin blanc. (*Petites piqûres de vers.*)

TRÈS RARE.

1229. **Hanc legendam beatissime virginis Katherine** noviter ex quam pluribus recollectam fideliter cum uno parvo sermone fecit reverendissimus pater Raimundus de Aquitania. (*Basileæ*). *Impressa per Jacobum de Pfortzen, anno millesimo quengentesimo quarto (1504.)* Pet. in-4 goth. de 20 ff. non chiffrés, dem.-rel., vel. bl.

Curieuse et rare légende.

1230. Vie miraculeuse de la séraphique et dévote sainte Catherine de Sienne... Trad. de l'italien en françois par le R. P. Iean Blancone, Tholozain. *A Paris, chez Regnauld Chaudière*, 1604, in-12, vel. bl. (*Front. gravé par Léonard Gaultier.*)

VOLUME RARE. Titre doublé et quelques piqûres de vers dans la marge du bas.

1231. Histoire de sainte Catherine de Sienne, par Em. Chavin de Malan. *Paris, Sagnier*, 1846, 2 in-8. dem.-rel. (*Port.*)

1232 Dialogue de sainte Catherine de Sienne. *Paris, Poussielgue*, 1855, 2 vol. — Recueil des écrits de Marie Eustelle. *Lyon*, 1848, 2 vol — Histoire de Marie-Christine de Savoie, par l'abbé Postel. *Paris*, 1864. En tout 5 vol. in-12, dem.-rel.

1233. Miracles de madame sainte Katherine de Fierboys en Touraine (1375-1446), publiés par l'abbé Bourassé. *Tours, Mame*, 1858, in-8, mar. viol., fil., dent , ébarb.

Tiré à petit nombre sur *papier de Hollande.*

1234. Vie du bien-heureux Louys Gonzaga, de la comp. de Iesus, escrite en italien par le P. Cepari et trad. par le P. Ant. de Balinchem. *A Douay, de l'imp. de Iean Bogart*, 1608, in-8, mar. r., fil., dent., tête dor., tranches blanches.

Rare.

1235. **Histoire de la vie et des miracles de saincte Vaubourg**, vierge abbesse, par Jean Lespaignol. *A Reims, chez Simon de Foigny*, 1612, pet. in-8, v. br.

DE TOUTE RARETÉ. Ouvrage très recherché en Angleterre et dont une 2e édition a été donnée en 1614, à Douay, sous le titre de : *Histoire notable de la conversion des anglois...* Brunet cite la première, mais ne l'a jamais vue.

1236. Vie de Saincte Radegonde, iadis reine de France et fondatrice du monastère de Ste Croix de Poictiers. *A Poictiers, par Mesnier*, 1621, pet. in-12, vél. bl.

Très rare.

1237. **L'Austriche saincte** ou l'idée du vray prélat tirée de de la vie... de S. Maximilian, apostre et patron de l'Austriche, par le R. P. J. J. Courvoisier. *A Bruxelles, chez G. Schoevaerts*, 1638, in-4, v. br., tr. r. (*Frontisp. gravé.*)

Superbe exemplaire de ce LIVRE PRÉCIEUX.

1238. La vie de saint Augustin, evesque d'Hyppone, par M. Ant. Godeau. *A Paris, chez Pierre Le Petit*, 1657. in-4, veau écaille, dent., tr. r. (*Reliure neuve.*)

1239. Les caractères ou les peintures de la vie du bienheureux François de Sales, par le Sr Nic. de Hauteville. *A Lyon, chez Claude Prost*, 1661, in-12, frontisp. gravé, mar. vert., fil. à froid, dent., tr. dor. (*Duru.*)

Très bel exemplaire d'un LIVRE FORT RARE.

1240. La Vie de saint François de Sales, évêque et prince de Genève, par M. Hamond, curé de Saint-Sulpice. *Paris, Lecoffre*, 1856, 2 vol. in-8, dem. m. r. (*Port.*)

1241. La Vie de saint Jean Chrysostome, patriarche de Constantinople (par Hermant). *A Paris, chez Ch. Savreux*, 1664, in-4, réglé, mar. rouge, compartiments sur les plats, dos orné, dent. à l'int., tr. dor. (*Dusseuil.*)

Superbe exemplaire dans une belle reliure ancienne avec un port. d'après *J. B. Champaigne.*

1242. Vie de S. Basile le Grand et celle de S. Grégoire de Nazianze, par Godef. Hermant. *A Paris, chez Jean Du Puis*, 1674, 2 in-4, v. br. (*Portraits gravés, par Edelinck et vignettes de Le Pautre.*)

1243. La vie de saint Jean de Dieu, instituteur et patriarche de l'ordre de la Charité (par Gir. de Villethierry). *A Paris, chez Horthemels*, 1691, in-4, v. br. (*Port. gravé par Drevet.*) -- La vie de S. Thomas, archevêque de Canthorbery et martyr (par de Beaulieu). *A Paris, chez Pierre Le Petit*, 1674, in-4, v. br.

1244. Histoire de S. Grégoire le Grand, pape, par Dom Denis de Sainte-Marthe. *A Rouen, chez Behourt*, 1697, in-4, v. br. (*Port.*)

1245. Histoire de Grégoire VII et de son siècle. Trad. de Voigt, par l'abbé Jager. *Paris, Vaton*, 1854, 2 vol. — Saint Bernard et son siècle, par le P. Ratisbonne. *Paris, Poussielgue*, 1864, 2 vol. En tout 4 vol. in-12, bas. et dem.-rel.

1246. La Vie de saint Martin de Tours avec l'histoire de la fondation de son église (par l'abbé Gervaise.) *A Tours, chez Barthe et Duval*, 1699, in-4, dem. rel.

L'abbé Gervaise a été massacré en 1729 par les sauvages Caraïbes.

1247. Vie de monseigneur Saint Martin de Tours, par Péan Gatineau, poète du XIIIe siècle, publiée par l'abbé Bourasse. *Tours, Mame*, 1870, gr. in-8, dem. mar. viol. tête dor. ébarb.

Tiré à petit nombre *sur papier vergé.*

1248 La Vie de saint Norbert, archevêque de Magdebourg et fondateur de l'ordre des Prémontrez. *A Luxembourg, chez André Chevalier*, 1704, in-4. (*Vignettes.*) -- La Vie de S. Philippe Benizi, général de l'ordre des Servites, par Fr. Malaval. *A Marseille, chez Claude Garcin*, 1862, in-4. En tout 2 vol in-4, veau fauve, tr. r. (*Jolie reliure moderne, genre ancien.*)

1249. La vie de saint Cyprien, évêque de Carthage et martyr (par Dom Gervaise.) *Paris, Jacq. Estienne*, 1717, in-4, v. br. — La Vie du R. P. Charles Faure, abbé de Sainte-Geneviève (par le P. Chartounet.) *Paris, Anisson*, 1698, in-4, v. br.

1250. La Vie de saint Paulin, évêque de Nôle (par Dom Gervaise.) *Paris, Giffart*, 1743, in-4, v. br. — La Vie de S. Ambroise, archevêque de Milan, par M. God. Hermant. *Paris, Dezallier*, 1679, in-4, v. br. (*Port. grav. par Edelinck.*)

1251. Saint Paulin et son siècle, par le docteur Busé. Trad. de l'allem., par Dancoisne. *Paris, Casterman*, 1858. — Saint Cyrille, sa vie et ses œuvres, par l'abbé Delacroix. *Paris, Douniol*, 1865. En tout 2 in-8, dem. v. bl.

1252. Vie de Benoît-Joseph Labre. Trad. de l'ital. de l'abbé Marconi. *Paris, Berton*, 1785, in-12, bas., tr. r. — Histoire du bienheureux Jean, par l'abbé Boitel. *Paris, Vrayet*, 1859 (*Fig.*) -- Vie du bienheureux Alex. Sauli, par le cardinal Gerdil. *Paris, Douniol*, 1861. En tout 3 vol. in-12, bas. et dem.-rel.

1253. Le bienheureux Benoît-Joseph Labre, sa vie et ses miracles, par Desnoyers. *Lille, Lefort*, 1862, 2 vol. in-8, dem.-r. viol. (*Port. et fac-simile.*)

1254. Histoire de saint Augustin, par Poujoulat. *Paris, Vaton*, 1852, 2 vol. — Histoire de saint Pie V, par le comte de Falloux, *Paris, Bray*, 1858, 2 vol. En tout 4 in-12, dem.-r. bl.

1255. Histoire de saint Jérôme, sa vie et ses écrits, par Collombet. *Paris, Mellier*, 1844, 2 vol. in-8, dem.-rel. v. (*Port.*)

1256. Saint Thomas Becket, sa vie et ses lettres, par M. G. Darboy. *Paris, Bray*, 1858, 2 in-8, dem.-rel.

1257. Vie de S. Fr. de Paule, par de Bois-Aubry. *Paris*, 1854. — Histoire de S. Fr. de Geronimo, par le P. Bach. *Metz*, 1867. — Vie de S. Stan. Kostka, par le P. Pouget. *Paris, s. d.* (*Port.*) En tout 3 vol. in-12, dem.-rel.

1258. Vie de S. Vincent de Paul, par Louis Abelly. *Paris, Poussielgue*, 1854, 2 in-8, bas., tr. jasp.

1259. Saint Vincent de Paul, sa vie, son temps et ses œuvres, par l'abbé Maynard. *Paris, Bray*, 1860, 4 in-8, dem.-rel. v. f. (*Port.*)

1260. Monuments inédits de l'apostolat de sainte Marie-Madeleine en Provence, etc. (par l'abbé Faillon). *Paris, Migne*, 1848, 2 vol. gr. in-8, dem.-rel. (*Nombr. fig.*)

1261. Histoire de sainte Elisabeth de Hongrie, par le comte de Montalembert. *Paris, Sagnier*, 1854, gr. in-8, dem.-cuir de Russie, tr. dor. (*Figures.*)

1262. Histoire de sainte Monique, par l'abbé Bougaud. *Paris, Poussielgue*, 1867, in-8. (*Fig.*) — Histoire de sainte Paule, par l'abbé Lagrange. *Paris, Poussielgue*, 1868, in-8. (*Fig.*) En tout 2 vol. dem.-rel. v. bl.

1263. Vie de sainte Colette, par le P. Sellier. *Paris*, 1853, 2 vol. (*Port.*) — Vie et révélations de la sœur de la Nativité. *Paris*, 1821, 2 vol. (*Port.*) — Vie de Marie Alacoque. *Avignon*, 1830 (*Port.*) En tout 5 vol. dem.-rel.

1264. Œuvres de Jeanne Chézard de Matel. *Paris, Palmé*, 1870. — Sœur Eugénie, par Abel Gaveau. *Paris, Plon*, 1873. — Mémoires de Madame Elliott, sur la Révolution Française. *Paris, Lévy*, 1861. (*Port.*) — La vénérable Anna-Maria Taïgi, par Gabr. Bouffier. *Paris, Bray*, 1867. En tout 4 vol. in-12, bas.

1265. Vie et œuvres de Marie Lataste, religieuse du Sacré-Cœur. *Paris, Bray*, 1866, 3 in-12, bas., tr. jasp.

1266. Les Stigmatisées. Louise Lateau et Palma d'Oria, par le Dr Imbert-Gourbeyre. *Paris, Palmé*, 1873, 2 vol. — Louise Lateau, par le Dr Lefebvre. *Louvain*, 1870. — Etude sur les miracles, par l'abbé Postel. *Paris*, 1857. En tout 4 vol. in-12, bas., tr. jasp.

1267. Histoire très véritable de la cruelle mort soufferte par vénérable religieux, Frère Bernardin Deguisiany, lequel avait prêché la foy de J.-C., en la cité de Marque, en Barbarie, etc. *A Paris, chez la veuve de Nic. Roffet*, 1606, in-8, de 16 ff. chiffrés, cart. à la bradel.

Pièce rarissime.

1268. L'élévation des reliques du glorieux martyr S. Edmond, Roy d'Angleterre, et des S.S. Symphorien, Claude, Castor, etc., par Mgr Ch. de Montchal. *A Tolose, chez Iean Boude*, 1645, in-4, veau br. (*Fig.*)

1269. Les belles morts des fondateurs (et des fondatrices) des religions, par le R. P. Jean Hanart. *A Douay, chez Balth. Bellere*, 1672, in-4, v. f., dos orné, tr. r. (*Reliure neuve.*)

1270. Les véritables actes des martyrs, par le R. P. Ruinart. Trad. franç., par Drouet de Maupertuy. *Besançon, Petit*, 1818, 2 in-8, bas. pleine, tr. marb.

1271. Les martyrs de la foi pendant la Révolution Française, par M. l'abbé Guillon. *Paris, Mathiot*, 1821, 4 in-8, dem.-rel. tr. marb.

1272. Dictionnaire géographique, historique et archéologique des pèlerinages anciens et modernes et des lieux de dévotions célèbres de l'univers, par Louis de Sivry et Champagnac. *Paris, Migne*, 1850, 2 vol. gr. in-8, rel. pl. en bas. estamp., tr. marbr.

De la collection Migne.

1273. Notre-Dame de Lourdes, par H. Lasserre. Edition ornée de 12 belles gravures. *Paris, Palmé*, 1870, gr. in-8, texte encadré, dem. v. bl., tr. ébarb. (*Port. et fig.*)

6° Mythologie et hérésies.

1274. Bibliothèque d'Apollodore l'Athénien. Trad. nouv. avec le texte en regard, par Clavier. *Paris, Delance*, 1805, 2 in-8, dem.-r., v. f., tr. marb.

1275. Recherches historiques et critiques sur les mystères du paganisme, par M. le baron de Sainte-Croix. *Paris, de Bure*, 1817, 2 vol. in-8, rel. pl. en bas., fil., tr. marbr. (*Planches.*)

1276. Histoire de l'Arianisme, depuis sa naissance jusqu'à sa fin, par Louis Maimbourg. *Paris, Séb. Mabre-Cramoisy*, 1686, 2 in-4. — Histoire de l'Hérésie des Iconoclastes, par le même. *Paris*, 1686. — Histoire du Schisme des Grecs, du même. *Paris*, 1686. — Histoire du Grand Schisme d'Occident, du même. *Paris*, 1686. — Histoire du Luthéranisme. *Paris*, 1686. -- Histoire du Calvinisme. *Paris*, 1686. -- Histoire de la Ligue. *Paris*, 1686. En tout 8 vol. in-4, v. éc., fil., dent., tr. dor. (*Frontisp. gravés.*)

Très beaux exemplaires.

1277. Histoire de la vie et des doctrines de Martin Luther, par M. Audin. *Paris, Maison*, 1845, 3 vol. in-8, rel. pl. en bas. rac. dent., tr. dor. (*Port., cartes, gravures et fac-simile.*)

On y a joint du même auteur, même format, même reliure : Histoire de la vie et des doctrines de Calvin. *Paris, Maison*, 1850, 2 vol. (*Port.*) — Histoire de Léon X et de son siècle. *Paris, Maison*, 1850, 2 vol.

1278. Histoire des Anabaptistes, contenant leurs doctrines, leurs opinions, les troubles qu'ils ont causez, et enfin ce qui s'est passé de plus considérable à leur égard, depuis 1521 (par le P. Catrou). *Amsterdam, Desbordes*, 1700, in-12, v. f., fil., tr. r. (*Rel. moderne.*)

Volume rare avec de curieuses gravures sur cuivre. — On y a joint du même auteur et dans la même reliure : *Histoire des Trembleurs. S. l., 1733, in-12.*

1279. Le Fanatisme renouvelé ou histoire des sacrilèges, des incendies, des meurtres et autres attentats que les Calvinistes Révoltez ont commis dans les Sevenes, par le R. P. L'Ouvreleuil. *A Avignon, chez Chastanier*, 1704, 2 vol. in-12, cart. (*Front. gravé.*)

DE TOUTE RARETÉ.

1280. Histoire du Jansenisme, par le P. René Rapin. *Paris, Gaume*, 1861, in-8. -- La question religieuse de 1682 à 1848, par Pradier. *Paris, Sagnier*, 1849, in-8. --- Lettres sur les quatre articles. *Bruxelles*, 1818, in-8. En tout 3 vol. bas. pl., tr. marbr.

IV. — HISTOIRE ANCIENNE.

Origine des nations. — Histoire Grecque et Romaine.

1281. Dion. Petavii Aurelianensis rationarium temporum. *Veronæ, Pet.-Ant. Bernus*, 1741, in-f., vél. bl. (*Port.*)

1282. Méthode pour étudier l'histoire avec un catalogue des principaux historiens, par Lenglet Du Fresnoy. *Paris, Debure*, 1772, 15 vol. in-12, dont une table générale des matières, dem.-rel., v. f.

1283. Tableau de l'histoire moderne de Fréd. Schlegel. Trad. par Cherbuliez. *Paris, Renduel*, 1831, 2 in-8, dem. v. f.

1284. Cours des principaux fleuves et rivières de l'Europe, composé et imprimé par Louis XV. *A Paris, de l'impr. du cabinet de S. M.*, 1718, pet. in-4, v. br., tr. r.

1285. **Beati Pauli Horosii** in christiani nominis querulos libri septem. Finiunt feliciter. *Per Iohannum Schuszler florentissime urbis Auguste concivem impressi. Anno... M° qdringetesimo et septuagesimo pmo.* (*1471*) In-f.gothique,|sans chiffres, réclames, ni sign., de 130 ff. à 35 lignes par page, marocain vert, compart. à froid, fil., tr. dor. (*Thompson.*)

Première édition. *Magnifique exemplaire à toutes marges et de la plus parfaite conservation de ce beau volume.* Il commence par une table des matières en 7 ff. Le prologue occupe le 8e et le texte commence au 9e. La souscription est placée au verso du dernier feuillet. Nombreuses initiales en couleurs. Sur le premier feuillet une curieuse marque en bois, avec un blason et la date de 1509, qui paraît être une marque de bibliophile.

1286. Pauli Orosii adversus paganos historiarum libri septem... ad fidem mss., adjectis notis Fr. Fabricii et Lud. Lautii, recensuit et illustravit Sigeb. Havercampus. *Lugd.-Batav.*, 1764, in-4, dem.-rel.

Edition la meilleure que l'on ait de cet auteur. Elle est, dit Brunet, peu commune et très recherchée. Très bel exemplaire.

1287. Bibliothèque historique de Diodore de Sicile. Trad. de Ferd. Hœffer. *Paris, Delahays*, 1853, 4 in-12, v. éc., dent., tr. jasp.

On y a joint : Histoire générale de Polybe. Trad. par Bouchot. *Paris, Delahays*, 1847, 3 in-12 dem. v. f.

1288. Histoire d'Hérodote, trad. par Larcher. *Paris, Charpentier*, 1855, 2 in-12. — Histoire de la guerre du Péloponèse de Thucydide, trad. par Zevort. *Paris, Charpentier*, 1852, 2 vol. — Chefs-d'œuvre de Démosthène et d'Eschine. *Paris, Charpentier*, 1853, 1 vol. En tout 5 vol. in-12, dem. v. f.

1289. La Cyropédie ou histoire de Cyrus, trad. du grec de Xénophon, par Charpentier. *Paris, Didot*, 1749, 2 vol. — La retraite des Dix-Mille de Xénophon, trad. par M. Perrot d'Ablancourt. *Amsterdam*, 1758, 2 vol. En tout 4 vol. in-12, v. f., fil., dent., dos orné, tr. r. (*Derome*.)

1290. Examen critique des anciens historiens d'Alexandre-le-Grand (par le baron de Sainte-Croix). *Paris, Delance*, 1804, in-4, v. rac. (*Planches et fig.*)

1291. Histoire ancienne. 13 vol. — Histoire romaine, 16 vol. — Histoire des empereurs jusqu'à Constantin, par MM. Rollin et Crevier, 12 vol. *Paris*, 1739-88, 41 vol in-12, bas., tr. r. (*Port.*)

1292. Appian Alexandrin, historien grec, des guerres des Romains, trad. par Claude de Seyssel. *A Paris, chez Guill. Cavellat*, 1560, fort vol. in-8, dem.-rel. v. f., avec coins, tr. dor.

1293. Etats formés en Europe après la chute de l'Empire romain en Occident, par d'Anville. *A Paris, de l'impr. royale*, 1771, in-4, veau marb., tr. r.

1294. Histoire de Jules César (par Napoléon III). *Paris, Plon*, 1865, 2 vol. gr. in-8, dem.-rel. (*Avec le N° suivant.*)

1295. Atlas de 32 planches in-f. noires et coloriées pour les 2 premiers volumes parus (1865-66) de l'Histoire de Jules César, par l'empereur Napoléon III. In-fol., dem.-rel.

1296. Alesia. Etude sur la septième campagne de César en Gaule (par le duc d'Aumale). *Paris, Michel Lévy*, 1859. (*Cartes.*) — Alésia, réponse à un article de la Revue des Deux-Mondes, avec un appendice renfermant des notes de Napoléon Ier sur les commentaires de César. *Paris, Didier*, 1859, 2 ouvrages en 1 vol. in-8, dem. v. orange. (*Fac-simile.*)

On y a joint : L'Alésia de César, près de Novalaise en Savoie, par Fivel. *Chambéry, mai 1866*, in-8, dem.-rel. (*Cartes et figures.*)

1297. Histoire du bas-empire en commençant à Constantin-le-Grand, par Lebeau. *Paris, Saillant*, 1758-1811. — Table alphabétique, par Ravier, 1817, 2 vol. En tout 30 vol. in-12, bas. écaille, tr. marb.

1298. Valère Maxime. Trad. par René Binet. *Paris, Jansen, an IV*, 2 in-8, dem.-rel. v. vert.

1299. Œuvres complètes de Tacite, trad. de Ch. Louandre. *Paris, Charpentier*, 1853, 2 in-12, dem. v. souris.

1300. Œuvres de Tite-Live (Histoire romaine) avec la trad. de Nisard. *Paris, Dubochet*, 1850, 2 vol. gr. in-8, dem.-rel., tr. jasp.

1301. **Appiani Alexandrini Romanarum historiarum partes** (græc. et lat.) Tollius correxit et Henrici Stephani vitam adjecit. *Amstelodami, ex off. Jansonii*, 1670, 2 in-8, mar. bl., dos orné, large dent. sur les plats, tr. dor. (*Bozérian.*)

Superbe exemplaire de l'ÉDITION VARIORUM.

1302. Les antiquités romaines de Denys d'Halicarnasse. Trad. en fr., par Fr. Bellanger. *A Paris, chez Lottin*, 1723, 2 vol. in-4, v. br. (*Cartes.*)

La plus estimée de toutes les traductions de cet auteur.

1303. Ammien Marcellin, Jornandès, Frontin, Végèce et Modestus. Avec la trad. de Nisard. *Paris, Dubochet*, 1851, gr. in-8, dem.-rel. v., tr. jasp.

V. — HISTOIRE MODERNE.

I. — HISTOIRE DE FRANCE.

1° Géographie. — 2° Gaulois et Francs. — 3° de l'origine à François Ier.

1304. Cartes générales de toutes les provinces de France, royaumes et provinces de l'Europe, par le Sr Tassin. (*Paris*) *par privilège du Roy*, 1637, in-f. vélin blanc.

Atlas devenu rare qui se compose de 126 planches d'une remarquable exécution.

1305. Plans et profils de toutes les principales villes et lieux considérables de France. Ensemble les cartes, etc., par le sieur Tassin. *A Paris, chez Sébast. Cramoisy*, 1638, 2 tomes en 1 vol. in-4 oblong, maroquin rouge, larges dentelles sur les plats et à l'int., tranches dorées. (*Thompson.*)

SUPERBE EXEMPLAIRE.

1306. Dictionnaire géographique, historique et politique des Gaules et de la France, par M. l'abbé Expilly. *Paris, Desaint*, 1762, 6 vol. in-f., dem.-rel.

Superbe exemplaire. — Le 6e vol. est fort rare.

1307. Guide pittoresque du voyageur en France, orné de 740 vignettes et portraits, de 86 cartes de départ., et d'une grande carte routière. *Paris, Didot*, 1838, 6 vol. in-8, dem.-rel. v. rose. (*Fig., cartes, etc.*)

1308. **Histoire des villes de France** avec une introduction générale pour chaque province, par Arist. Guilbert. *Paris, Furne*, 1845, 6 vol. gr. in-8, mar. vert plein, compart. sur les plats, tr. jasp.

Magnifique exemplaire renfermant en PREMIER TIRAGE une quantité considérable de planches sur acier et de chromolithographies.

1309. Géographie synoptique de la France et de ses colonies, ornée d'une grande carte de France, par Guerard. *Chalons-sur-Marne, Martin*, 1857, in-4, dem. mar. viol.

1310 Dictionnaire géographique, historique et commercial de toutes les communes de la France, par Girault de Saint-Fargeau. *Paris*, *Didot*, 1844, 3 vol. in-4., dem. mar. viol.

Illustré de 100 grav., de costumes coloriés, plans et armes de villes, etc.

1311. Nouveau dictionnaire complet des communes de la France, de de l'Algérie et des colonies françaises, par Gindre de Mancy, *Paris, Garnier*, *s. d.*, gr. in-8, dem. v. bl., tr. j.

1312. Voyage dans une partie de la France, par M. le comte Orloff. *Paris, Bossange*, 1824, 3 in-8, dem.-rel.

1313. Atlas de 11 cartes coloriées pour l'intelligence de l'histoire France et des Croisades, par Bruée. *Paris*, *Desray*, 1820, gr. in-f., dem.-rel.

1314. Atlas pour servir à l'histoire militaire de la France pendant les temps modernes, par Gust. Hubault. *Paris*, *Belin*, 1859, in-f. cart. bradel, dos en toile.

18 cartes très bien gravées.

1315. Lot de 11 grandes cartes intéressant la France et quelques-uns de ses départements, collées sur toile, pliées et en étuis de format in-8.

Frankreich, Glogau, 1870. — France, par Walkenaer, 1851. — France, par Monin, 1850. — La France à 3 époques. — Assemblage de la carte de France *(État major)*. — Départements annexés. — Théâtre de la guerre. — Savoie. — Bretagne. — Carte de Normandie, par Clermont, 1780. — Belley *(État major)*.

1316. Atlas chronologique des chemins de fer de France, dressé par Chatelain. *Paris*, *Lemercier*, 1855-58, in-f., dem.-rel. (*9 belles cartes en couleurs.*)

1317. Atlas historique et statistique des chemins de fer français, par Ad. Joanne, contenant 8 cartes sur acier. *Paris*, *Hachette*, 1859, cart. en toile rouge.

1318. Précis historique et statistique des voies navigables de la France et d'une partie de la Belgique, avec une carte commerciale, par Grangez. *Paris*, *Chaix*, 1855, gr. in-8, dem.-rel., v. gris.

1319. Histoire de France depuis l'établissement de la monarchie françoise dans les Gaules, par le P. Daniel. *Paris*, *libraires associés*, 1755-57, 17 vol. in-4, v. f. fil., tr. r. (*Fig.*)

Superbe exemplaire orné de cartes, plans et vignettes représentant les monnaies et médailles de chaque règne.

1320. Histoire de France depuis les Gaulois jusqu'aux temps présents, par M. Laurentie. *Paris*, *Lagny*, 1839-55, 10 vol. in-8, rel. en bas. rac., dent., tr. marbr.

1321. Histoire des Français depuis les Gaulois jusqu'en 1830, par Théoph. Lavallée. *Paris*, *Hetzel*, 1845, 2 vol. gr. in-8, dem. mar. bl., tr. jasp.

Très bel exemplaire avec les 80 figures sur acier en *premier tirage*.

1322. Histoire des Français des divers états ou Histoire de France aux cinq derniers siècles, par Monteil. *Paris*, *Lecou*, 1853, 5 vol. in-18, dem.-rel. v. viol.

1323. Histoire de France, par Emile Keller. *Paris*, *Douniol*, 1859, 2 vol. — Histoire ancienne, romaine, du moyen âge et moderne, par Lefranc. 6 vol. in-12, dem.-rel.

1324. Histoire de France depuis les origines jusqu'à nos jours, par Dareste. *Paris*, *Plon*, 1865-68, tomes 1 à 6 incl., dem.-rel., v. f.

Excellent ouvrage couronné par l'Académie française.

1325. Histoire de France pendant le dix-huitième siècle, par Lacretelle. *Paris*, *Delaunay*, 1812-25, 12 vol. in-8, rel. pl. en bas. rac.

1326. Histoire de France depuis 1814 jusqu'aux temps présents, par M. Poujoulat. *Paris*, *Poussielgue*, 1865, 4 vol. in-8, dem. v. bl, tr. jasp.

1327. Abrégé chronologique de l'histoire de France depuis Clovis jusqu'à la mort de Louis XIV, par le président Hénault, continué jusqu'en 1830, par Michaud. *Paris*, *Proux*, 1842, gr. in-8 à deux col., dem.-rel.

1328. Œuvres de C. Sollius Apollinaris Sidonius, trad. en franç., par Grégoire et Collombet. *Lyon*, *Rusand*, 1836, 3 in-8, bas, pl., dent., tr. marb.

1329. Histoire des Gaulois depuis les temps les plus reculés jusqu'à l'entière soumission de la Gaule à la domination romaine, par Amédée Thierry. *Paris*, *Didier*, 1857, 2 in-8, dem. v. bleu.

On y a joint du même auteur, même format et même reliure : Histoire d'Attila et de ses successeurs. *Paris*, *Didier*, 1856, 2 vol.

1330. Histoire critique de l'établissement de la monarchie française dans les Gaules, par l'abbé Dubos. *Paris*, *Didot*, 1742, 4 vol. in-12, v. br. (*Cartes.*)

1331. Remarques sur la carte de l'ancienne Gaule, tirée des commentaires de César, par Sanson d'Abbeville. *Paris*, *Courbé*, 1649, in-4, v. bl.

Rare. Très bel exemplaire.

1332. Notice de l'ancienne Gaule, tirée des monuments romains, par M. d'Anville. *A Paris*, *chez Desaint et Saillant*, 1760, in-4, v. br., dos orné, fil., dent., tr. marb. (*Carte.*)

1333. Œuvres complètes d'Eginhard, réunies pour la première fois et traduites en français par Teulet. *Paris*, *Renouard*, 1840-43, 2 in-8, dem. v. bl.

Publiées par la *Société de l'Histoire de France.*

1334. Sancti Georgii Florentii Gregorii episcopi Turonensis opera omnia, cum suis continuatoribus. Collata studio Theod. Ruinart. *Lutetiæ-Parisiorum*, *excud. Franc. Muguet*, 1699, in-fol., v. br.

Très bel exemplaire d'une des meilleures éditions de *Grégoire de Tours.*

1335. Histoire ecclésiastique des Francs, par Grégoire de Tours, revue et traduite par MM. Guadet et Taranne. *Paris, Renouard*, 1836-38, 4 vol. in-8, dem. mar. bl., ébarb.

Publiée par la *Société de l'Histoire de France* et devenue rare. — *On y a joint :* Livres des miracles et autres opuscules de Grégoire de Tours. Trad. par Bordier (Tome Ier). *Paris, Renouard,* 1857, même collection et même reliure.

1336. Histoire et chronique mémorable de messire Iehan Froissart. Reveu et corrigé par Denis Sauvage de Fontenailles. *A Paris, chez Michel Sonnius*, 1574, 4 tomes en 2 vol. in-fol., v. br.

Très bel exemplaire d'une édition fort estimée.

1337. Chronique d'Enguerran de Monstrelet, de l'an 1400 en l'an 1467. *A Paris, chez Marc Orry*, 1603, 3 tomes en 1 fort vol. in-fol., v. br. (*Ecusson doré sur les plats.*)

1338. **Gesta Dei per Francos**, sive orientalium expeditionum et regni Francorum hierosolimitani scriptores varii (auth. Bongarsius.) *Hanoviæ, typis Wechelianis*, 1611, 2 tomes en 1 vol. in-fol. de 1207 pages, vél. bl. (*Rel. anc.*)

SUPERBE EXEMPLAIRE *de cet important recueil*, fort recherché surtout avec la *seconde partie* qui manque presque toujours et qui est ici reliée à la suite : *Liber secretorum fidelium crucis super terræ sanctæ recuperatione* (*Marinus Sanutus, author*). *Hanoviæ, 1611, in-f° de 361 pp.* (*Cartes et fig.*)

1339. Invasions des Sarrazins en France, Savoie, Piémont et Suisse, pendant les 8e, 9e et 10e siècles, par M. Reinaud. *Paris, Dondey-Dupré*, 1836, in-8, cart. à la brad.

1340. Histoire de la guerre Saincte, dite proprement la Franciade Orientale,.. Faite latine par Guillaume de Tyr et traduite en françois par Gabriel Du Préau. *A Paris, chez Nic. Chesneau*, 1573, in-fol., v. br.

LA MEILLEURE ÉDITION *de cet excellent ouvrage*. Très bel exemplaire au chiffre du couvent de Saint-Augustin de Paris.

1341. Histoire des Croisades, par Michaud, avec une vie de l'auteur, par Poujoulat. *Paris, Furne*, 1841, 6 in-8, dem.-rel. (*Port. et fig. sur acier.*)

1342. Histoire de l'empire de Constantinople sous les empereurs français, par Du Fresne du Cange, revue par Buchon. *Paris, Verdière*, 1826, 2 in-8, cart. brad. ébarb.

1343. Histoire de saint Louis, par Jehan sire de Joinville : les Annales de son règne, par Guill. de Nangis, etc. *A Paris, de l'imprim. royale*, 1761, in-fol., v. br., tr. r. (*Cartes.*)

1344. Histoire de saint Louis, roi de France, par M. de Villeneuve-Trans. *Paris, Paulin,* 1839, 3 in-8, rel. pleine en veau rose, ornem. à froid, tr. jasp.

1345. Histoire de Bertrand Du Guesclin, connestable de France et des royaumes de Léon, Castille, etc., composée nouvellement par messire P. H. seigneur D. C. *A Paris, chez Charles de Sercy*, in-fol., v. br.

1346. Les Routiers au XIVe siècle. Les Tard-Venus et la bataille de Brignais, par Allut. *Lyon, imp. de L. Perrin*, 1859, in-8, pap. vergé teinté, dem.-mar. bl., tête dor., ébarb.

4° De François Ier à la Révolution.

1347. Chronique du Roy Francoys, premier de ce nom, publiée pour la première fois d'après un manuscrit, par Georges Guiffrey. *Paris, Renouard*, 1860, in-8, dem. mar. bl. (*Papier vergé.*)

1348. Mémoires de messire Martin Du Bellay, depuis l'an 1513 jusqu'à la mort de François premier, etc. *A Paris, pour Abel L'Angelier*, 1586, fort vol. in-8, vél. bl. (*Q. Q. mouillures.*)

1349. **Journal de Henri III,** ou mémoires pour servir à l'histoire de France, par Pierre de l'Estoile (nouvelle édition publiée par Lenglet du Fresnoy.) *La Haye et Paris, chez la veuve de Pierre Gandouin*, 1744, 5 vol pet. in-8. (*Fig.*) — Journal du règne de Henri IV, par M. Pierre de l'Estoile (avec des remarques de Lenglet du Fresnoy.) *A La Haye, chez les frères Vaillant*, 1741, 4 vol. pet. in-8, v. br., tr. r. (*Fig.*)

Superbe exemplaire de LA MEILLEURE ÉDITION.

1350. Satyre Ménippée de la vertu du Catholicon d'Espagne et de la tenue des Estats de Paris. Dern. édit. (publiée par Prosp. Marchand.) *A Ratisbone, chez Mathias Kerner*, 1726, 3 vol. gr. in-12, veau rac., tr. r. (*Fig.*)

Une des meilleures éditions de la Satyre Ménippée.

1351. Histoire du Roy Henry le Grand, composée par messire Hardouin de Perefixe. *Amsterdam, Michiels*, 1661, pet. in-12, cuir de Russie quadrillé, fil., dent., tr. dor. (*Frontisp. gravé.*)

Jolie édition parfaitement imprimée.

1352. Lettres autographes et inédites de Henri IV, avec le portrait de ce monarque, dessiné par Gérard, lithogr. par le Cte de Lasteyrie. *A Paris, s. d.* in-fol., cart.

Collection curieuse de 10 lettres autographes parfaitement reproduites en fac-simile.

1353. Henri IV et sa politique, par Mercier de Lacombe. *Paris, Didier, s. d.*, in-8. — Sixte-Quint et Henri IV, par Segretain. *Paris, Gaume*, 1861. En tout 2 vol. in-8, dem.-v. bleu.

1354. Memoires du duc de Sully. *Paris, Ledoux*, 1827, 6 vol in-8, dem.-v. bleu.

Bel exemplaire sur PAPIER VÉLIN.

1355. Ambassades du mareschal de Bassompierre en Suisse, l'an 1625 (en Espagne en 1621, et en Angleterre en 1626.) *Cologne, P. du Marteau*, 1668, 4 tomes et 2 vol. pet. in-12, v. br.

Bel exemplaire de la bonne édition elzévirienne. — Hr 132mm.

1356. Historiettes de Tallemant des Réaux. Troisième édition entièrement revue par MM. Monmerqué et Paulin Pâris. *Paris, Techener*, 1854, 9 vol. in-8, dem.-rel. v. bl., tr. jasp.

La meilleure édition et la seule complète.

1357. Mémoires de Daniel de Cosnac, archevêque d'Aix, publiés par la Société de l'Histoire de France. *Paris, Renouard*, 1852, 2 vol. in-8, dem.-mar. bl.

1358. Siècles de Louis XIV et de Louis XV,, par Voltaire. *Paris, Didot l'aîné*, 1820, 4 vol. in-8, veau bleu, compart. à froid, tr. marb. (*Vogel.*)

Bel exemplaire sur *papier fin* de la collection dédiée aux amateurs de l'art typographique.

1359. Mémoires de Louis XIV pour l'instruction du Dauphin. Première édit. compl., d'après les originaux, par Ch. Dreyss. *Paris, Didier*, 1860, 2 in-8, dem.-v. bleu.

1360. Histoire de Louis de Bourbon, prince de Condé, surnommé le Grand, par M. Desormeaux. *A Paris, chez Saillant*, 1766, 4 vol. in-12, dem.-rel. v., tr. marbr. (*Plans de sièges et de batailles.*)

1361. Mémoires complets et authentiques du Duc de Saint-Simon sur le siècle de Louis XIV et la Régence. *Paris, Delloye*, 1842, 40 tomes en 20 vol. in-18, dem.-rel. (*Port. sur acier.*)

1362. **Journal du Marquis de Dangeau**, publié en entier pour la première fois, par Mrs Soulié, Mantz, de Montaiglon, etc., avec les additions inédites du duc de Saint-Simon, publiées par M. Feuillet de Conches. *Paris, Didot*, 1854-60, 19 vol. in-8, dem.-rel. v. f., tr. jasp.

Superbe exemplaire neuf.

1363. Mémoires de Fléchier sur les Grands-Jours d'Auvergne, en 1665, annotés par Cheruel, avec une notice de Ste-Beuve. *Paris, Hachette*, 1856, 1 fort vol. gr. in-8, rel. pleine en veau viol., compart., dent., tête dor., ébarb. (*Fig.*)

Superbe édition tirée à 100 exemplaires seulement sur PAPIER VÉLIN FORT. No 41.

1364. Mémoires de M. Joly, pour servir de suite aux mémoires du Card. de Retz. *Rotterdam, Leers*, 1718, 2 in-12, v. br.

Edition originale de ces curieux mémoires.

1365. Mémoires de Madame de La Guette. Nouv. édit. avec une notice, par Moreau. — Mémoires de la marquise de Courcelles, publiés par Pougin. *Paris, Jannet*, 1855-56, 2 vol. in-12, percal. r. non rogn.

1366. Histoire de Madame de Maintenon et des principaux événements du Règne de Louis XIV, par M. le Duc de Noailles. *Paris, Comon*, 1848-58, 4 vol. in-8, caval., rel. pl. en bas. viol., fil., tr. jasp. (*Délicieux port. sur acier.*)

1367. Vie privée de Louis XV ou événements, particularités et anecdotes de son règne (par Mouffle d'Angerville.) *Londres, Lyton*, 1784, 4 tomes en 2 vol. in-12, v. éc., fil., tr. marb. (*Portraits.*)

1368. **Journal historique** et anecdotique du Règne de Louis XV, par Barbier, publié par de La Villegille. *Paris, Renouard*, 1847-56, 4 vol. in-8, dem.-mar. bl.

Un des ouvrages les plus rares de tous ceux publiés par la *Société de l'Histoire de France.*

1369. Souvenirs de la marquise de Créquy, de 1710 à 1803. *Paris, Delloye*, 1842, 10 tomes en 5 vol. in-12, rel. pl. en veau vert, filets et dent., tr. jasp. *(Port.)*

Très bel exemplaire.

1370. Précis historique concernant Robert-François Damiens (attentat du 5 janvier 1757·) *S. l.*, 1757, in-12, v. br.

Rare. — *On y ajoint* : Iniquités découvertes ou recueil des pièces curieuses et rares qui ont paru lors du procès de Damiens (par Grosley). *A Londres*, 1760, in-12, dem. v. f. ébarb.

1371. Louis XVI, par M. de Falloux. *Paris, Sagnier*, 1852. — Marie-Antoinette et la Révolution Française, par H. de Viel-Castel· *Paris, Techener*, 1859, 2 vol. in-12, dem.-rel.

1372. La Vie de Madame Elisabeth, sœur de Louis XVI, par M. de Beauchesne. Enrichie de 2 portr. en taille-douce, de plans et de fac-simile. *Paris, Plon*, 1869, 2 in-8, dem.-chag. lav., tr. jasp. (*Port. et fig.*)

1373. **Collection des mémoires** relatifs à la Révolution Française, avec des notices sur leurs auteurs et des éclaircissements historiques, par MM. Berville et Barrière. *Paris, Baudoin*, 1820-26, 62 vol. in-8 (dont 1 de portraits gravés), dem.-rel. v. bleu, tr. jasp.

Superbe exemplaire de cette intéressante collection.

1374. Histoire de la Révolution et de l'Empire, par Amédée Gabourd. *Paris, Lecoffre*, 1846-51, 10 vol. in-8, rel. pl. en veau rose, dent., tr. jasp.

Superbe exemplaire.

1375. Histoire de la Révolution de France, par M. de Conny. *Paris, Dentu*, 1847, 8 vol. et 1 atlas de portraits, dem.-rel. v. rose, tr. jasp.

1376. Mémoires du Comte de Puisaye, pour servir à l'histoire du parti royaliste pendant la Révolution. *Londres, Harding*, 1803, 6 in-8, dem. v. vert., tr. marb. *(Port. et carte.)*

1377. Histoire de la Vendée militaire, par Crétineau-Joly. *Paris, Plon*, 1865, 4 vol. in-12, dem. v. r. (*Cartes.*)

1378. Vie du général Charette, commandant des armées royales dans la Vendée, par Le Bouvier-Desmortiers. *Paris*, *1809*, 3 in-8, dem.-rel. (*Portr.*)

Le tome 3e renferme *le supplément et la lettre aux auteurs anonymes des Victoires et Conquêtes des Français (Port.)*

1379. La démagogie en 1793, à Paris, par Dauban, ouvr. enrichi de 16 grav. *Paris, Plon*, 1868, in-8. — Paris en 1794 et en 1795, par le même, avec gravures et fac-simile. *Paris, Plon*, 1869, in-8. En tout 2 vol. dem. veau rose. (*Fig.*)

1380. Histoire du Tribunal Révolutionnaire de Paris, par Campardon. *Paris, Poulet-Malassis*, 1862, 2 vol. — Les Massacres de Septembre, par de Boaça. *Paris, Tolra*, 1862. — La justice révolutionnaire en France, par Berriat Saint-Prix. *Paris, Cotte*, 1861; — Les Travailleurs de septembre 1792, par H. de Viel-Castel. *Paris, Dentu*, 1862. (*Fig.*) En tout 5 vol. in-12, bas, tr. jasp.

1381. Histoire anecdotique du Tribunal Révolutionnaire, par Ch. Monselet. *Paris, Giraud*, 1853. — Confesssions d'un Révolutionnaire, par Proudhon, *Paris, Garnier*, 1851. — Les Affiches rouges, par un Girondin. *Paris, Giraud*, 1851, 3 vol. in-12, bas., tr. marbr.

1382. Histoire de Joseph Le Bon et des tribunaux révolutionnaires d'Arras et de Cambrai, par Paris. *Arras, Rousseau*, 1864, 2 in-8, dem. v. rose.

1383. Un prêtre déporté en 1792, par l'abbé Meignan. *Paris, Douniol*, 1862. — La prison du Luxembourg, par l'abbé Grivel. *Paris, Taton*, 1862. — Martyrs de Bourges en 1793. *Bourges*, 1858. En tout 3 vol. in-12, bas., tr. marb.

1384. Journal d'une Visitandine pendant la Terreur. *Paris, Poussielgue*, 1855. — La Terreur, par l'abbé Pioger. *Paris, Dillet*, 1861. — Souvenirs de la Terreur, par le baron Ernouf. *Paris, Maillet*, 1866. En tout 3 vol. in-12, dem.-rel. v.

1385. Les prisons de Paris sous la Révolution, par Dauban, avec onze gravures. *Paris, Plon*, 1870, in-8. — Le fond de la Société sous la Commune de 1871, par le même, avec grav. et fac-simile. *Paris, Plon*, 1873, in-8. En tout 2 vol. in-8, dem. v. rose. (*Fig.*)

1386. Journal de ce qui s'est passé à la Tour du Temple pendant la captivité de Louis XVI, par Cléry. *Paris, Bertin*, 1861, in-8. (*Grav. et portraits.*) — Le Couvent des Carmes et le Séminaire de Saint-Sulpice pendant la Terreur, par Alex. Sorel. *Paris, Didier*, 1863. En tout 2 vol. in-8, dem. v. rose. (*Fig.*)

1387. Louis XVII, sa vie, son agonie, sa mort ; captivité de la famille royale au Temple. Ouvrage enrichi d'autographes, de portraits et de plans, par M. de Beauchesne. *Paris, Plon*, 1852, 2 in-8, mar. noir, fil. et dent. à froid, tr. dor. (*Port., fig. et facsimile.*)

1388. Mémoires du maréchal Marmont, duc de Raguse, de 1792 à 1841, avec portraits et fac-simile. *Paris, Perrotin*, 1857, 9 vol. in-8, dem.-rel. v. rose, tr. jasp. (*Fig.*)

5° de Napoléon Ier jusqu'à nos jours.

1389. Histoire de l'empereur Napoléon, par Laurent de l'Ardèche. *Paris, Dubochet*, 1843, gr. in-8, texte encadré, dem.-rel. mar. bl. (*Fig.*)

Très bel exemplaire illustré par Horace Vernet et auquel ont été joints les *types militaires coloriés* qui manquent souvent.

1390. Mémorial de Sainte-Hélène, par le Cte de Las Cases, suivi de Napoléon dans l'exil. *Paris, Furne, s. d.* 2 vol. gr. in-8, texte encadré, dem.-rel.v. f., tr. jasp.

Très bel exemplaire de PREMIER TIRAGE avec les *figures sur chine.*

1391. Napoléon et Marie-Louise. Souvenirs historiques, par M. le baron Meneval. *Paris, Amyot,* 1844, 3 vol. in-12, dem. v. bleu.

1392. Mémoires de tous. Souvenirs contemporains de M. de Peyronnet, de la Reine Hortense, du général Lafayette, etc., *Paris, Levavasseur,* 1834, 3 in-8, dem. v., f.

Le 1er vol. qui est devenu FORT RARE contient une partie des *Mémoires authentiques de la Reine Hortense.*

1393. Mémoires de Mademoiselle Avrillon, sur la vie privée de l'impératrice Joséphine. *Paris, Ladvocat,* 1833, 2 vol. in-8, dem.-v., (*Port. et fac-simile.*)

1394. Campagnes des Français sous le consulat et l'empire. Album de 52 batailles et 100 port. Collection de 60 planches, dite Carle Vernet. *Paris, librairie rue Visconti, s. d.,* gr. in-8, percal. rouge, tr. dor.

1395. Mémoires d'une contemporaine ou souvenirs d'une femme sur les principaux personnages de la République, du Consulat et de l'Empire. *Paris, Ladvocat,* 1827-28, 8 vol. -- La Contemporaine en Egypte, pour faire suite aux souvenirs d'une femme...., *Paris, Moutardier,* 1833, 6 vol. En tout 14 vol. in-8,cart. à la bradel, entièrem. ébarb.

Rares et curieux mémoires. Bel exemplaire non rogné, avec le cachet de M. de Cayrol sur les titres.

1396. Mémoires et souvenirs d'une femme de qualité sur le Consulat et l'Empire. *Paris, Mame,* 1830, 4 vol. -- Id. sur Louis XVIII, sa cour et son règne. *Paris, Mame,* 1829, 6 vol. -- Révélations sur les années 1830 et 1831. *Paris, Mame,* 1831. En tout 12 vol. in-8, cart. à la bradel, entièrem. ébarb.

Rares et curieux mémoires. Superbe exemplaire non rogné, avec le cachet de M. de Cayrol sur les titres.

1397. Mémoires de la duchesse d'Abrantès sur Napoléon, la révolution, l'empire et la restauration. *Paris, Mame,* 1835, 12 in-8, dem. v. bl.

1398. Après-dîners de Cambacérès, révélations sur l'ancien régime, l'empire et la restauration, publiées par Lamothe-Langon. *Paris, Bertrand,* 1837, 4 in-8, dem. v. bleu. (*Port.*)

1399. Mémoires de Bourrienne sur Napoléon, l'empire et la restauration. *Paris, Ladvocat,* 1829, 10 in-8, dem. v. vert, tr. marbr.

1400. De Buonaparte et des Bourbons, 1814 — Réflexions sur q. q. écrits du jour, 1814. — De la Monarchie selon la charte, 1816. — Bannissement de Charles X, 1831. — De la Restauration et de la Monarchie élective, par M. de Chateaubriant. *Paris, Lenormant,* 1831. En tout 5 broch. in-8, dem. v. f. (*Editions originales.*)

1401. Histoire de la Restauration, par Alfred Nettement. *Paris, Lecoffre*, 1868, 8 vol. in-8, dem.-rel. v. gris., tr. jasp.

1402. De la Restauration française, 1851. — L'Infaillibilité, 1861.— La Légitimité, par Blanc de Saint-Bonnet. *Paris, librairie intern. cath.*, 1873, 3 vol. gr. in-8, dem. v. bl.

1403. Mémoires de Louis XVIII, recueillis et mis en ordre, par M. le duc de D*** (La Mothe-Langon.) *Paris, Mame*, 1832-33, 12 vol. in-8, dem. v. bl.

Devenus rares.

1404. Histoire de Louis-Philippe d'Orléans et de l'Orléanisme, par Crétineau-Joly. *Paris, Lagny*, 1862, 2 in-8, dem. v. rose.

On y a joint : La Maison d'Orléans devant la légitimité et la démocratie, par Laurent (de l'Ardèche). *Paris, Dentu*, 1861, in-8, dem. v. rose.

1405. Histoire de la conjuration de L.-P. d'Orléans, surnommé Egalité, par Montjoie. *Paris, Dentu*, 1834, 3 in-8, dem. v. f. (*Port.*)

On y a joint dans la même reliure : Guillaume d'Orange et Louis-Philippe (1688-1830), par le baron B. de Penhoën. *Paris, Charpentier*, 1835, in-8.

1406. Les Murailles révolutionnaires. Collection complète des proclamations, professions de foi, affiches, etc. Paris et les départements depuis février 1848 jusqu'à ce jour. *Paris, Bry aîné*, 1856, 2 tomes en 1 fort vol. in-4, dem. marb. r., tr. r. (*Port.*)

Curieux volumes dont chaque affiche est imprimée sur papier de sa couleur originale.

1407. Une année de révolution, d'après un journal tenu à Paris en 1848, par le Mis de Normanby. *Paris, Plon*, 1858, 2 in-8, dem. v. rose.

1408. L'expédition de Crimée jusqu'à la prise de Sébastopol. Chroniques de la guerre d'Orient, par le baron de Bazancourt. *Paris, Amyot*, 1856-58, 4 vol. in-8, dem. mar. rouge, tr. jasp.

Les deux derniers volumes sont intitulés : *La Marine française dans la mer Noire et la mer Baltique (Port.)*

1409. Guerre d'Orient. Voyage à la suite des armées alliées en Turquie, Valachie et Crimée, par Eug. Jouve. *Paris, Delhomme*, 1855, 2 in-8, dem. mar. rouge, tr. jasp.

1410. Expéditions de Chine et de Cochinchine, par le baron de Bazancourt. *Paris, Amyot*, 1861, 2 in-8, dem. mar. r., tr. jasp.

1411. Les salons de Paris sous Louis-Philippe. — Les salons de Paris sous Napoléon III. — Mémoires secrets du dix-neuvième siècle, par le Vte de Beaumont-Vassy. *Paris, Sartorius*, 1866-74, 3 vol. in 12, v. f. (*22 port. sur acier.*)

1412. Journal d'un diplomate en Italie, par H. d'Ideville. *Paris, Hachette*, 1872, 2 vol. — Journal d'un diplomate en Allemagne et en Grèce, par le même. *Paris, Hachette*, 1875. — Les Piémontais à Rome, par le même. *Paris, Vaton*, 1874. — Les diplomates français sous Napoléon III, par d'Agreval. *Paris, Dentu*, 1872. En tout 5 vol. in-12, dem.-rel. veau f.

1413. Œuvres de Donoso Cortès, ambassadeur d'Espagne près la cour de France, publiées par sa famille avec une introduction de Louis Veuillot. *Paris*, *Vaton*, 1858, 3 in-8, dem.-rel. v. rose. (*Port.*)

1414. Histoire de la guerre de 1870-1871, par Dussieux. *Paris*, *Lecoffre*, 1872. — Les Prussiens en France, par Alf. d'Aunay. *Paris*, *Dentu*, 1872. — Récits de l'invasion, par Aug. Boucher. Orléans, 1871. En tout 3 vol. in-12, dem-rel.

1415. La France et la Prusse avant la guerre, par le duc de Gramont. *Paris*, *Dentu*, 1872. — La première armée de la Loire, par le général d'Aurelle de Paladines. *Paris*, *Plon*, 1872. — Le siège de Paris, par le général Vinoy. *Paris*, *Plon*, 1872. En tout 3 vol. in-8, dem.-rel. v.

1416. Metz, campagne et négociations, par un officier supérieur de l'armée du Rhin. *Paris*, *Dumaine*, 1872. — La guerre en province, par Ch. de Freycinet. *Paris*, *Lévy*, 1872. En tout 2 vol. in-8, dem.-rel. v. (*Cartes.*)

1417. Le corps Cathelineau pendant la guerre de 1870. *Paris*, *Amyot*, 1871, 2 vol. — L'Héroïsme en soutane, par le général Ambert. *Paris*, *Dentu*, 1876. — L'Eglise de Paris sous la Commune, par Rastoul. *Paris*, *Dillet*, 1870. En tout 4 vol. in-12, dem.-rel.

1418. L'invasion en Picardie. Récits et documents concernant l'arrondissement de Péronne pendant la guerre de 1870, par G. Ramon. *Péronne*, *Quentin*, 1871-73, fort vol. in-8, dem. v. br.

1419. Journal d'un Parisien pendant la Commune. *Paris*, *Lachaud*, 1872, 2 vol. — Lettres d'un intercepté, par de Pontmartin. *Lyon*, *Josserand*, 1871. — De Dijon à Brême. *Paris*, *Colin*, 1871. En tout 4 vol. in-12, dem.-rel.

1420. Actes de la captivité et de la mort des RR. PP. Olivaint, Ducoudray, Caubert, Clerc et de Bengy, par Arm. de Pontlevoy. *Paris*, *Josse*, 1872, gr. in-8, papier vélin, rel. pl. en mar. noir, croix à froid sur les plats, dent. int., tr. dor. (*Port. photographiés et fac-simile.*)

1421. Souvenirs de l'Ecole Sainte-Geneviève, par le R. P. Chauveau. Notice sur les élèves tués à l'ennemi. *Paris*, *Albanel*, 1872-73, 3 vol. in-12, dem.-rel. v. f.

1422. La guerre illustrée et le siège de Paris. *Paris*, *Auguste Marc*, 1871, in-fol., dem.-rel.

Nombreuses illustrations sur bois.

1423. Atlas de 15 planches en couleurs pour servir à l'histoire du siège de Paris en 1870, par le général Vinoy, gr. in-4, dem.-rel. v. non rogné.

1424. Paris brûlé. Evènements de mai 1871, avec une collection de photographies avant et après l'incendie, par Pierre Petit. *Paris*, *Dentu*, 1871. — Paris sous la Commune, par Ed. Moriac. *Paris*, *Dentu*, 1871, 2 vol. in-12, dem.-rel. v. (*Photog.*)

6° Mémoires historiques.

1425. Mémoires de feu Monsieur le duc de Guise. *A Paris, chez Martin et Mabre-Cramoisy*, 1668, in-4, v. br.

Très bel exemplaire.

1426. Histoire des prisonniers célèbres rédigée et mise en ordre par M. Paul de P.... *Paris,Locard,* 1821, 12 vol. in-12, dem.-rel. mar. r., portraits. (*Au chiffre sur les plats de Marie-Caroline, duchesse de Berry.*)

Louis XVI, Napoléon, Charles XII, baron de Trenck, l'homme au masque de fer, etc., etc.

1427. Mémoires de Joseph Fouché, duc d'Otrante, ministre de la police générale. *Paris, Le Rouge*, 1824, 2 in-8, dem. v. f. ébarb. (*Port.*)

1428. Mémoires autographes de Dom Augustin Iturbide, ex-empereur du Mexique, trad. de M. Quin, par Parisot. *Paris, Gosselin*, 1824, in-8, rel. pl. en veau vert rac., dent. sur les plats, tr. marbr.

Très bel exemplaire de la Bibliothèque de Chantilly, aux armes dans le dos et sur les plats du Prince de Condé.

1429. Mémoires secrets de 1770 à 1830, par M. le comte d'Allonville. *Paris, Werdet*, 1838-45, 6 vol. in-8, dem. v. bl.

1430. Mémoires de Vidocq, chef de la police de sûreté jusqu'en 1827. *Paris, Tenon*, 1828, 4 in-8, dem. v. f., tr. marb.

On y a joint : Mémoires de Caussidière, ex-préfet de police. *Paris, Lévy*, 1849, 2 in-8, même reliure.

1431. Mémoires de M. Gisquet, ancien préfet de police, écrits par lui-même. *Paris, Marchant*, 1840, 4 in-8, rel. pl. en bas. rac., fil., tr. jasp.

Rare.

1432. Mémoires d'outre-tombe, par M. de Chateaubriant. *Paris, Penaud*, 1849, 12 in-8, dem.-rel.

1433. Mémoires d'un bourgeois de Paris, par le Dr L. Véron, *Paris, librairie nouvelle*, 1856, 5 vol. in-12, dem.-rel.

1434. Souvenirs de ma vie. Mémoires du chanoine Schmid, publiés par l'abbé Werfer. *Paris, Casterman*, 1858, in-8, dem. v. bl. (*Port. et titre lithogr.*)

1435. Mémoires du comte Miot de Mélito. *Paris, Michel Lévy*, 1858, 3 in-8, dem. v. f.

1436. Souvenirs contemporains d'histoire et de littérature, par Villemain. *Paris, Didier*, 1859, 2 in-8, dem. v. orange.

On y a joint du même auteur et de la même reliure : *Etudes d'histoire moderne. Paris, 1856, in-8.*

1437. Souvenirs et correspondance tirés des papiers de Madame Récamier. *Paris, Lévy*, 1860, 2 in-8, dem.-rel. v. rose.

1438. Mémoires du cardinal Consalvi, avec une introd. de Crétineau

Joly. Avec huit fac-simile d'autogr. *Paris*, *Plon*, 1864, 2 in-8, dem. v. viol. (*Fac-simile.*)

1439. Mes Mémoires, par Alexandre Dumas. *Paris*, *Michel Lévy*, 1865, 10 tomes en 5 vol. — Souvenirs d'une favorite, par le même. *Paris*, *Michel Lévy*, 1865, 4 tomes en 2 vol. En tout 7 vol. in-12, dem. v. f.

1440. Mes Mémoires (1826-1848), par le Cte d'Althon-Sée. *Paris*, *librairie internat.*, 1869. 2 in-8. dem.-rel.

II. — HISTOIRE DES PROVINCES.

1° Paris et provinces diverses.

1441. Description historique de la ville de Paris et de ses environs, par Piganiol de la Force. Avec des fig. en taille-douce. *A Paris*, *chez Desprez*, 1765, 10 vol. in-12, dont une table générale, bas. r., tr. r. (*Cartes et figures.*)

1442. Histoire de la Sainte Chapelle royale du Palais, enrichie de planches, par M. Sauveur-Jérôme Moraud. *A Paris*, *chez Clousier*, 1790, in-4, dem. veau, tr. r. (*Fig.*)

Très bel exemplaire d'un ouvrage devenu rare, et dont l'édition a été en partie détruite. (*Voir Brunet.*)

1443. Paris illustré, par Adolphe Joanne. — Les environs de Paris illustrés, par le même. *Paris*, *Hachette*, 1863, 2 forts vol. in-18, dem. v. vert. (*Avec 630 vign., cartes et plans.*)

1444. Lot de 7 cartes intéressant Paris et Lyon, collées sur toile, pliées et en étui de format in-12 ou in-8.

Paris et ses environs, par Vuillemin 1865.— Plan de Paris en 1855. — Fortifications de Paris en 1870. — Lyon (carte de l'Etat-Major. N° 168). — Plan de Lyon, 1844. — Fortifications de Lyon, 1870. — Environ de Lyon d'après Cassini, 1835.

1445. **L'ancienne Auvergne et le Velay**; histoire, archéologie, mœurs, topographie, etc., par Adr. Michel, Doniol, Durif, Mandet, etc. *Moulins*, *Desrosiers*, 1843-47, 5 vol. in-fol. dont un superbe atlas de 143 planches lithogr., dont 6 en couleur, dem.-rel. mar. lav. avec coins, tranches ébarbées.

Très bel exemplaire.

1446. **Histoire des Roys, ducs et comtes de Bourgogne et d'Arles**, extraicte de diverses chartes et chroniques, par André Du Chesne, Tourangeau. *A Paris*, *en la boutique de Nivelle*, *chez Sébast. Cramoisy*, 1619, in-4, vél. bl.

Livre de toute rareté. — Bel exemplaires aux armes sur les plats de *Pierre de Villars, archevêque et comte de Vienne*, dont la signature autographe se trouve sur le titre.

1447. Voyage de Piron à Beaune, écrit par lui-même, avec pièces et biographie anecdotique (par Gabr. Peignot.) *Dijon*, *Lagier*, 1847, in-8, dem. v. rose, ébarb.

1448. Essais historiques sur la ville de Caen et son arrondissement, par l'abbé De La Rue. *Caen*, *Poisson*, 1820. 2 in-8, v. f. compart. à froid, dent., tr. marb., fig. lithogr. (*Thouvenin.*)

1449. Histoire générale de la cité des Carnutes et du pays chartrain, appelé la Beauce, depuis les Gaulois jusqu'en 1697, par Ozeray. *Chartres, Garnier*, 1834, 2 in-8, dem.-rel.

1450. Histoire littéraire de la ville de Lyon avec une bibliothèque des auteurs lyonnais, par le P. de Colona. *Lyon, Rigollet*, 1728, 2 vol. in-4, v. br. (*Fig.*)

1451. **Les Mazures de l'abbaye royale de l'Isle-Barbe lez Lyon** ou recueil historique de tout ce qui s'est fait de plus mémorable en cette Eglise, avec le catal. de tous ses abbez, par Claude Le Laboureur. *A Paris, chez Iean Couterot*, 1681, 2 vol. in 4, bas.

Superbe exemplaire de la plus irréprochable conservation. DE TOUTE RARETÉ.

1452. Histoire générale de Provence, dédiée aux Etats (par Papon). *A Paris, chez Moutard*, 1777-86. 4 vol. in-4, v. éc., tr. marb.

Superbe exemplaire de cet excellent ouvrage.

1453. Voyage littéraire de Provence, histoire, curiosités, trouvères, etc., par M. P. D. L. (Papon). *A Paris, chez Barrois*, 1780, in-12, bas. pl., tr. marb.

1454. Abrégé chronologique de l'histoire d'Arles. Ouvrage enrichi du recueil complet des inscriptions et de planches des monuments antiques, par M. De Noble-Lalauzière. *Arles, Mesnier*, 1808, in-4, bas., tr. marb. (*31 planches.*)

Très bel exemplaire.

1455. Etat descriptif de l'arrondissement d'Arles, par le comte de Revel Du Perron et par le marquis de Gaucourt. Dictionnaire topographique. *Amiens, Caron*, 1871, in-4, dem.-rel.

Cet ouvrage forme le Tome X du Dictionnaire général topographique de la France. *Envoi d'auteur signé à M. Armand de Saint-Ferriol.*

1456. **La Touraine**, histoire et monuments. Publié sous la direction de M. l'abbé Bourassé. *Tours, Mame*, 1856, in-fol., rel. pleine en marocain rouge, filets dorés et à froid, dent. à l'int., tr. dor. (*Aux armes de la Touraine.*)

Ce magnifique ouvrage, un des chefs-d'œuvre de l'art typographique et de la gravure en France, renferme avec un certain nombre de chromolithographies et de figures sur cuivre, une quantité prodigieuse de planches sur bois de la plus merveilleuse exécution. PREMIER TIRAGE *devenu rare.*

1457. La Loire historique, pittoresque et biographique, de la source de ce fleuve à l'Océan, par Touchard-Lafosse. Illust. de 62 grav. sur acier, d'après Rouargues, de plus de 300 fig. et de 3 cartes. *Tours, Lecesne*, 1851, 5 vol. gr. in-8, dem. v. f., tr. jasp.

Magnifique exemplaire avec les *figures sur Chine.*

1458. Inondations du département d'Indre-et-Loire (1846-56), orné de 15 dessins et 3 cartes, par Rouillé-Courbe. *Tours, Guilland*, 1858, in-8 caval., dem.-rel, (*Fig. sur chine.*)

1459. Voyage aux Pyrénées, par Taine, illustr. de Gust. Doré. *Paris, Hachette*, 1860, gr. in-8, dem.-rel., v. vert. (*Premier tirage devenu rare.*)

1460. Description géographique et historique de l'isle de Corse, par le sieur Bellin. *Paris, Didot*, 1769, in-4, dem.-rel. (*Carte et vign.*)

1461. La gloire de l'Abbaye, en la vallée de la Novalèse, située au bas de Montcinis (sic). Ensemble un discours de la Savoye, de la ville de Chambéry, etc., par le R. Jean-Louys Rochex. *A Chambéry, chez Louys Du Four*, 1670, in-4, bas., tr. r.

Très rare.

1462. **Histoire généalogique de la maison de Savoie** justifiée par titres, manuscrits, histoires et autres preuves authentiques, par Samuel Guichenon. *A Turin, chez Briolo*, 1778, 4 vol. en 5 tomes in-fol., dem.-rel., tr. jasp.

Très bel exemplaire de cet important ouvrage.— *On a relié avec le dernier volume* : Bibliotheca Sebusiana seu variarum chartarum, etc., nusquam antea editarum miscellæ centuriæ II, ex archiviis collectæ a Sam. Guichenonio. *Taurini, Briolus*, 1780, in-f° de 147 pages, avec la liste des souscripteurs. TRÈS RARE.

1463. Savoie et Haute-Savoie. Promenades historiques et pittoresques, par le Bon Ach. Raverat. *Lyon*, 1872, 2 in-8, dem-rel.

1464. **La Haute-Savoie**, récits de voyage et d'histoire, par Francis Wey. Edition illustrée de 50 grandes lithogr., par Terry. *Paris, Hachette*, 1866, très grand in-fol., percal., r. ébarb.

Superbe exemplaire du PREMIER TIRAGE.

1465. Dictionnaire historique, littéraire et statistique des départements du Mont-Blanc et du Léman, par Grillet. *Chambéry, Puthod*, 1807, 3 in-8, dem. v. vert.

2° Ouvrages relatifs au Dauphiné.

1466. Discours historique touchant l'estat général des Gaules et principalement des provinces de Dauphiné et Provence, par feu M. Aymar du Périer. *A Lyon, par Barth. Ancelin*, 1610, in-8, dem.-rel. (*Port. et armoiries.*)

Très rare.

1467. **Mémoire de la province de Dauphiné,** dressé par M. Bouchu, intendant, année 1698, in-4, v. br. tr. jasp.

PRÉCIEUX MANUSCRIT *de 255 pages de la plus remarquable conservation et admirablement calligraphié.* Titre, sous-titre et lettres initiales en or et en couleur. Ce joli manuscrit, extrêmement intéressant au point de vue de l'histoire, de la géographie, des montagnes, climat, mines, routes, commerce, mœurs, religion, coutumes, etc. du Dauphiné, intéresse également les diocèses de Vienne, Valence, Dye Gap, Embrun, etc., etc.

1468. **Histoire générale de Dauphiné,** par Nicolas Chorier. *A Grenoble, chez Pierre Charvys, 1661, et à Lyon, chez Iean Thiolly, 1672*, 2 vol. in-fol., v. br., tr. r.

Le tome II *(qui est* RARISSIME) est avec le feuillet d'errata, et on trouve à la fin : *Histoire généalogique de la maison de Sassenage, par Nic. Chorier. Lyon, Thiolly, 1672, broch. in-fol. de 86 pages.* TRÈS BEL EXEMPLAIRE.

1469. **Histoire de Dauphiné** et des princes qui ont porté le nom de Dauphins (par le marquis de Valbonnais). *A Genève, chez Fabry et Barillot*, 1722, 2 vol. in-f., v. br., tr. r. *(Carte et fig.)*

La meilleure édition de cet excellent ouvrage. *Très bel exemplaire.*

1470. Description du Dauphiné, de la Savoie, de la Bresse, de la Provence et du Piémont au XVIe siècle, par Aymar du Rivail. Trad. par Ant. Macé. *Grenoble, Vellot*, 1852, in-8. dem. v. f.

1471. Histoire du Dauphiné depuis les temps les plus reculés jusqu'à nos jours, par Taulier. *Grenoble, Vellot*, 1855, in-8, rel. bas., fil., marbr.

1472. Histoire des Dauphins de Viennois, d'Auvergne et de France, ouvrage posthume de M. Le Quien de la Neufville. *Paris, Desprez*, 1760, 2 vol. in-12, v. f., tr. dor. (*Reliure ancienne.*)

1473. Histoire de la réunion du Dauphiné à la France par Guiffrey. *Paris, Académie des Bibliophiles*, 1868, in-8, dem. v. f.

Exemplaire sur papier vergé. — No 198.

1474. Histoire de Pierre Terrail, dit le chevalier Bayard, par M. Guyard de Berville. *Paris, de Hansy*, 1768, in-12, v. br. tr. marb.

1475. Histoire de Pierre Terrail, seigneur de Bayart, par Alf. de Terrebasse. *Lyon, Laurent*, 1832, in-8, dem. cuir de Russie, tête dor., ébarb. (*Fig.*)

1476. Histoire du connestable de Lesdiguières, par Louis Videl. *A Grenoble, chez Iean Nicolas*, 1649, fort vol. in-8, parch.

Rare.

1477. Les vies de François de Beaumont, baron des Adrets; de Charles Dupuy, seigneur de Montbrun et de Soffrey de Calignon, par M. Guy Allard. *A Grenoble, chez Nicolas*, 1676, 3 parties en 1 vol. in-12, v. rac., tr. r.

Très rare.

1478. Histoire de la vie de Charles de Créquy de Blanchefort, duc de Lesdiguières (par Chorier). *A Grenoble, chez Franc. Provensal*, 1684, 2 part. en 1 vol. in-12, v. rac., tr. r.

Très bel exemplaire. *Rare.*

1479. Bibliothèque du Dauphiné, par Guy Allard. *A Grenoble, chez Ve Giroud*, 1797, in-8, v. f., tr. rouges.

Très bel exemplaire.

1480. **Bibliothèque historique et littéraire du Dauphiné,** publiée par Gariel. *Grenoble, Allier*, 1864, 3 vol. in-8, rel. pl. en v. fauve, ornem. et fil. à froid, dent. à l'int., tête dor., ébarb.

Tiré à 120 exemplaires sur PAPIER DE HOLLANDE TEINTÉ. Celui-ci porte le no 94 et le nom de *M. le comte Armand de Saint-Ferriol.*

Ces 3 beaux volumes renferment : 1o le Dictionnaire historique, héraldique, etc., de Guy-Allard, publié pour la première fois d'après le manuscrit original, 2 vol. ; 2o la réimpression des opuscules les plus rares de Guy-Allard. Un 4e et dernier volume, annoncé depuis longtemps et impatiemment attendu des amateurs, contiendra sans doute des mélanges absolument inédits du même auteur.

1481. Delphinalia. Publié par H. Gariel. *Grenoble*, *Maisonville*, 1852-56, in-8, dem.-rel. v. f., ébarb.

Recueil complet et devenu fort rare de 5 brochures publiées à part bien que réunies sous une même pagination.

1482. Notice historique sur Bertrand-Raymbaud Simiane, baron de Gordes, par M. Jules Taulier. *Grenoble*, *Maisonville*, 1859, in-8, rel. pl. en v. f., dentelle sur les plats, non rogné.

Très bel exemplaire.

1483. Montbrun ou les Huguenots en Dauphiné, par Badon. *Paris*, *Magen*, 1838, 2 tomes en 1 vol. in-8, dem.-rel. v. f.

On y a joint : La réforme et les guerres de religion en Dauphiné, par Long. *Paris*, *Didot*, 1856, in-8, dem.-rel. — Réflexions sur l'ouvrage intitulé les guerres de religion de M. Charronet, par l'abbé Joubert. *Gap*, 1861, broch. in-8, dem.-rel.

1484. Observations lues dans la séance des Etats de Dauphiné du 15 janvier 1789, par M. Farconnet, sur le droit que prétendent avoir, M. le vicomte de Pons et M. le comte de Berenger, d'être membres-nés des Etats du Dauphiné et d'y précéder les autres gentilshommes. *Grenoble*, *Cuchet*, 1789, in-4, dem.-rel. vél. bl.

On a relié à la suite : Procès-verbal des Etats de Dauphiné assemblés à Romans en décembre 1788, 195 pp. — Procès-verbal de l'assemblée générale des Trois-Ordres de la province de Dauphiné, tenue à Romans en septembre 1788, 139 pp. — Procès-verbal de l'assemblée générale des Trois-Ordres de la province de Dauphiné, tenue à Romans le 2 novembre 1788, 102 pp.

1485. Paul Didier. Histoire de la Conspiration de 1816, par Auguste Ducoin. *Paris*, *Dentu*, 1844, in-8, dem. v. viol.

Très rare.

1486. Souvenirs, poésies. — Une conspiration en 1816, drame historique en vers, par Raymond Bonnardon. *Valence*, *Chenevier et Chavet*, 1861, gr. in-8, dem. v. f.

1487. Biographie du Dauphiné contenant l'histoire des hommes célèbres nés dans cette province, et le catalogue de leurs ouvrages et de leurs portraits, par Adolphe Rochas. *Paris*, *Charavay*, 1856, 2 vol. gr. in-8, dem. v. f., tr. jasp.

Excellent ouvrage.

1488. Mélanges biographiques et bibliographiques relatifs à l'histoire littéraire du Dauphiné, par MM. Colomb de Batines et Jules Ollivier. (Tome 1er seul paru.) *Valence*, *Borel*, 1837, in-8, dem.-rel.

1489. **Histoire de plusieurs saints** des Maisons des Comtes de Tonnerre et de Clermont (par le président Cousin.) *A Paris*, *chez Pierre Esclassan*, 1698, in-12, mar. r., fil. à froid, dent. à l'int., tr. dor. (*Lortic.*)

DE TOUTE RARETÉ. Très bel exemplaire de ce livre recherché avec tous les portraits.

1490. Histoire de la Bergère Dumont de Parménie ou la vie de la sœur Louise, fondatrice de la maison des Retraites de N.-D. des

Croix dans le diocèse de Grenoble. *A Grenoble, chez André Arnaud*, 1752, in-12, v. f., tr. r.

Très bel exemplaire.

1491. Oraison funèbre de très noble et très pieuse Dame Catherine de Sibeud de St-Ferriol, marquise de Bayane, prononcée dans l'Eglise de l'abbaye de Soyons de Valence, en Dauphiné, par Dom Pierre Toussaint. *A Valence, Viret*, 1785, in-4, mar. noir, dent., tr. dor.

Très rare.

1492. Adèle de Murinais. Sa vie et ses lettres, avec une notice du P. Prat. *Lyon, Lecoffre*, 1872, in-8, dem.-rel., v. f.

On y a joint : Vie de Marie de Valence, par l'abbé Trouillat. *Valence*, 1873. — Vie de la mère Elisabeth Giraud, par de Franclieu. *Paris*, 1877. — Vie et mort de Béatrix d'Ornacieu, vierge de Parménie. *Grenoble*, 1874. — Sœur Louise de Parménie, par le P. Bellanger. *Paris*, 1863. En tout 4 vol. in-12, dem.-rel.

1493. Vie de M. Rousselot, par l'abbé Auvergne. *Grenoble, Baratier*, 1866. (*Port.*) — Vie de M. l'abbé Gérin, par le R. P. de Damas. *Grenoble, Côte*, 1870. — Sermons sur la montagne, par Mgr Ginoulhiac. *Lyon, Josserand*, 1872. En tout 3 vol. in-12, dem.-rel.

1494. Le vray théâtre d'honneur et de chevalerie ou le miroir héroïque de la Noblesse, contenant les combats, triomphes, tournois, joustes, pas, carrosels, courses, etc. Le tout enrichy de figures en taille-douce. Par Marc de Vulson, sieur de la Colombière. *A Paris, chez Augustin Courbé*, 1648, 2 vol. in-fol., v. br. (*Titre gravé, frontisp., portr. et fig.*)

Ouvrage très curieux et fort recherché. La reliure des deux parties n'est pas uniforme.

1495. **Nobiliaire de Dauphiné** ou discours historique des familles nobles qui sont en cette province, avec le blason de leurs armoiries, par Guy Allard. *A Grenoble, chez Robert Philippes*, 1671, in-12, mar. r., dos orné, plats à la Dusseuil, tr. dor. (*Rel. ancienne.*)

PETIT VOLUME FORT RARE surtout en vieux maroquin, et auquel ont été ajoutées les 8 pages d'*additions* qui manquent souvent.

1496. **L'estat politique de la province de Dauphiné**, par Nicolas Chorier. *A Grenoble, chez R. Philippes*, 1671 et 1672, 4 vol. in-12, v. br.

TRÈS RARE. Bel exemplaire malgré une petite déchirure au titre du tome III.

1497. Aloysia Sygea et Nicolas Chorier, par M. P. Allut. *A Lyon, impr. de L. Perrin*, 1862, in-8, dem. mar. r., tête dor., ébarb.

Tiré à 112 exemplaire sur *papier vergé teinté*.

1498. **Extrait de l'histoire généalogique de la maison de Beaumont**, suivi de l'histoire abrégée d'Amblard de Beaumont, ministre d'Humbert II et de François de Beaumont, baron des Adrets. *S. l.* 1757, in 4, de 95 pages, maroquin rouge, large dentelle XVIIIe siècle, à petits fers sur les plats, dent. à l'int., doublé de tabis. (*Derome.*)

Superbe exemplaire réglé dans une riche reliure aux armes. DE TOUTE RARETÉ.

1499. Armorial de Dauphiné contenant les armoiries de toutes les familles nobles de cette Province, avec des notices généalogiques, par G. de Rivoire de La Batie. *Lyon, Aug. Brun*, 1867, in-fol., cart. à la bradel en toile, tr. ébarb.

ÉPUISÉ. Bel ouvrage imprimé par Louis Perrin, sur *papier vergé teinté.*

1500. **Album du Dauphiné** ou recueil de dessins représentant les sites les plus pittoresques et les portraits des personnages les plus illustres de cette province. Ouvrage accompagné d'un texte historique, par MM. Cassien et Debelle. *Grenoble, Prudhomme*, 1835-39, 4 vol. in-4, dem. mar. viol., tête dor., ébarb.

Superbe exemplaire sur *papier vélin fort* de ce livre rare qui contient 192 jolies planches lithographiées. RARE.

1501. Revue du Dauphiné, publiée sous la direction de M. Ollivier Jules. *Valence, Borel*, 1837-39, 6 tomes en 3 vol., dem.-rel. toile.

Excellente revue devenue fort rare.

1502. L'Allobroge, revue scientifique et littéraire des Alpes Françaises et de la Savoie, rédigée par un homme de lettres. *Grenoble*, 1840-42, 2 vol. in-4, dem. mar. vert, tr. dorées.

Curieuse publication devenue rare et dans laquelle on trouve 72 lithographies plus curieuses encore de MM. Rahoult, Blanc-Fontaine, Perrotin, etc. *Très bel exemplaire.*

1503. Album du Vivarais ou itinéraire historique et descriptif de cette ancienne province, par M. Albert Du Boys. Orné de dessins de Cassien. *Grenoble, Prudhomme*, 1842, in-4, texte encadré, dem.-rel. mar. viol. (*Fig.*)

RARE. Très bel exemplaire.

1504. Album historique, archéologique et nobiliaire du Dauphiné, publié sous la direction de MM. Champollion-Figeac et Borel d'Hauterive. *Grenoble, Vellot*, 1846-47, 2 parties en 1 vol. in-4, dem.-rel. mar. r. avec coins, ébarb. (*Portraits, planches et facsimile.*)

Très rare.

1505. Mémoires de la Société littéraire de Grenoble. *A Grenoble, chez Allier*, 1787-89, 3 vol. in-8, dem. v. f., tr. r.

Peu commun. C'est la tête de la collection du Bulletin de l'Académie Delphinale.

1506. **Bulletin de l'Académie Delphinale**. *Grenoble, impr. de Prudhomme*, 1846 à 1875, 19 vol. in-8, dem.-rel. v. f., (*Fig.*)

Cette intéressante collection, aujourd'hui si difficile à réunir et à laquelle on a joint : *l'Ancienne académie delphinale et la bibliothèque publique de Grenoble, par Revillout, 1858*, se compose comme suit : Première série de 1846 à 1855, 5 vol. — Deuxième série de 1856 à 1864, 3 vol. — Troisième série de 1865 à 1873, 8 vol.— Documents inédits de 1865 à 1875, 3 vol.

1507. **Voyages pittoresques et romantiques dans l'ancienne France.** DAUPHINÉ. Par MM. Nodier, Taylor et Cailleux. *Paris*, *Didot*, 1854, 2 vol. in-f., dem. cuir de Russie, tr. jasp. (*Fig.*)

Cette superbe publication, de beaucoup la plus belle que nous ayons sur notre pays, a paru en 47 livraisons à 12 fr. 50. Son prix était donc de 600 fr. environ lors de son apparition.

1508. Plans et profilz des principales villes de la province de Dauphiné, avec la carte générale et les particulières de chacun gouvernement d'icelles (par Tassin.) *Paris*, *Cramoisy*, 1634, in-4, obl., dem.-rel. v. f.

Joli recueil de 40 planches très finement gravées sur cuivre.

1509. Le Dauphiné. Fascicule extrait de l'ouvrage intitulé : Topographiæ Galliæ, par Mérian. *Francfort-sur-le-Mein*, *Gaspar Mérian*, 1661, in-fol., dem.-rel. v. gris. (*Texte allemand.*)

Belle carte du Dauphiné et très jolies gravures représentant avec une assez grande fidélité : Grenoble, Vienne, Embrun, etc. *Magnifique exemplaire.*

1510. Description générale et particulière de la France (par de Laborde et Béguillet.) DAUPHINÉ. *Paris*, *Lamy*, 1781-96, gr. in-fol. dem.-rel. v., tr. jasp.

Réunion magnifique de 55 planches la plupart AVANT LA LETTRE et un certain nombre avec la légende sur papier de soie. TRÈS RARE.

1511. Carte géométrique du Haut-Dauphiné et de la frontière ultérieure, levée sous la direction de M. de Bourcet, de 1749 à 1754. Dressée par le Sr Villaret. *Paris*, 1758, gr. in-fol. dem. v. f., ébarb.

Un superbe titre frontispice de Gravelot gravé par Le Mire, et 8 feuilles de format grand aigle. CARTE ESTIMÉE ET DEVENUE RARE.

1512. Atlas factice de 30 cartes de format divers (publiées de 1638 à 1848) intéressant le Dauphiné et reliées en 1 vol. gr. in-fol., dem. v. f., ébarb.

Réunion curieuse de la plus grande rareté. On y a joint un très curieux *plan de la ville de Grenoble* (*Acusianorum colonia*) paru vers 1570.

1513. Lot de 9 grandes cartes générales ou particulières du Dauphiné, collées sur toile, pliées et en étuis de format in-8.

Le Dauphiné, par N. de Fer, 1693. (*Rare.*) -- Isère, par Donnet. — Carte géologique du dép. de l'Isère, par Gueymard, 1847. (*Rare.*) Vizille, par l'Etat-Major. — Briançon, id.— Hautes-Aples, par Dufour, 1831. — Dauphiné, etc., d'après Cassini, 1853. — Drôme, Hautes-Alpes, etc., d'après Cassini, 1853. — Environs d'Uriage.

1514. Histoire naturelle de la province de Dauphiné, par M. Faujas de Saint-Fonds. Tome 1er (seul paru.) *Grenoble*, *Giroud*, 1781, in-8, bas. tr. r. (*Cartes et fig.*)

1515. **Description géologique du Dauphiné** pour servir à l'explication de la carte géologique de cette province, par Charles Lory. *Grenoble, Maisonville,* 1860, 3 parties en 1 vol. in-8, dem.-rel. v. f. (*Carte dans un étui.*)

De toute rareté avec la carte. *On y a joint :* Compte rendu d'une excursion à Sassenage, en septembre 1857, par M. Ch. Lory. *Grenoble,* 1858, broch. in-8, de 26 pages, dem.-rel.

1516. De Lyon à Seyssel. Guide historique st pittoresque en chemin de fer, par un Dauphinois (E. de Quinsonnas.) *Lyon, impr. de L. Perrin,* 1858, in-8, rel. pl. en v. vert, dent., tr. jasp. (*Fig.*)

1517. A travers le Dauphiné. Voyage pittoresque et artistique, par le Baron Achille Raverat. *Grenoble, Maisonville,* 1861, in-8, dem.-rel.

On y a joint : De Saint-Rambert à Voiron, par Antonin Macé. *Grenoble,* 1860. — Dauphiné et Savoie, par Adolphe Joanne. *Paris, Hachette,* 1870, in-32, percal. (*Cartes et fig.*)

1518. Guide dans les Alpes du Dauphiné, par Niepce. — Guide aux eaux et aux Alpes Dauphinoises, par les Drs Saint-Lager et Hervier. — Itinéraire de la Savoie, par Adolphe Joanne. *Paris et Grenoble,* 1862, 3 vol. in-12, dem.-rel. (*Carte et fig.*)

1519. Escalades dans les Alpes, de 1860 à 1869, par Ed. Wymper. Trad. de l'anglais, par Adolphe Joanne, et contenant 108 gravures et 6 cartes. *Paris, Hachette,* 1873, gr. in-8, pap. teinté, dem. v. vert, ébarb. (*Fig.*)

1520. **Voyages dans les Alpes,** précédés d'un essai sur l'histoire naturelle des environs de Genève, par de Saussure. *A Neufchatel, chez Sam. Fauche,* 1779-96, 4 vol. in-4, veau fauve, fil., dent., dos orné, tr. dor. (*Port. et fig.*)

Superbe exemplaire de toute fraicheur.

1521. Description des Alpes Grecques et Cottiennes ou tableau historique et statistique de la Savoie. *Paris, imprim. de Didot l'aîné,* 1802, 2 tomes en 3 vol. in-4, dem.-rel. v. f. (*Atlas.*)

1522. Description des Alpes Pennines et Rhetiennes, par Bourrit. *Genève, Bonnant,* 1781, 3 in-8, bas. (*Cartes et fig.*)

On y a joint : Description des glacières du duché de Savoye, par Bourrit. *Genève, Bonnant,* 1773, in-8, bas. (*Fig.*)

1523. Voyage aux Alpes-Maritimes, par Fodéré. *Paris, Levrault,* 1821, 2 in-8, dem.-rel. — Voyage dans le Midi de la France, par Pigault-Lebrun. *Paris, Barba,* 1827, in-8, dem.-rel.

1524. Dissertation sur le passage du Rhône et des Alpes par Annibal (par le Mis de Fortia d'Urban.) *Paris, Lebègue,* 1821, in-8, dem.-rel. (*Carte.*)

On y a joint : Les Grisons et la Haute-Engadine, par Rey. *Genève,* 1850, in-8, dem.-rel. — La Scandinavie et les Alpes, par de Bonstetten. *Genève,* 1826, in-8, dem.-rel.

1525. Itinéraire descriptif et historique du Dauphiné, par Adolphe Joanne. (Première partie : Isère. — Deuxième partie : Drôme,

Pelvoux, Viso et vallées vaudoises.) *Paris, Hachette*, 1862-63, 2 vol. in-8, v. plein vert., tr. jasp. (*Cartes. et fig.)*

Volumes devenus rares et qui ne seront pas réimprimés.

1526. Numismatique féodale du Dauphiné. Archevêques de Vienne, évêques de Grenoble et dauphins de viennois, par H. Morin. *Paris, Rollin*, 1854, gr. in-4°, avec 23 planches de médailles, dem.-rel., tr. jasp.

Bel exemplaire sur *papier vélin*. RARE

1527. Description d'une médaille trouvée dans la terre à Courenc, près Grenoble, le 11 novembre 1788. *S. l. n. d.*, broch. in-8 de 7 pages, cart. à la bradel.

Outre une fig. dans le texte, notre exemplaire possède la grande figure gravée par Martinet représentant la susdite médaille avec l'indication qu'elle a été trouvée par M. l'Etourneau. TRÈS RARE.

1528. Louange de la vie contemplative, dressée sur l'entrée miraculeuse en la Religion réformée de Sainct-François, qu'a fait nouvellement le Comte de Bouchage aux Cappuchains lez Paris. *A Paris, chez Pierre Ménier*, 1587, in-12 de 16 pages, cart. à la bradel.

DAUPHINOIS RARISSIME.

1529. Histoire monastique d'Irlande où l'on voit toutes les Abbayes, Prieurez, Couvens et autres communautez de ce Royaume, etc. (par L.-Aug. Alemand, avocat, né à Grenoble.) *Paris, Guérout*, 1690, in-12, v. br.

Bel exemplaire de ce *livre rare*.

1530. Lettres spirituelles du R. P. Claude de la Colombière, de la Comp. de Jésus. *Lyon, Bruysel*.) 1715, 2 part. en 1 vol. in-12, v. rac., tr. r. (*Rel. moderne*.)

Le P. de La Colombière est né à Saint-Symphorien-d'Ozon.

1531. La Semaine religieuse du diocèse de Grenoble. *Grenoble' Allier*, 1868-1877, 9 années en 9 vol. in-8, cart. à la bradel' tr. jasp.

1532. Decisiones Guidonis Papæ jurisconsulti Gratianopolitani. *Lugduni, apud Frellon*, 1602, fort vol. in-4, vél. bl.

1533. Statuta delphinalia. Hoc est libertates per illustrissimos principes Delphinos Viennenses Delphinalibus subditis concessæ. *Gratianopoli, impensis Petri Charvys*, 1619, pet. in-4, v. br. (*Reliure aux armes*.)

1534. Dionysii Salvagnii Boessii, in suprema rationum fisci apud Delphinates curia, primarii præsidis, miscella. *Lugduni, apud Laurent-Anisson*, 1661, in-12 de 4 ff. prél., 378 pp., plus l'Index ; 40 pp. et 215 pp. pour l'ouvrage suivant : Philonis Byzantii de septem mundi miraculis. D. Salv. Boessius latinitate donavit, rel. en v. br. (*Rel. anc*.)

Très bel exemplaire d'un VOLUME FORT RARE.

1535. De l'usage des fiefs et autres droits seigneuriaux, par Denis de Salvaing de Boissieu. *A Grenoble, chez Robert Philippes*, 1668. in-fol., v. br.

1536. Traité du plait seigneurial et de son usage en Dauphiné, par Denys de Salvaing de Boissieu. *A Grenoble, chez Iean Nicolas*, in-8, vélin blanc.

Rare. Ex dono authoris.

1537. Relation des principaux événements de la vie de Salvaing de Boissieu, premier président en la chambre des comptes de Dauphiné, par Alf. de Terrebasse. *Lyon, impr. de Louis Perrin*, 1850, in-8, dem. cuir de Russie, tête dor., ébarb. (*Armoiries et fac-sim.*)

Rare. Envoi autographe de l'auteur.

1538. Les navigations, périgrinations et voyages faits en la Turquie, par Nicolas de Nicolay, Daulphinoys. Avec soixante figures. *En Anvers, par Guill. Silvius*, 1577, in-4, v. f., trois filets, dent., tr. dor. (*Bozerian.*)

Superbe exemplaire.

1539. Aperçu général sur l'Egypte, par Clot-Bey. *Paris, Fortin*, 1840, 2 in-8, dem.-rel., tr. marbr. (*Port., cartes et plans col.*)

1540. Matériaux pour servir à l'histoire de Marguerite d'Autriche, duchesse de Savoie, par le Comte de Quinsonas. *Paris, Delaroque (impr. de Louis Perrin, de Lyon)*, 1860, 3 vol. in-8, pap. vélin, dem. mar. bleu avec coins, tête dor., ébarb.

Superbe publication tirée à 300 exemplaires seulement et ornée de chromolithographies, portraits, fac-simile, etc.

1541. Souvenirs pour servir à la statistique du département de l'Isère, par M. le baron d'Haussez. *Bordeaux, Lanefranque*, 1828, in-8, dem.-rel. (*Lithogr.*)

1542. Bulletin de la Société de statistique des sciences naturelles et des arts industriels du département de l'Isère. *Grenoble, Prudhomme*, 1838-46, 4 vol. in-8, dem. v. f. (*Fig.*)

1re Série.

1543. Bulletin de la Société de statistique des sciences naturelles et des arts industriels du département de l'Isère. Deuxième série : 7 vol , et troisième série : 6 vol. *Grenoble, Maisonville*, 1851-74, 13 vol. in-8, dem.-rel. v. f.

Superbe exemplaire d'une collection fort intéressante et dont certains volumes sont devenus fort rares.

1544. Statistique générale du département de l'Isère, par MM. Gueymard, Charvet, Pilot et Albin Gras. *Grenoble, Allier*, 1844-51, 5 tomes en 4 vol. in-8, dem.-rel.

Le premier volume qui renferme la *Géologie du département de l'Isère* est devenu fort rare.

1545. Congrès scientifique de France. Session tenue à Grenoble en 1857. *Grenoble, Maisonville*, 1858, 2 vol. in-8, dem. v. f.

1546. Histoire de Grenoble et de ses environs, depuis sa fondation sous le nom de Cularo jusqu'à nos jours, par Pilot. *Grenoble, Baratier*, 1829, in-8, bas., tr. marbr.

RARE. *On y a joint :* Recherches sur les antiquités dauphinoises, par le même. *Grenoble, Baratier*, 1833, 2 tomes en 1 vol. in-8, dem.-rel. (*Rare.*)

1547. Antiquités de Grenoble ou histoire ancienne de cette ville, d'après ses monuments, par Champollion-Figeac. *Grenoble, Peyronnard*, 1807, in-4, dem.-rel., v. gris (*Fig.*)

1548. Cartulaires de l'église cathédrale de Grenoble, dits Cartulaires de Saint-Hugues, publiés par M. Jules Marion. *Paris, Impr. imp.*, 1869, in-4, demi-rel. v. f., tr. jasp. (*Fac-simile en chromo.*)

1549. Vie de saint Hugues, évêque de Grenoble, et de ses successeurs, par Alb. Du Boys. *Grenoble, Prudhomme*, 1837, in-8, bas. verte, fil., tr. jasp.

RARE. *On y a joint :* La vérité sur saint Hugues et ses cartulaires, par l'abbé Trepier. *Grenoble*, 1867, in-8, dem.-rel. — Notes et observations sur la valeur historique des cartulaires de saint Hugues, du même. *Grenoble*, 1863, in-8, dem.-rel.

1550. Précis historique de la mission de 1818 à Grenoble, par J.-L. B... *Grenoble, Baratier, s. d.* — Mission donnée à Romans en 1820. *Valence, Montal*, 1821, 2 broch. en 1 vol. in-8 bradel.

1551. Lot de 4 grandes cartes de Grenoble, collées sur toile, pliées et en étuis de format in-8 et gr. in-8.

Plan de Grenoble, 1861. — Plan de Grenoble avec vues, vers 1845. — Plan de Grenoble, 1868. — Grenoble, par l'État-major.

1552. Code des municipalités ou manuel municipal, par Fauchet. *Grenoble, chez l'auteur*, 1845, 3 in-8, dem.-rel.

1553. Catalogue des livres que renferme la bibliothèque publique de la ville de Grenoble, classés méthodiquement, par Ducoin. *Grenoble, Baratier*, 1831, 3 in-8, dem.-rel.

1554. Uriage et ses environs. Guide pittoresque et descriptif, par Michal-Ladichère. *Grenoble, Vellot* (1849), gr. in-8 oblong, dem.-rel. v. vert. (*Fig. de Debelle.*)

— Le même. Deuxième édition, cart. à la bradel. *Cartes, plans et fig. sur bois.*

1555. Histoire naturelle de la fontaine qui brulle, près de Grenoble, par Iean Tardin. *A Tournon, pour Guill. Linocier*, 1618, in-12, v. br., tr. r.

DE TOUTE RARETÉ.

1556. Les Palafittes ou constructions lacustres du lac de Paladru (station des Grands-Roseaux) près Voiron (Isère), par M. Ern. Chantre. *Grenoble et Chambéry*, 1871, 1 vol. in-4 de texte avec fig. et 1 atlas g. in-f. de 15 belles lithographies, dem.-rel.

1557. Guide du voyageur dans l'Oisans, orné de 8 lithographies et d'une carte de l'Oisans, par Roussillon. *Grenoble, Maisonville*, 1854, in-8 bas., tr. marb. (*Fig.*)

1558. Crémieu ancien et moderne, par Ferd. Calvet-Rogniat. *Lyon*,

Dumoulin, 1848, gr. in-8, dem.-rel. v. vert. (*Jolies lithogr. d'après Chapuis.*)

1559. L'abbaye de Saint-Antoine en Dauphiné. Essai historique et descriptif, par un prêtre de N.-D. de l'Osier. *Grenoble, Baratier*, 1844, in-8, dem.-rel., v. br.

On y a joint : Discussion sur les reliques de saint Antoine, en réponse à une notice sur la même question publiée à Arles. *Grenoble, Baratier*, 1846, dem.-rel.

1560. Recueil des pièces portant suppression de l'ordre de Saint-Antoine de Viennois et union dudit ordre à celui de Malthe, et portant érection d'un chapitre de chanoinesses de l'ordre de Malthe dans l'église de Saint-Antoine, en Dauphiné. *Grenoble, Giroud*, 1784, in-4, vél. bl.

1561. Recherches historiques sur le monastère royal de Montfleury, près Grenoble, de l'ordre de Saint-Dominique, par H. de Maillefaud. *Grenoble, Maisonville*, 1857, gr. in-8, v. f., fil., tr. jasp.

Superbe et rare exemplaire sur PAPIER DE HOLLANDE avec les jolies *figures de Rahoult tirées sur chine.*

1562. Cartulare monasterii beatorum Petri et Pauli de Domina. *Lugduni, excudebat Lud. Perrin*, 1859, in-8 sur pap. vergé teinté, dem. mar. or., tête dor., ébarb. (*Fig.*)

Excellent ouvrage publié par *M. le Marquis de Monteynard.*

1563. Voyage de Grenoble à la Salette, par E. de Toylot. Edition illustrée, gravée par Dardelet. *Grenoble, Baratier*, 1863, gr. in-8, pap. teinté, dem. v. bleu. (*Fig. sur bois.*)

Premier tirage devenu rare.

1564. Miracle de la Salette. Lot de 20 vol. in-8 et in-12, pour ou contre la Salette, publiés à Grenoble et à Paris, de 1850 à 1872. dem.-rel.

1565. Poésies de Charles d'Orléans, père de Louis XII. *A Grenoble, chez Giroud*, 1803, in-12, veau vert quadrillé, large dent. sur les plats, dos orné, dent. à l'int., tr. dor. (*Rel. par Gaudreau.*)

Très bel exemplaire de l'édition donnée par Chalvet, d'après le beau manuscrit de la Bibliothèque de Grenoble.

1566. Vie et poésies de Soffrey de Calignon, chancelier du Roi de Navarre, publiées sur les manuscrits originaux, par le comte Douglas. *Grenoble, Edouard Allier*,, 1874, gr. in-4 sur papier holl., teinté, dem-rel., v. fauve, tr. jasp. (*Port., planches et fac-simile.*)

Ce beau volume, le premier publié d'une *Collection de documents inédits pour servir à l'histoire du Dauphiné*, n'a été tiré qu'à 125 exemplaires, sur PAPIER DE HOLLANDE TEINTÉ. Celui-ci porte le n° 112. Portrait, armes en couleurs et généalogie de Soffrey de Calignon.

1567. **Les Poëmes de messire Claude Expilly.** *A Grenoble, de l'imprimerie de Pierre Verdier*, 1624, gr. in-4, vélin blanc.

Magnifique exemplaire en *grand papier* et rempli de témoins de la meilleure édition.

1568. Autres œuvres poétiques du sieur David Rigaud (de Crest) avec une notice, par Brun-Durand. *Paris*, *Aubry* (*Chenevier et Chavet, imprim.*), 1870, in-8, pap. vergé teinté, dem.-rel., v. f.

Réimpression à petit nombre.

1569. Grenoblo malherou, suivi du dialoguo de le quatro comare (par Blanc dit La Goutte). *Grenoble*, *Cuchet*, *s. d.*, broch. in-8 de 24 pp., dem.-rel., ébarb.

Rare.

1570. Poésies en patois du Dauphiné. Grenoblo malherou. — Dialogo de le quatro comare. — Monologue de Janin, chansons et pièces patoises. Avec le récit des inondations de l'Isère du 2 novembre 1859. *Grenoble*, *Merle*, 1859, in-8, dem.-rel., mar. lav., tête dor. ébarb.

Superbe exemplaire sur *papier de Hollande*. TRÈS RARE.

1571. Grenoble inondé. Notice sur l'inondation de 1859, à laquelle on a joint : Grenoblo malherou, Coupi de la lettra, Grenoblo inonda, etc. *Grenoble*, *Maisonville*, 1859, in-8, dem-rel.

Figures de D. Rahoult.

1572. **Poésies en patois du Dauphiné.** Grenoblo malhérou. — Coupi de la lettra. — Jacquety de le Comare, par Blanc dit la Goutte. Dessins de D. Rahoult, gravures de Dardelet. *Grenoble*, *Rahoult et Dardelet*, 1864-74, gr. in-4, pap. velin, dem.-rel., mar. r. ébarb. (*Fig.*)

Épuisé et rare.

1573. Théâtre complet de F. Ponsard. *Paris*, *Lévy*, 1854. — La Bourse, comédie, du même. *Paris*, *Lévy*, 1856. — Etudes antiques, du même. *Paris*, *Lévy*, 1858. En tout 3 vol. in-12, dem. v. f.

1574. Le Lion amoureux, comédie en 5 actes et en vers, par Ponsard. *Paris, Michel Lévy*, 1866, in-8, dem-rel. (*Edition originale.*)

1575. Poésies complètes d'Emile Augier. *Paris*, *Lévy*, 1857. — Les Roses du Dauphiné, par Mlle Ad. Souchier. *Lyon*, *Scheuring*, 1870 Branches de lilas, par la même. *Paris*, *Jouaust*, 1874. En tout 3 vol. in-12, dem.-rel.

1576. Théâtre d'Emile Augier. Collection Hetzel. *Bruxelles*, *Lebègue*, 1856, 6 vol. pet. in-12, dem.-rel. v. f. (*Rare.*)

1577. La Contagion, comédie, 1865. — Maître Guerin, comédie, 1865. — Les Effrontés, comédie, par Emile Angier. *Paris*, *Michel Lévy*, 1861. Ensemble 3 pièces en 2 vol. in-8, dem.-rel.

Éditions originales.

1578. Les Recherches du sieur Chorier sur les antiquitez de la ville de Vienne, métropole des Allobroges. Première (et seule) partie. *A Lyon*, *chez Ch. Baudrand*, 1659, in-12, v. br.

Intéressant et rare.

1579. Histoire de la ville de Vienne durant l'époque gauloise et la domination romaine et postérieurement, de l'an 438 à l'an 1039, par M. Mermet aîné. *Paris, Didot*, 1828-1833, 2 vol. in-8, dem. v. f., ébarb.

Très bel exemplaire.

1580. Histoire de la ville de Vienne, de 1040 à 1801, par Mermet aîné. *Grenoble, chez les princ. libraires*, 1854, in-8, dem.-rel. (*Port.*)

On y a joint : Description du musée de Vienne, par Delorme. *Vienne*, 1841 (*9 lithographies*). — Guide des étrangers à Vienne, par Rey. *Lyon*, 1819 (*Plan et fig.*). — Monuments remarquables de l'arrondissement de Vienne, par Mermet. *Vienne*, 1829. En tout 3 in-8, dem.-rel.

1581. Histoire de la sainte église de Vienne depuis les premiers temps du christianisme, par Collombet. *Lyon, Mothon*, 1847, 3 in-8, rel. pl. en v. éc., fil., tr. jasp.

On y a joint : Fastes de la ville de Vienne. Manuscrit inédit de Claude Charvet. *Vienne, Savigné*, 1869, in-8, dem. v. f.

1582. Mémoires sur diverses antiquités du département de la Drôme et sur les différents peuples qui l'habitaient avant la conquête des Romains, par l'abbé Chalieu. *Valence, Marc Aurel*, 1811, in-4, rel. pl. en bas. éc. (*Fig.*)

1583. Essai sur la statistique, l'histoire et les antiquités du département de la Drôme, par Delacroix. *Valence, Montal*, 1817, in-8, dem.-rel., v. f. (*Carte.*)

On y a joint : Essais historiques sur la ville de Valence (par Jules Ollivier). *Valence, Borel*, 1831. — Valence ancien et moderne, par Lacroix. *Valence*, 1870, 2 vol. dem.-rel.

1584. Antiquités de l'Eglise de Valence (en Dauphiné) recueillies par M. Jean de Castellan. *A Valence, chez Gilibert*, 1724, in-4, v. br., tr. jasp. (*Vign. de Séb. Le Clerc.*)

Rare. Bel exemplaire.

1585. Histoire hagiologique ou vies des saints et bienheureux du diocèse de Valence, par l'abbé Nadal. *Valence, Marc Aurel*, 1855, in-8, dem. v. f.

On y a joint : Histoire de l'université de Valence, par le même. *Valence, Marc Aurel*, 1861, in-8, dem.-rel. (*Port. de Cujas.*)

1586. Mémoires sur la ville de Romans, par M. Dochier, suivis de l'éloge du chevalier Bayard. *Valence, Montal*, 1812, in-8, rel. en bas., dent., tr. marbr.

1587. Essai historique sur l'abbaye de S. Barnard et sur la ville de Romans. Accomp. de pièces justif., entre autres du cartulaire de Romans, annoté par M. Giraud. *Lyon, impr. de Louis Perrin*, 1856-69, 2 parties et complément en 5 vol. in-8, papier teinté, dem. marb. bl., tête dor., ébarb.

Bel ouvrage tiré à un très petit nombre d'exemplaires.

1588. Ephémérides pour servir à l'histoire des Hautes-Alpes, par l'abbé Gaillaud. *Paris, Audier*, 1874, in-8, dem.-rel. v. bleu.

1589. Essai sur les institutions autonomes ou populaires des Alpes Cottiennes-Briançonnaises, etc., par Fauché-Prunelle. *Grenoble, Vellot*, 1856, 2 in-8, dem.-rel.

1590. Les guerres de religion et la Société protestantes dans les Hautes-Alpes (1560-1789), par M. Charronnet. *Gap, Jouglard*, 1861, in-8, dem.-rel.

1591. Histoire hagiologique du diocèse de Gap, par Mgr Dépéry. *Gap, Delaplace*, 1852, in-8, rel. pl. en veau bl. (*Port.*)

1592. Recherches historiques sur le pèlerinage des rois de France à Notre-Dame d'Embrun, par Fabre. *Grenoble, Maisonville*, 1860, in-8, dem. mar. br. (*Fig.*)

On y a joint : Histoire de N. D. d'Embrun ou la Vierge du Réal, par l'abbé Gaillaud. *Gap, Jouglard*, 1862, in-12, dem.-rel.

1593. Notice historique sur l'ancienne communauté de Tallard, par A. de Taillas. *Grenoble, Allier*, 1868, gr. in-8, pap. vél., dem. v. gris, ébarb.

B. — Chartreux.

1594. **Brunonis Carthusianorum** patriarchæ sanctissimi opera et vita *(Parisiis) venundantur Ioco Badio Asoensio*, 1524, in-f. de 8 ff. prél. pour le titre gravé, la dédicace à D. Laurent Alamand de Grenoble et la table, et 497 ff. chiffrés, veau fauve, tr. r. (*Rel. mod.*)

Superbe exemplaire en lettres rondes de cette édition rare.

1595. Vie de saint Bruno, fondateur des Chartreux, avec diverses remarques sur le même ordre, par le P. de Tracy. *Paris, Berton*, 1785, in-12, dem.-rel.

1596. Description de l'origine et première fondation de l'ordre sacré des Chartreux... Trad. par Frère Franc. Jary. *A Paris, chez Guill. Chaudière*, 1578, in-4, dem.-rel.

Réimpression fac-simile donnée à Gap, chez Allier, par le Vte Colomb-de-Batines, et tirée seulement à 102 exemplaires. *Elle est devenue fort rare.*

1597. **Statuta ordinis Cartusiensis** a domino Guigone priore Cartusie edita. *Impressa Basileæ arte et industria Joh. Amorbacchii, anno dom. quinquagentesimo decimo supra millesimum* (*1510*) in-f., goth. bas.

Très bel exemplaire bien complet avec les Privilegia ordinis qui forment la 5e partie et qui manquent souvent. *Très rare.*

1598. Nova collectio statutorum ordinis Cartusiensis. Editio tertia. *Romæ, ex typographia Rev. Cameræ apostolicæ*, 1688, in-4, v. br.

Rare. A la fin du volume nombre de pièces avec pagination spéciale : *Lettres patentes, Bullæ in statutis, Directorium novitiorum, Edit du roi, etc.*

1599. Ordinarium Cartusiense, continens novæ collectionis statutorum ejusdem ordinis partem primam, etc. *Gratianopoli, ex typis Baratier et Dardelet*, 1869, fort vol. in-12, v. f., tête rouge, ébarb.

Ce volume n'a pas été mis dans le commerce.

1600. Le directoire des mourans, à l'usage de l'ordre des Chartreux. *A La Courrerie, par Ant. Fremon*, 1686, in-8, v. br.

Rare, comme tous les volumes qui sont sortis de l'imprimerie particulière des Chartreux.

1601. La Grande-Chartreuse, par Albert Du Boys. *Grenoble, Baratier*, 1845. (*Carte et fig.*) — Voyage à la Grande-Chartreuse, par Dupré Deloire. *Valence, Borel*, 1830. (*Rare*) — Voyage à la Grande-Chartreuse, par le Dr Guérin. *Avignon, Seguin*, 1826. — En tout 3 vol. in-8 et in-12, dem.-rel.

1602. La Vie de Nostre Seigneur Iesus-Christ avec plusieurs dévotes oraisons. *A Lyon, par Balth. Arnoullet*, 1543, in-16 de 114 ff. chiff., plus les ff. prélim. et la table, vélin blanc. (*Fig. sur bois.*)

Curieux volume dont le texte est encadré et qui renferme de nombreuses figures sur bois. Son auteur est F. Guill. de Brantegheм, *chartreux*. Mouillures et déchirure à la dernière page.

1603. Vie de messire Jean d'Aranthon d'Alex, évêque et prince de Genève, avec son directoire pour bien mourir, etc. (par le P. Le Masson, général des Chartreux.) *Lyon. Comba*, 1699, in-8, bas. (*Port.*)

1604. Bibliotheca Cartusiana, sive illustrium sacri cartusiensis ordinis scriptorum catalogus, auctore F. Theod. Petreio. Accesserunt origines omnium per orbem Cartusiarum. *Coloniæ, apud Ant. Hieratum*, 1609, in-8, v. br.

Bel exemplaire de ce volume rare.

III. — HISTOIRE DES ETATS D'EUROPE.

1605. La historia d'Italia di M. Fr. Guicciardini... *In Venegia. Gabr. Giolito*, 1568, in-4, v. br., tr. marb.

Très bel exemplaire.

1606. Lettres historiques et critiques sur l'Italie, par le président de Brosses. *Paris, Ponthieu, an VII*, 3 in-8, dem.-rel.

1607. Histoire des guerres d'Italie, traduite de l'italien de François Guichardin. *A Londres, chez Vaillant*, 1738, 5 in-4. v. br., tr. r.

1608. Les monastères bénédictins d'Italie, par Alph. Dantier. *Paris, Didier*, 1867, 2 vol. in-12, dem. v. f.

1609. Della republica et magistrati di Venetia di M. Gasp. Contarini, etc. *In Venetia, presso Aldo*, 1591, in-8, vel. bl.

1610. Etudes statistiques sur Rome et la partie occidentale des Etats

Romains, par le Comte de Tournon. *Paris*, *Didot*, 3 vol. in-8 (dont 1 atlas de 32 planches), dem. cuir de Russie, tr. jasp.

1611. Histoire du royaume de Naples, de Charles VII à Ferdinand IV, 1734 à 1825, par le général Colleta. Trad. par Lefevre et Bellaguet. *Paris*, *Ladvocat*, 1835, 4 in-8, dem. v. f., ébarb.

1612. Histoire de la Ville et de l'Estat de Genève, tirée fidèlement des manuscrits, par Jacob Spon. *A Lyon*, *chez Amaulry*, 1682, 2 vol. in-12, v. éc., fil., tr. r. (*Front. grav.*)

Très joli exemplaire.

1613. Histoire du Sunderbund, par Crétineau-Joly. *Paris*, *Plon*, 1850, 2 in-8, dem. v. gris.

1614. L'Espagne. Histoire et monuments, par l'abbé Godard. *Tours*, *Mame*, 1862, gr. in-8, dem.-rel., v. bl. (*Fig. de Gust. Doré.*)

1615. Histoire de la domination des Arabes et des Maures en Espagne et en Portugal, rédigée d'après Conde, par de Marlès. *Paris*, *Eymery*, 1825, 3 in-8, dem. bas.

1616. Etudes sur l'Angleterre, par Léon Faucher. *Paris*, *Guillaumin*, 1845, 2 in-8, dem. v. f.

1617. Histoire de l'Irlande ancienne et moderne, tirée des monuments les plus authentiques, par M. l'abbé Ma-Géoghégan. *A Paris*, *chez Ant. Boudet*, 1758, 3 in-4, v. br., tr. r. (*Cartes*).

Ouvrage rare et recherché.

1618. Etude sur l'Irlande contemporaine, par le R. P. Perraud. *Paris*, *Douniol*, 1862, 2 in-8, dem. v. bleu.

1619. Histoire de la maison de Saxe-Cobourg-Gotha. Traduct. libre, par M. Aug. Scheler. *Bruxelles*, *Raes*, 1846, gr. in-8, dem.-rel. (*Tableaux généalogiques.*)

1620. L'esprit moderne en Allemagne, par Selden. *Paris*, *Didier*, 1872. — Les odeurs de Berlin, par Léouzon Le Duc. *Paris*, *Sartorius*, 1874, 2 vol. in-12, dem.-rel.

1621. Histoire de Dannemarc, par M. Mallet. *Paris*, *Buisson*, 1787, 9 vol. in-12, bas. rac. (*Cartes.*)

1622. La Russie ancienne et moderne, par Charles Romey et Alf. Jacobs. *Paris*, *Furne*, 1855, gr. in-8, dem.-rel., mar. v., tr. jasp. (*Cartes et fig.*)

Figures *noires et coloriées* d'après Yvon.

1623. Document relatif au patriarcat Moscovite, 1589. — Description de l'Ukranie, par le chevalier de Beauplan. — Deffaicte des Tartares et Turcs, par le seigneur Iean Zamoïsky. *Paris*, *Techener*, 1857-61, 3 vol, in-16, sur pap. de Hollande. dem. mar. bl., ébarb.

Réimprimés par les soins du *Prince* GALITZIN.

1624. Catherine II et son règne, par Jauffret. *Paris, Dentu*, 1860, 2 in-8, dem.-rel., v. vert.

On y a joint : Mémoires secrets de de la cour de Russie sous Pierre-le-Grand et Catherine, par Hallez. *Paris, Dentu,* 1853, dem.-rel.

1625. Le monde Russe et la Révolution. Mémoires de M. Hertzen (1812-1835), trad. par Delaveau. *Paris, Dentu,* 1860, 3 vol. in-12, dem. v. rose. (*Fig.*)

1626. La Russie pendant les guerres de l'Empire. Souvenirs de M. Domergue, recueillis par Tiran, avec une introd. de Capefigue. *Paris, Bertrand*, 1835, 2 vol. (*Portr.*) — Les prisonniers français en Russie. Mémoires de M. de Siran, publiés par M. de Puibusque. *Paris, Bertrand*, 1837. En tout 4 vol. in-8, dem.-rel.

1627. La Russie en 1839, par le marquis de Custine. *Paris, Amyot*, 1746, 4 in-12, rel. pl. en v. bl., fil., tr. marb.

1628. L'empire des Tsars au point actuel de la science, par Schnitzler. *Paris, Berger-Levrault*, 1862, 4 vol. in-8, dem. v. bl., tr. jasp.

1629. Etudes sur la situation intérieure, la vie nationale et les institutions rurales de la Russie, par Aug. de Harthausen. *Hanovre, Hahn*, 1847, 3 in-8, dem. v. f.

1630. Etudes sur les forces productives de la Russie, par M. de Tegoborski. *Paris, Renouard*, 1854, 4 in-8, dem. mar. vert., tr. jasp.

1631. Etudes sur l'avenir de la Russie, par Schédo-Ferroti. *Berlin, Behr*, 1859, 7 études paginées à part et réunies en 2 vol. in-8, dem. v. gris. (*Plans*.)

On y a joint : La Vérité sur la Russie, par le prince Dolgoroukow. *Paris, Franck*, 1860.

1632. Tableau de la Pologne ancienne et moderne, par Malte-Brun. *Paris, Aimé-André,* 1830, 2 in-8, dem.-rel.

1633. Istoria dello stato presente dell' Imperio Ottomano... composta in lingua Inglese dal Sig. Ricaut, et transportata in Italiano da Const. Belli. *Venetia, Combi et La Nou*, 1673, in-4, v. br. (*Front. gravé.*)

1634. La Turquie d'Europe, par Ami Boué. *Paris, Bertrand*, 1840, 4 vol. in-8, dem. v. v. (*Carte.*)

1635. Histoire de l'Empire ottoman depuis son origine jusqu'à nos jours, par M. de Hammer. Trad. de l'allemand, par M. Dochez. *Paris, Béthune et Plon*, 1844, 3 vol. gr. in-8, dem.-rel.

1636. La Romanie ou histoire et littérature des peuples de la langue d'or, par Vaillant. *Paris, Bertrand*, 1844, 3 in-8, dem.-rel. (*Cartes.*)

IV. — HISTOIRE DE L'ASIE ET DE L'AFRIQUE.

1637. **L'Asia** del S. Giovanni di Barros.... novamente di lingua portoghese tradota dal S. Alfonso Ulloa. *In Venegia, Vinc. Valgrisio*, 1562, in-4, vél. bl.

Très bel exemplaire des deux premières décades (il n'en a pas paru davantage) d'un ouvrage que *Brunet déclare* INTROUVABLE *en France.*

1638. Bibliothèque orientale ou dictionnaire universel de tout ce qui fait connaître les peuples de l'Orient, par d'Herbelot. *Paris, Moutard*, 1781, 6 vol. in-8, bas., tr. r.

Ouvrage très estimé.

1639. Mélanges asiatiques (et nouveaux mélanges) ou recueil de morceaux de critique et de mémoires relatifs aux religions, coutumes, histoire et géographie des nations orientales, par Abel-Rémusat. *Paris, Dondey-Dupré*, 1825-29, 4 vol. in-8, cart. à la bradel, ébarb.

1640. Mélanges de littérature orientale, par Silvestre de Sacy. *Paris, Ducrocq, s. d.*, in-8. (*Port.*). — Mélanges posthumes d'histoire et de littérature orientales, par M. Abel de Rémusat. *Paris, imprim. royale*, 1843, in-8. En tout 2 vol. in-8, dem.-rel., v. gris.

1641. Mémoires relatifs à l'Asie contenant des recherches historiques et géographiques sur les peuples de l'Orient, par Klaproth. *Paris, Dondey-Dupré*, 1826, 3 in-8., dem.-rel. (*Cartes et planches.*)

1642. Tableaux historiques de l'Asie depuis Cyrus jusqu'à nos jours, par Klaproth. *Paris, Schubart*, 1826, in-4, dem.-rel.

Atlas in-fol. contenant 27 *cartes coloriées.*

1643. Histoire de la conquête de l'empire anglais dans l'Inde, par Barchou de Penhoën. *Paris, Ladrange*, 1840-41, 6 in-8, dem.-rel.

1644. Tableau politique et statistique de l'Empire Britannique dans l'Inde, par le général de Biornstierna. Trad. de l'allemand. *Paris, Amyot*, 1842, in-8, demi-rel., v. vert.

On y a joint : Les Anglais et l'Inde, par de Valbezen. *Paris, Lévy*, 1857, in-8, dem.-rel., v. vert.

1645. L'Inde anglaise en 1843-1844, par Ed. de Warren. *Paris, Comon*, 1845, 3 in-8, dem. v. f.

1646. Dissertation sur l'étendue de l'ancienne Jérusalem et de son temple, et sur les mesures hébraïques de longueur, par M. d'Anville. *A Paris, chez Prault*, 1747, in-8, dem. mar. r., ébarb. (*Carte.*)

Le plus rare de tous les ouvrages de d'Anville. Il a été réimprimé dans l'*Itinéraire de Jérusalem*, par Chateaubriant.

1647. Mémoires historiques et géographiques sur l'Arménie, par M. Saint-Martin. *Paris, de l'imprimerie royale*, 1818, 2 in-8, cart., non rognés.

1648. Lettres édifiantes et curieuses concernant l'Asie, l'Afrique et l'Amérique, publiées par M. Aimé Martin. *Paris, Desrez*, 1838 4 vol. gr. in-8, dem.-rel.

1649. Description historique et géographique de l'Indostan, par James Rennell. Trad. de l'angl., par Castéra. *Leipzic, Treuttell*, 1800, 3 in-8, dem. mar. r.

1650. Antiquité géographique de l'Inde et de plusieurs autres contrées de la Haute-Asie, par M. d'Anville. *A Paris, de l'impr. royale*, 1775, in-8, dem.-rel. cuir de Russie, tr. r. (*Cartes.*)

1651. Eclaircissements géographiques sur la carte de l'Inde, par M. d'Anville. *A Paris, de l'impr. royale*, 1753, in-4, v. rac., fil., tr. jasp.

1652. **Epistolæ Indicæ.** De stupendis et præclaris rebus quas divina bonitas in India operari dignata est. *Lovanii, apud Velpium*, 1566, in-8, v. br., compart. à froid.

Curieux exemplaire dont la reliure *aux armes et devises de la Société de Jésus* porte la date de 1566. — A la fin, deux opuscules : l'un sur l'origine de la susdite société, l'autre sur sa défense tirée des lettres de Pie IV.

1653. Epistolæ Japanicæ, de multorum gentilium in variis insulis.... In quibus mores, locorumque situs describuntur. *Lovanii, apud Velpium*, 1569, 2 parties en 1 vol. in-8, vél. bl. (*Rel. anc.*)

On trouve dans ce volume rare une curieuse *lettre sur le* BRÉSIL.

1654. Histoire des choses plus mémorables advenues tant ez Indes orientales, que autres païs de la descouverte des Portugais.... Le tout recueilly par le P. Pierre du Jarric, Tolosain. *A Bourdeaux, par S. Millanges*, 1608, in-4, v. rac., tr. rouges.

LIVRE RARE. Mouillures et raccommodages.

1655. Histoire de la Chine sous la domination des Tartares où l'on verra les choses les plus remarquables de 1651 à 1669, par le P. Adr. Greslon. A *Paris, chez Iean Hénault*, 1671, pet. in-8, v. br.

1656. Histoire de la conquête de la Chine par les Tartares, contenant... Ecrite en esp. par M. de Palafox et trad. par le Sr Collé. *Paris, Bertier*, 1670, in-8, v. br.

1657. Nouvelle relation de la Chine composée par le R. P. Gabr. de Magaillans et trad. du portugais. *Paris, Lucas*, 1690, in-4, v. br. (*Carte.*)

1658. Mémoire de M. d'Anville sur la Chine. A *Pe-kin et se trouve à Paris, chez l'auteur*, 1776, in-8, dem. cuir de Russie.

1659. De la Chine ou description générale de cet empire, par M. l'abbé Grosier. *Paris, Pillet*, 1818, 7 vol. in-8, dem.-rel., v. vert.

1660. La Chine contemporaine, par Lavollée. *Paris, Lévy*, 1860. — Les pirates chinois, par Fanny Loviot. *Paris*, 1860. (*Port.*) — Souvenirs d'une ambassade en Chine, par le Mis de Moges. *Paris, Hachette*, 1860. — Le Kiang-Nan en 1869, par les missionnaires, avec deux cartes. *Paris, s. d.* En tout 4 vol. in-12, dem.-rel. v.

1661. Mémoires sur la Chine, par le comte d'Escayrac de Lauture.

Histoire, religion, gouvernement, coutumes, etc. *Paris, Magasin pittoresque*, 1865, 2 vol. in-4, dem. v. f., tr. jasp. (*Fig. sur bois.*)

Très bel exemplaire.

1662. **Histoire générale des Huns, des Turcs, des Mogols** et des autres peuples Tartares occidentaux, avant et depuis J.-C., jusqu'à présent. Ouvrage tiré des livres chinois et des manuscrits orientaux, par Deguignes. *Paris, Desaint et Saillant*, 1756-58, 4 tomes en 5 vol. in-4, v. rac., fil., tr. marb.

MAGNIFIQUE EXEMPLAIRE *d'un ouvrage très estimé et peu commun, dit Brunet.* — On y a joint : *Supplément à l'histoire générale des Huns, Turcs et Mogols... par Jos. Senkowski. Saint-Pétersbourg, 1824, in-4°, veau rac., fil., tr. marb.* (TRÈS RARE.)

1663. Histoire générale de l'empire du Mogol depuis sa fondation par le R. P. Fr. Castrou. A *Paris, chez J. de Nully*, 1715, in-4 v. br.

1664. Asie Centrale. Recherches sur les chaînes de montagnes et la climatologie comparée, par Al. de Humbold. *Paris, Gide*, 1843, 3 in-8, bas. pleine. tr. jasp. (*Tableaux.*)

1665. Afrique de Marmol, de la traduction de Perrot d'Ablancourt. Enrichie de cartes géographiques. *Paris, Th. Jolly*, 1667, 3 vol. in-4, v. br. (*Cartes.*)

1666. Fastes sacrés de l'Afrique chrétienne. Etudes d'après Morcelli, par Mgr Dupuch. *Bordeaux, 1850 (1re, 3e et 4e époques)*, 3 vol. in-8, dem. veau vert.

La 2e époque n'a jamais été publiée.

1667. Histoire des Berbères et des dynasties musulmanes de l'Afrique septentrionale, par Ibn-Khaldoun, trad. par M. de Slane. *Alger*, 1852-56, 4 vol. in-8, dem. v. souris.

1668. Documents sur l'histoire et la géographie de l'Afrique orientale depuis les temps les plus reculés jusqu'à nos jours, par M. Guillain. *Paris, Bertrand*, 1856, 3 in-8, dem. mar. vert.

Publiés par ordre du gouvernement.

1669. Description de l'Arabie d'après les observations faites dans le pays même, par Nieburg. (Trad. de l'allemand, par Mourier.) *A Copenhague, Nic. Moller*, 1773, in-4, veau plein bleu, dent., tr. jasp. (*Planches et cartes.*)

Très bel exemplaire.

1670. Essai sur l'histoire des Arabes avant l'islamisme, pendant l'époque de Mahomet et jusqu'à la réduction de toutes les tribus sous la loi musulmane, par Caussin de Perceval. *Paris, Didot*, 1847, 3 in-8, dem. v. bleu.

1671. Le désert et le Soudan, par le comte d'Escayrac de Lauture. *Paris, Dumaine*, 1853, gr. in-8, rel. pl. en mar. viol., comp., dent., tr. dor. (*Fig. sur bois.*)

Très bel exemplaire.

1672. Cruautez exercées sur les chrestiens en la ville d'Alger, en

Barbarie... où est contenu le rachapt de 58 chrestiens dont les noms sont ici inserez... par le R. S. B. de Grammey, docteur Rhémois. *A Paris, chez Feugé*, 1620, pet. in-8, de 8 ff. dem.-rel.

Très rare brochure.

1673. Histoire d'Alger et de la piraterie des Turcs dans la Méditerranée à dater du 16e siècle, par de Rotalier. *Paris, Paulin*, 1841, 2 in-8, dem.-rel., v. vert. (*Chiffre de Ternaux-Compans sur les plats.*)

1674. L'Algérie ancienne et moderne, par Galibert. Vignettes, par Raffet et Rouargue. *Paris, Furne*, 1854, gr. in-8, dem. mar. lav., plats en toile, tr. dor. (*Cartes et fig.*)

Bel exemplaire de PREMIER TIRAGE avec la collection des *types coloriés* et les figures sur acier.

1675. Histoire de la conquête d'Alger, par Alfred Nettement. *Paris, Lecoffre*, 1856, in-8, dem. v. rose. (*Cartes.*) — Description et histoire du Maroc, par Léon Godard. *Paris, Tanera*, 1860, in-8, dem. v. vert. (*Carte.*)

1676. Histoire de la conquête et de la colonisation de l'Algérie (1830-40), par Ach. Fillias. *Paris, Devresse*, 1860, gr. in-8, dem. v. rose.

On y a joint : Excursion dans la Haute-Kabylie, par un juge en vacances (Fél. Hun). *Alger*, 1859, in-8, dem.-rel. — Histoire d'Oran sous la domination espagnole, par Fey. *Oran*, 1858, in-8°, dem.-rel.

1677. La guerre et le gouvernement de l'Algérie. — La colonisation de l'Algérie, ses éléments. — Histoire de la colonisation de l'Algérie, par Louis de Baudicour. *Paris, Sagnier, Lecoffre et Challamel*, 1853, 1856 et 1860, 3 vol. in-8, dem. v. f.

1678. Colonisation de l'Algérie. par Enfantin. *Paris, Bertrand*, 1843. — Les Français en Algérie, par Louis Veuillot. *Tours*, 1847. — De la domination turque dans l'ancienne régence d'Alger, par W. Esterhazy. *Paris*, 1840. — Lettres édifiantes et curieuses sur l'Algérie par l'ab. Suchet. *Tours*, 1840. En tout 4 vol. in-8, dem.-rel. veau, tr. jasp.

1679. Annales algériennes. Nouvelle édition continuée jusqu'à la chute d'Abd-El-Kader ; avec un appendice de 1848 à 1854, par Pélissier de Reynaud. *Paris, Dumaine*, 1854, 3 in-8, dem. v. f.

1680. Mémoires sur l'Egypte ancienne et moderne, suivis d'une description du golfe Arabique ou de la mer Rouge, par M. d'Anville. *A Paris, de l'impr. royale*, 1766, in-4, veau marb. fil., tr. jasp. (*Cartes.*)

Superbe exemplaire dont le dos porte le chiffre et les plats les *armes de* LOUIS XV.

1681. Histoire de la grande isle de Madagascar, composée par le sieur de Flacourt. *A Troyes, chez Nic. Oudot*, 1661, in-4, v. br. (*Nombr. cartes et fig.*)

V. — HISTOIRE DE L'AMÉRIQUE ET DE L'OCÉANIE.

1682. Examen critique de l'histoire de la géographie du Nouveau Continent et des progrès de l'astronomie nautique aux 15e et 16e siècles, par Al. de Humboldt. *Paris*, *Gide*, 1836-37, 5 tomes en 3 vol. in-8, bas. pleine, fil., tr. jasp. (*Cartes*.)

1683. Christophe Colomb et la découverte du Nouveau Monde, par M. de Belloy. *Paris*, *Ducrocq*, 1865, in-4, dem. mar. vert, plats toile, tr. dor. (*Port. et fig.*)

Très belles *eaux-fortes de Flameng sur chine avant la lettre* avec les noms à la pointe.

1684. **Histoire naturelle et généralle des Indes,** isles et terre ferme de la grand mer Océane. Traduicte de Castillan (Oviédo), en françois (par Iean Poleur.) *A Paris, de l'impr. de Vascosan,* 1554, in-fol. vél. bl.

Bel exemplaire d'un LIVRE TRÈS RARE.

1685. Histoire générale des Indes occidentales et terres neuves qui, jusques à présent, ont été descouvertes. Comp. en espagnol par Fr. Lopez de Gomara et trad. par le S. de Genillé Mart. Fumée. *A Paris, chez Michel Sonnius,* 1587, in-8, v. br.

1686. Histoire des Indes de Jean-Pierre Maffée Bergamesque ; où il est traité de leur découverte, etc. Traduict par F. A. D. L. B. *A Lyon, par Iean Pillehotte,* 1603, fort vol. in-8, v. f., comp., tr. r.

Bel exemplaire.

1687. Description des Indes occidentales qu'on appelle aujourd'huy le Nouveau Monde par Antoine de Herrera, translatée d'espagnol en françois. *A Amsterdam, chez Colin,* 1622, in fol. de 4 ff. et 254 pages, v. br. (*Cartes et titre gravé.*)

RARE. Bel exemplaire.

1688. Histoire du Nouveau Monde ou description des Indes occidentales, par le sieur Jean de Laet. Enrichi de tables et figures des animaux, plantes et fruits. *A Leyde, chez Bon. et Abr. Elseviers,* 1640, in-fol., veau racine, dent. sur les plats, tr. r. (*Cartes et fig.*)

Rare et recherché.

1689 **Historiæ Canadensis,** seu Novæ-Franciæ libri decem, auctore P. Francisco Crevxio. *Parisiis, apud Sebast. Cramoisy,* 1664, in-4, vélin bl. (*Rel. anc.*)

LIVRE FORT RARE. Bel exemplaire avec toutes les figures, dont la grande qui se replie représente les supplices qu'ont fait subir les sauvages aux missionnaires. Elle manque presque toujours.

1690. Lettres pour servir à l'histoire du cap Breton (par Pichon.) *La Haye, Gosse,* 1760, in-12, v. écaille, tr. r. (*Rel. moderne.*)

1691. Histoire de la conquête du Mexique avec la vie de Fernand

Cortès, par W. Prescott. Publiée en franç. par Am. Pichot. *Paris, Didot*, 1846, 3 in-8, dem. mar. viol. (*Portr. et fig.*)

1692. De la puissance américaine. Origine, institutions, esprit et ressources des Etats-Unis, par Poussin. *Paris, Guillaumin*, 1848, 2 in-8, dem. v. vert.

1693. Histoire de la Jamaïque. Trad. de l'anglois (par M. Raulin). *A Londres, chez Nourse*, 1751, 2 parties en 1 vol. in-12, mar. rouge, filets, dent., tr. marb. (*Reliure ancienne.*)

Superbe exemplaire au chiffre et aux armes royales.

1694. Histoire des nations civilisées du Mexique et de l'Amérique centrale avant Christophe Colomb, par l'abbé Brasseur de Bourbourg. *Paris, Bertrand*, 1857-59, 4 vol. in-8, dem.-rel., v. gris. (*Cartes.*)

1695. Histoire des Incas, rois du Pérou. Trad. de l'esp. de Garcilasso de la Véga. On y a joint l'histoire de la conquête de la Floride, par le même. *A Amsterdam, chez Fréd. Bernard*, 1737, 2 vol. in-4, v. br., tr. r. (*Cartes et fig.*)

Superbe exemplaire avec les grandes et belles fig. de Bernard Picart et Debrie, gravées par Duflos, Folkema, etc. MAGNIFIQUES ÉPREUVES.

1696. Nouvelle relation de la France équinoxiale. Description des côtes de la Guiane, de Cayenne, etc., par Pierre Barrière. *Paris, Piget*, 1743, in-12, v. br. (*Nombr. figures.*)

1697. Histoire ecclésiastique, politique et littéraire du Chili, par l'abbé Eyzaguirre. Trad. par Poillon. *Lille, Lefort*, 1855, 3 in-8, dem. v. vert.

1698. Description géographique des isles Antilles possédées par les Anglois, par le S. Bellin. *Paris, de l'imprim. de Didot*, 1758, in-4, bas. (*Cartes et fig.*)

Sur les plats les ARMES DE FRANCE, avec des mots : *Marine. Bureau des classes. Service du Roi.* Beau frontispice de Choffard, 1758.

1699. Notices statistiques sur les colonies françaises, imprimées par ordre du vice-amiral de Rosamel. *Paris, imprimerie royale*, 1838-40, 4 vol. in-8, dem. v. f.

VI. — HISTOIRE DE LA NOBLESSE.

A. CHEVALERIE, NOBLESSE, ART DU BLASON. --- B. ARCHÉOLOGIE, MONUMENTS, NUMISMATIQUE. --- C. HISTOIRE LITTÉRAIRE, DIPLOMATIQUE, COLLECTIONS DE SOCIÉTÉS SAVANTES.

1700. Le véritable art du blason et l'origine des armoiries, par le R. P. Cl.-Franç. Menestrier. *A Lyon, chez Coral*, 1672, in-12, v. br. (*Nombreux blasons gravés.*)

Rare.

1701. Nouvelle méthode raisonnée du blason ou de l'art héraldique, du P. Menestrier, augment. par M. L***. *Lyon, Bruyset Ponthus*, 1780, bas. rac., tr. marb. (*Nombr. blasons grav.*)

C'est la meilleure édition. Très bel exemplaire.

1702. Armorial universel précédé d'un traité complet de la science du blason et suivi d'un supplément, par M. Jouffroy d'Eschavannes. *Paris, Curmer*, 1844-48, 2 vol. gr. in-8, pap. vélin, rel. en toile, ornements spéciaux, tr. dor.

Très bel exemplaire avec les belles *figures sur bois de Pauquet* et les BLASONS COLORIÉS.

1703. Archives généalogiques et historiques de la noblesse de France ou recueil de preuves et notices publiées par M. Lainé. *Paris, imprim. de Béthune*, 1828-1850, 11 vol. in-8, dem.-rel. veau orange.

Très bel exemplaire de cet *ouvrage estimé* où chaque notice généalogique a une pagination particulière.

1704. Armorial historique de la noblesse française, publié par Henry de Milleville. *Paris, Vaton*, 1845, gr. in-8, pap. vélin, dem.-rel. mar. vert. (*Nombreux blasons gravés sur bois.*)

1705. Bibliothèque héraldique de la France. par Joannis Guigard. *Paris, Dentu*, 1861. in-8, dem. v., tête dor., ébarb.

1706. De la maison royale de France. Ouvr. orné des port. des rois de France. *Paris, Renouard*, 1815, in-8, rel. pleine en veau fauve, dos et plats fleurdelisés, dent. à la fleur de lys, tr. marb. (*Simier.*)

Superbe exemplaire.

1707. Histoire des ordres militaires ou des chevaliers, avec des figures et un traité historique sur les duels, de M. Basnage. *Amsterdam, Brunel*, 1721, 4 vol. in-12, bas., tr. r. (*Front. grav. et fig.*)

Bel exemplaire d'un ouvrage intéressant et rare.

1708. **Statuts de l'ordre du Saint-Esprit**, estably par Henry III, roy de France, en décembre 1578. (*Paris*) *de l'imprim. royale*, 1788, in-4, marocain rouge, dos couvert de fleurs de lys et de flammes du Saint-Esprit, plats ornés des armes royales et des emblêmes du Saint-Esprit dans les angles, dent. à l'int., tr. dor.

SUPERBE VOLUME *dans une magnifique reliure ancienne de toute fraîcheur.* Titre gravé, lettres ornées et jolie vignette de Sébast. Le Clerc.

1709. Histoire de la maison de Bourbon, par M. Désormeaux. *A Paris, de l'imprim. royale*, 1772-88, 5 vol. in-4, veau fauve, filets, dos orné, tr. dor. (*Reliure ancienne.*)

Exemplaire de toute fraîcheur. Frontispice de Boucher, fleurons, vignettes et culs de lampe de Choffard, et en-tête de Moreau. Les portraits sont superbes d'épreuve.

1710. **Histoire de la très ancienne et illustre maison de saint François de Sales**, évesque et prince de Genève, etc.. par Nic. de Hauteville. *A Clermont. Et se vend à Paris, chez Georges Iosse*, 1669, in-4. v. br.

. Très bel exemplaire de ce livre RARISSIME.

1711. **L'Antiquité expliquée et représentée en figures,** par Dom Bernard de Montfaucon. *A Paris, chez Florentin Delaulne*, 1719. 10 vol. — SUPPLÉMENT. *Paris*, 1724, 5 vol. En tout 15 vol, in-fol., dem.-rel. mar. v., tr. jasp.

Très bel exemplaire de la MEILLEURE ÉDITION de cet excellent ouvrage qui renferme de 30 à 40,000 *figures en premières épreuves.*

1712. **Monumens de la monarchie françoise,** avec les figures de chaque règne, que l'injure du temps a épargnées, par Dom Bernard de Montfaucon. A *Paris, chez Gandouin*, 1729-33, 5 vol. in-fol., dem. mar. vert, tr. jasp. (*Fig.*)

Très bel exemplaire de ce *livre intéressant et rare* enrichi de plus de 300 figures en superbes épreuves. Le port. de LOUIS XV *à cheval*, gravé par Mathey, est de toute beauté.

1713. Origine de l'imprimerie, d'après les titres authentiques, ornée de calques, de portraits et d'écussons, par Lambinet. *Paris, Nicolle*, 1810, 2 in-8, v. br. (*Fig.*)

1714. De l'origine et des débuts de l'imprimerie en Europe, par Aug. Bernard. *Paris, à l'impr. impériale*, 1853, 2 vol. in-8, dem.-rel., cuir de Russie.

1715. Histoire des grands chemins de l'empire romain, par Nicolas Bergier. Nouv. édit. enrichie de cartes et de figures. A *Bruxelles, chez J. Léonard*, 1728, 2 vol. gr. in-4, v. f., tr. r. (*Frontisp. gravé, port. et fig.*

Superbe exemplaire en GRAND PAPIER de la meilleure édition de cet excellent ouvrage.

1716. Histoire du roy Louis le Grand par les médailles, emblèmes, devises, inscriptions et autres monuments publics, recueillis et expliquez par le P. Claude-François Menestrier. A *Paris, chez Nolin*, 1689, in-f., v. br.

Superbe exemplaire de *l'édition originale* qui contient le frontispice et les 61 planches gravées en premier tirage. TRÈS RARE.

1717. **Médailles du règne de Louis XV,** par Godonnesche. *S. l. n. d.*, in-4. (Frontisp., dédicace et 33 fig.) — Les glorieuses campagnes de Louis XV, représentées par des figures allégoriques avec une explication, par M. Gosmond. *Paris, chez l'auteur, s. d.*, in-4 (31 superbes planches gravées par Fessard), marocain vert, dos orné, fil., dent. tr. dor. (*Reliure ancienne.*)

On a ajouté à la fin de ce beau volume quantité de figures du même genre.

1718. Histoire numismatique de la Révolution française depuis l'ouverture des Etats-généraux jusqu'au Consulat, par H... (Hennin). *Paris, Merlin*, 1826, 2 vol. in-4 (dont un atlas de 95 planches), dem.-rel. mar. vert, tr. jasp.

Très bel exemplaire.

1719. Les plus belles cathédrales de France, par l'abbé Bourassé. *Tours*, *Mame*, 1861, gr. in-8, dem. v. souris. (*Fig. sur bois.*)

1720. Histoire de Notre-Dame du Mont-Serrat, par le R. P. Louis Montegut. A *Toulouse, de l'impr. de P. Robert*, 1747, in-12, marocain vert, dos orné, large dentelle sur les plats, tr. dor. (*Fig.*)

Belle reliure ancienne.

1721. Le château de Chambord, par L. de La Saussaye. *Lyon, impr. de L. Perrin*, 1859, in-8, pap. vergé teinté, mar. vert., filets, fleurs de lys aux angles et dans le dos, tr. dor. fig. (*R. Petit.*)

1722. Voyage littéraire de deux religieux bénédictins de Saint-Maur (Martène et Durand). *Paris, Flor. Delaulne*, 1717 et 1724, 2 tomes en un vol. in-4, v. br., tr. r. (*Fig.*)

Très bel exemplaire *aux armes de* LE GOUX de ce livre rare.

1723. **Histoire littéraire de la France,** par des religieux bénédictins de la congrégation de S. Maur (D. Rivet, D. Taillandier, et D. Clémencet). *Paris, Osmont*, 1733-63. 12 vol. in-4. — Continuation par les membres de l'Académie des Inscriptions et Belles-Lettres. Tomes 13 à 25. *Paris, Didot*, 1814-1869, 13 vol. in-4. En tout 25 vol. in-4, rel. pl. en v. rac. tr. r. (*Fig.*)

Ouvrage de la plus grande importance et dont les 12 premiers volumes donnés par les Bénédictins sont devenus FORT RARES. Très bel exemplaire, dont le tome 12e est de la réimpression de 1830.

1724. Eléments de paléographie, par M. Nathalis de Wailly. *Paris, imprim. royale*, 1838, 2 vol. gr. in-4, dem-rel. v. f., entièrement ébarb.

Très bel exemplaire sur PAPIER DE HOLLANDE de cet excellent ouvrage, depuis longtemps épuisé, et qui renferme des fac-simile et des sceaux.

1725. **Nouveau traité de diplomatique** où l'on examine les fondemens de cet art, etc., par deux religieux bénédictins (Toustain et Tassin). A *Paris, chez Desprez*, 1750-65, 6 vol. in-4, veau écaille, tr. r. (*Fig.*)

Très bel exemplaire de ce LIVRE RARE.

1726. Archives du collège héraldique de France, par L. de Givodan, 1862. — Les six premiers siècles littéraires de la ville de Lyon, par de La Saussaye. *Paris, Aubry*, 1876, in-8, dem. v. f. ébarb.

1727. Histoire de l'Académie royale des Inscriptions et Belles-Lettres depuis son établissement, avec les éloges, etc. (par Gros de Boze). A *Paris, chez Guerin*, 1740, 3 vol. in-12, mar. r. fil. dent., tr. dor. (*Rel. anc.*)

Superbe exemplaire *aux armes du* CHANCELIER D'AGUESSEAU. Joli frontispice gravé par Daullé, d'après Coypel.

1728. **Histoire de l'Académie royale des Inscriptions et Belles-Lettres** depuis son establissement jusqu'à présent. A *Paris, de l'imprimerie royale*, 1717-1808, 50 vol. in-4 en v. br., tr. r., pour les 30 premiers volumes et en dem. v., tr. r. du tome 31 à la fin de l'ouvrage. (*Fig.*)

SUPERBE EXEMPLAIRE DE CETTE COLLECTION TRÈS INTÉRESSANTE ET FORT RECHERCHÉE. — *On y a joint :* 1° Table des matières depuis le tome XLV jusques et y compris le tome L, 1843, in-4°. — 2° Tableau général des ouvrages contenus dans ce recueil, par De Laverdy, 1791, in-4°. — 3° Table générale et méthodique des mémoires contenus dans les précédents recueils, etc., par MM. Rozière et Chatel, 1856, in-4. — *Les 21 premiers volumes sont aux armes du Marquis de* VILLENEUVE.

1729. Mémoires de l'Institut national des sciences et arts. Littérature et beaux-arts. *Paris, Baudoin, an VI,* tomes 1 à 4, dem.-rel. v. f., tr. jasp. (*Fig.*)

Il faudrait à cet ouvrage un 5e volume qui nous manque. *Complément de l'histoire de l'Académie des Inscriptions et Belles-Lettres.* TRÈS BEL EXEMPLIRE.

1730. **Histoire et mémoires de l'Institut royal de France**. Classe d'histoire et de littérature ancienne. *Paris, de l'imprim. royale (chez Firmin Didot).* 1815-1870, 26 tomes en 40 vol. in-4, dem.-rel. v. f., tr. jas. (*Fig.*)

Suite obligée des mémoires de l'Institut et aussi l'histoire de l'Académie des inscriptions et belles-lettres. MAGNIFIQUE EXEMPLAIRE.

1731. Mémoires présentés par divers savants à l'Académie royale des Inscriptions et Belles-Lettres de l'Institut de France, sujets divers d'érudition. *Paris, à l'imprimerie royale,* 1844-1874, 8 tomes en 12 vol. in-4, dem-rel. v. f. (*Fig.*)

Très bel exemplaire. Se joint à l'histoire de l'Académie des Inscriptions et Belles-lettres.

1732. **Académie des Inscriptions et Belles-Lettres.** Comptes rendus des séances depuis l'année 1857 jusqu'à 1877 incl., avec une notice historique, par Desjardins. *Paris, Durand et imprimerie nationale,* 1858-78, 21 vol. in-8, dem.-rel. v. f. tr. jasp. (*Cartes et fig.*)

1733. **Notices et extraits des manuscrits de la bibliothèque du roi** lus au comité de l'Académie des Inscriptions et Belles-Lettres. A *Paris, de l'imprimerie royale,* 1787-1865, 21 tomes en 29 volumes in-4, v. br., tr. r, pour les tomes 1 à 10 et dem. v. tr. r. pour les autres.

SUPERBE EXEMPLAIRE *de cet important ouvrage,* complément ordinaire de l'Histoire de l'Académie des Inscriptions et Belles-Lettres.

1734. Mémoire historique et littéraire sur le collège royal de France, par l'abbé Goujet. *Paris, Lottin,* 1758, 3 vol. in-12, v. br., tr. r.

Rare et recherché.

1735. Histoire de l'Université de Paris depuis son origine jusqu'en 1600, par Crevier. *Paris, Desaint,* 1761, 7 vol. in-12, v. f., tr. r.

Joli exemplaire en reliure moderne.

1736. **Revue britannique** ou choix d'articles traduits des meilleurs écrits périodiques de la Grande-Bretagne. *Paris, Dondey-Dupré,* 1825-30, 30 vol. in-8. — Revue britannique. Nou-

VELLE SÉRIE. 1830-1832, 12 vol. in-8. — Revue britannique. TROISIÈME SÉRIE ET SUIVANTES, 1833 à 1865 incl., 98 vol. in-8. — Tables analytiques décennales de la Revue britannique de 1825 à 1835 incl. 1 vol. En tout 141 vol. in-8, dem.-rel. v. gris, tr. jasp.

SUPERBE EXEMPLAIRE de la plus parfaite conservation et de reliure uniforme.

VII. — BIOGRAPHIE.

A. DICTIONNAIRES GÉNÉRAUX ET BIOGRAPHIES PARTICULIÈRES.

1737. Grand dictionnaire historique ou mélange curieux de l'histoire sacrée et prafane, par Louys Morery. *Amsterdam*, *Gallet*, 1698, 4 vol. in-f., v. br. (*Frontisp. gravé*)

1738. Biographie universelle ou dictionnaire historique des hommes qui se sont fait un nom, par de Feller. Edit. continuée par MM. Weiss et l'abbé Busson. *Paris*, *Gaume*, 1847-50, 8 vol. gr. in-8, dem.-rel. cuir de Russie, tr. dor.

Avec le Tome IX ou supplément de 1850 à 1856, par Le Glay, à la fin du 8e vol.

1739. **Biographie uiverselle** ancienne et moderne, de Michaud. Nouvelle édit. revue et considérablement augmentée. *Paris*, *Desplaces*, 1854-65, 45 vol. gr. in-8, dem.-rel. v. f., tr. j.

Condition irréprochable.

1740. Galerie des contemporains illustres, par un homme de rien (de Loménie). *Paris*, *René*, 1840-47, 7 vol. in-12, dem.-rel. v. bleu.

Rare. — 67 biographies et 67 jolis portraits.

1741. Dictionnaire universel des contemporains, par Vapereau. *Paris*, *Hachette*, 1858, 1 tome en 2 vol. gr. in-8, dem. v. f., tr. j. (*Avec le supplément.*)

1742. **Encyclopédie du XIXe siècle**. Répertoire universel des sciences, des lettres et des arts, avec la biographie de tous les hommes célèbres (par MM. Flourens, Jussieu, Laurentie, Liouville, Payen, Walckenaer, etc., etc). *Paris*, *bureaux de l'Encyclopédie*, 1852-59, 28 vol. gr. in-8 y compris la table et les suppléments. — Annuaire encyclopédique, publié par les directeurs de l'Encyclopédie du XIXe siècle. *Paris*, 1860-71, 9 vol. gr. in-8. En tout 37 vol. gr. in-8, basane pleine, tr. marb.

Exemplaire neuf de cet excellent ouvrage.

1743. Les vies des hommes illustres grecs et romains, par Plutarque, translatées par Amyot. A *Paris*, *chez Claude Monterœil*, 1587. — Les œuvres morales de Plutarque, trad. de grec en franç. A *Lyon*, *par Est. Michel*, 1588. En tout 4 forts vol. in-8, vél. bl. (*Manque le titre du tome II. — Mouillures.*)

1744. La Gallerie des femmes fortes, par le P. Le Moyne. A *Paris*, *chez Gabriel Quinet*, 1663, in-12, v. f., fil., dent., tr. dor. (*Jolie reliure anc.*)

Très bel exemplaire avec les port. gravés. Hr 137mm.

1745. Mémoires de Messire Pierre de Bourdeille, seigneur de Brantome, contenant les vies des hommes illustres et grands capitaines de son temps. A la sphère. *Leyde, Sambix*, 1666, 4 vol. pet. in-12, v. br.

Tome I : 2 ff. prél. et 417 pp. — Tome II : 2 ff. prél. et 404 pp. — Tome III : 2 ff. prél. et 442 pp. — Tome IV, réimpression de 1699. Hr 130mm.

1746. Portraits littéraires, par Gustave Planche. *Paris, Werdet*, 1836, 2 in-8, dem.-rel.

Édition originale.

1747. Portraits contemporains, par Sainte-Beuve, 3 vol. — Portraits littéraires, 3 vol. — Portraits de femmes, 1 vol. *Paris, Didier*, 1846-52, 7 vol. in-12, dem.-rel., v. f., tr. jasp.

Volumes neufs.

1748. Jeanne d'Arc, d'après les chroniques contemporaines, par M. Gœrres, trad. par Léon Doré. *Paris, Perisse*, 1843, in-8, dem. v. rose, tr. marbr.

1749. Histoire de notre petite sœur Jeanne d'Arc, dédiée aux enfants de la Lorraine, par Marie Edmée. Préface de M. Ant. de Latour. *Paris, Plon*, 1874, in-4, pap. vélin, texte encadr. d'un filet rouge.

Beau volume orné de 1 portrait de Jeanne d'Arc à l'eau-forte avec entourages, d'un portrait photographié de l'auteur, d'une eau-forte coloriée et de 4 grandes planches à l'eau-forte, *sur chine et* AVANT LA LETTRE de Marie Edmée.

1750. Histoire de Tamerlan, empereur des Mogols et conquérant de l'Asie (publiée par le P. Brumoy). A *Paris, chez Guerin*, 1739, 2 in-12, v. f., tr. dor.

Ouvrage supprimé lors de son apparition à cause d'un portrait dans lequel on crut reconnaitre le duc d'Orléans. *Bel exemplaire.*

1751. Histoire de René d'Anjou, comte de Provence, par de Villeneuve-Bargemont. *Paris, Blaise*, 1825, 3 in-8, dem.-rel. (*Port. et figures.*)

1752. L'histoire du cardinal duc de Ioyeuse, etc., par le sieur Aubery, A *Paris, chez Robert Denain*, 1654, in-4, v. br.

Aux armes d'un cardinal.

1753. Vie et actions mémorables du Sr Michel de Ruyter. *Amsterdam, Boom*, 1677, 2 parties en 1 vol. pet. in-12, veau viol., comp. à froid, tr. marb. front. grav. (*Genre Thouvenin.*)

Joli volume qui se joint à la collection elzévirienne.

1754. Histoire de Jacques-Bénigne Bossuet et de ses œuvres, par M. Réaume. *Paris, Vivès*, 1869, 3 in-8, dem.-rel., v. bleu. (*Port.*)

1755. Histoire de la vie et des ouvrages de J. de la Fontaine, par Walckenaer. Paris, *Nepveu*, 1824, in-8, rel. pl. en v. f. fil., dent., tr. dor. *(Port., vue et fac-simile.)*

Très bel exemplaire.

1756. Voltaire, sa vie et ses œuvres, par l'abbé Maynard. Paris, *Bray*, 1867, 2 in-8, dem.-rel., v. f.

On y a joint : Ménage et finances de Voltaire, avec une introduction sur les mœurs au XVIIIe siècle, par Nicolardot. *Paris, Dentu*, 1854, in-8, dem. v. or.

1757. Vie de Lazare Hoche, général des armées de la République, par Alex. Rousselin. *A Paris*, 1800, in-12, dem. v. f. *(Port.)*

1758. Histoire du sieur abbé comte de Bucquoy, singulièrement son évasion du For-Levêque et de la Bastille, par M. du Noyer. Paris, *Pincebourde*, 1866. (*Front. à l'eau forte.*) — Fréron ou l'illustre critique, par Ch. Monselet. *Paris, Pincebourde*, 1864, (*Front. à l'eau forte.*) — Lamartine, par Jules Janin. *Paris, Jouaust*, 1869. (*Port. à l'eau forte.*) En tout 3 vol. pet. in-12, dem. mar. tr. ébarb.

1759. Monsieur le comte de Chambord et la France à Wiesbaden, par de Villemessant. *Paris, Dentu*, 1850, in-12. (*Port.*) — Louise-Marie-Thérèse de Bourbon, sœur de Mgr le Comte de Chambord, par Michaud. *Paris, Dentu, s. d.*, in-12. (*Port.*) En tout 2 vol. mar. v., compart. dorés, fil., tr. dor.

1760. Portrait intime de Balzac, par Ed. Werdet. *Paris, Dentu*, 1859. — Balzac chez lui, par Léon Gozlan. *Paris, Lévy*, 1862. — Balzac et ses œuvres, par Lamartine. *Paris, Lévy*, 1866. En tout 3 vol. in-12, dem.-rel.

1761. Mes confidences. Fior d'Aliza. *Paris, Dentu*, 1863. — Mémoires inédits (1790-1815). *Paris, Hachette*, 1870. — Le manuscrit de ma mère. *Paris, Hachette*, 1871. — Poésies inédites de Lamartine. *Paris, Hachette*, 1873. En tout 4 vol. in-8, dem.-rel., v. f., tr. jas. (*Port.*)

1762. La vie de Paul de Kock, par Timothée Trim, avec port. *Paris, Barba*, 1873. — Mémoires de Paul de Kock écrits par lui-même. *Paris, Dentu*, 1873. (*Port.*) — Friquette, par P. de Kock. *Paris, Sartorius*, 1873. (*Fig.*) — Les intrigants, par le même. *Paris. Sartorius*, 1874, 2 vol. En tout 5 vol. in-12, dem.-rel. v. (*Fig.*)

1763. Jacques Crétineau-Joly; sa vie politique, religieuse et littéraire, par l'abbé Maynard. *Paris, Didot*, 1875, in-8, dem.-rel. v. (*Port.*)

1764. Les illustres voyageuses, par Richard Cortambert. *Paris, Maillet*, 1866, in-8. dem. v. bl., tr. jasp. (*Port.*)

B. Biographies religieuses.

1765. Eloges des Evesques qui dans tous les siècles ont fleury en doctrine et en sainteté, avec la vie de saint Hugues, évêque de Grenoble, par M. Ant. Godeau. *A Paris, chez Fr. Muguet*, 1665, in-4, v. br. (*Frontisp. de Chauveau.*) — Eloge historique des empereurs, roys, princes, impératrices et reynes qui dans tous les siècles ont excellé en piété, par M. Ant. Godeau. *A Paris, chez Fr. Muguet*, 1667, in-4, v. br.

Ouvrage très estimé.

1766. La vie du bienheureux Jean de Dieu, fondateur des Frères de la Charité, recueillie par le Sr de Loyac. *A Paris, chez Noël Charles*, 1640, in-8, vélin bl.

Avec un beau frontispice gravé par M. Lasne et une superbe figure allégorique d'Abrah. Bosse.

1767. Les vertus du vray prélat, représentées en la vie du cardinal de La Rochefoucauld, par le P. de la Morinière. *Paris, Sébast. Cramoisy*, 1646, in-4, v. f., comp. à froid, tr. bl., fermoirs. (*Rel. neuve.*)

1768. Histoire du pontificat de saint Léon-le-Grand et de son siècle, par Al. de Saint-Chéron. *Paris, Sagnier*, 1846, 2 in-8, dem. v. bl.

1769. Clément XIII et Clément XIV, par le P. de Ravignan. *Paris, Lanier*, 1854, 2 in-8, rel. pl. en v. bl., dent., tr. jasp.

1770. Vie de Den.-Aug. Affre, archevêque de Paris, par l'abbé Cruice. *Paris, Perisse*, 1849. — Vie de Mgr Sibour, archevêque de Paris, par M. Poujoulat. *Paris, Repos*, 1857. En tout 2 vol. in-8, dem. v. rose.

1771. Histoire de Mgr Den.-Aug. Affre, par l'abbé Castan. *Paris, Vivès*, 1855. — Vie de Mgr Rendu, par l'abbé Guillermin. *Paris, Douniol*, 1867. — Monseigneur Mermillod, par H. de Vanssay. *Paris, Palmé*, 1873. (*Port.*) En tout 3 vol. in-12, dem.-rel.

1772. Monseigneur Flaget, évêque de Louisville, par l'abbé Desgeorge. *Paris, Lecoffre*, 1855. (*Port.*) — Vie de P.-Joseph Rey, évêque d'Annecy, par l'abbé Ruffin. *Paris, Vrayet*, 1858. — Vie de Mgr Mioland, archevêque de Toulouse, par l'abbé Desgeorge. *Lyon, Josserand*, 1871. (*Port.*) En tout 3 vol. in-8, dem. v. bl.

1773. Vie de Mgr de Salinis, évêque d'Amiens, par l'abbé de Ladoue. *Paris, Tolra*, 1864. — Histoire de M. de La Motte, évêque d'Amiens, par l'abbé Delgove. *Paris, Bray*, 1872. (*Port.*) En tout 2 vol. in-8, dem.-rel. v.

1774. Monseigneur Pavy, sa vie et ses œuvres ou la nouvelle église d'Afrique, par Pavy. *Paris, Lecoffre*, 1870, 2 vol. in-8, dem. v. bl. (*Port.*)

1775. Monseigneur Gerbet, sa vie, ses œuvres et l'Ecole menaisienne, par M. l'abbé de Ladoue. *Paris, Tolra*, 1870, 3 in-8, dem. v. bl., tr. jasp.

1776. Vie de M. Olier, fondateur du séminaire de S. Sulpice (par l'abbé Faillon). *Paris, Poussielgue*, 1853, 2 in-8, dem. v. bl. (*Port.*)

1777. Vie de M. Emery, supérieur du séminaire de Saint-Sulpice. *Paris, Jouby*, 1861, 2 in-8, dem. v. bl. (*Port.*)

1778. Histoire de M. Vuarin et du rétablissement du catholicisme à Genève, par l'abbé Martin et l'abbé Fleury. *Genève, Jaquemot*, 1861, 2 in-8, dem. v. f.

1779. Vansleb ; sa vie, ses voyages, ses œuvres, par l'abbé Pougois, *Paris, Didier*, 1869, in-8, dem. v. bl.

1780 Paul Seigneret, séminariste fusillé à Belleville. *Paris, Josse*, 1872. (*Phot.*) — Le R. P. Olivaint ; sa vie et son martyre, par M. Chatillon. *Paris, Josse*, 1872. (*Phot.*) — Histoire du saint martyr Jean de Népomuc, par le P. Wielens. *Anvers, Colpyn*, 1759. En tout 3 vol. in-12, dem.-rel.

1781. Vie de M. Hamon, curé, par Branchereau. *Paris, Vic*, 1877. (*Phot.*) — Vie de M. Gorini, par l'abbé Martin. *Paris, Tolra*, 1863 — Louis Lambillotte et ses frères. *Paris, Ruffet*, 1871. — Auguste Marceau, par le P. Mayet. *Lyon*, 1859. En tout 4 vol. in-12, dem.-rel.

1782. Vie du R. P. Dom Jean-Robert Pouchet de la congregation des Feuillans de l'ordre de Citeaux. *A Rouen, chez Ant. Maurry*, 1693, in-12, v. f., fil., dent., tr. dor. (*Rel. moderne.*)
Joli exemplaire du *Comte Alfred d'*Auffray.— Rare.

1783. La vie du R. P. D. Augustin Calmet, avec un catal. de tous ses ouvrages, etc. *A Senones, chez Pariset*, 1762, in-8, dem.-rel. (*Port.*)

1784. Vie du R. P. J.-Bapt. Rauzan, fondateur des prêtres de la Miséricorde, par le P. Delaporte. *Paris, Lecoffre*, 1857. (*Port.*) — Vie de l'abbé Moye, fondateur des sœurs de la Providence, par l'abbé Marchal. *Paris, Bray*, 1872. En tout 2 vol. in-8, dem.-rel. v.

1785. Vie du R. P. Sellier, par le P. Guidée. *Paris, Poussielgue*, 1858. — Vie du R. P. Gury. *Paris, Lecoffre*, 1867. — Vie du R. P. Chomé. *Douai*, 1864. — Mémoires du R. P. de Bengy. *Paris, Josse*, 1871. (*Phot.*) En tout 4 vol. in-12, dem.-rel.

1786. Vie du R. P. de Ravignan, par le P. de Ponlevoy. *Paris, Douniol*, 1860, 2 vol. in-8, veau viol. plein, fil., tr. jasp. (*Port.*)

1787. Le R. P. Lacordaire ; sa vie intime et religieuse, par le R. P. Chocarne. *Paris, Poussielgue*, 1866, 2 in-8, dem.-rel. v. viol. (*Port.*)

1788. Vie du R. P. Achille Guidée, de la Comp. de Jésus. *Paris, Sarlit*, 1867. (*Phot.*) — Le premier jésuite anglais martyrisé en Angleterre, le P. Ed. Campian, par le R. P. Possoz. *Paris, Douniol*, (*Port.*) En tout 2 vol in-8, dem. v. f.

1789. Biographie du P. Louis Maillard, par le P. Pouget. *Lyon, Girard*, 1867. — Vie du R. P. Clém. Cathary, par Daurignac. *Paris, Bray*, 1865 — Notice sur le R. P. Cl. de la Colombière, par le P. Pouplard. *Lyon*, 1875. (*Port.*) Vie du P. Nic. Trigault, par l'abbé Dehaisnes. *Paris, Casterman*, 1861. En tout 4 vol. in-12. dem.-rel.

1790. Vie du R. P. Joseph Barelle, par le P. Léon de Chazournes. *Paris, Plon*, 1868, 2 in-8, dem. v. f., tr. jas. (*Port.*)

1791. Vie du P. Piguatelli, par le P. Bouffier. *Paris*, *Lecoffre*, 1868. — Histoire de Gabr. Malagrida, par le P. Mury. *Paris*, *Douniol*, 1865. — Vie du P. Rob. Southwell, par le P. Possoz. *Paris*, *Douniol*, 1866. — Vie du vénérable Jos. Anchieta, par Ch. Sainte-Foy. *Paris*, *Casterman*, 1858. En tout 4 vol. in-12, dem.-rel.

1792. Vie du frère Philippe, supérieur des écoles chrétiennes, par Poujoulat. *Tours*, *Mame*, 1875. (*Port.*) — Vie du P. Ribadeneyra, disciple de saint Ignace, par le P. Prat. *Paris*, *Palmé*, 1862. — Vie de Fra Angelico de Fiesolo, par E. Cartier. *Paris*, *Poussielgue*, 1857. En tout 3 vol. in-8, dem.-rel. v.

1793. Le portrait sacré des filles illustres de Saint-Benoist, composé par messire Bachelard, prêtre. *Imprimé à Lyon*, *aux dépens de l'autheur*, 1670, in-4., dem.-rel.

1794. Vie de la vén. mère Victoire Fornari, fondatrice de l'ordre de l'Annonciade. Trad. de l'ital., par le R. P. Ch. Le Breton. *Paris*, *Muguet*, 1662, in-4, v. br. (*Beau port. dessiné par Audran.*)— La vie de la vén. mère Agnès Dauvaine, de l'Annonciade de Paris (par le P. de La Barre). *Paris*, *Est. Michallet*, 1675, in-4, v. br.

1795. La vie de la vén. mère Marie de l'Incarnation, première supérieure des Ursulines de la Nouvelle France (par Dom Cl. Martin, son fils). *Paris*, *Billaine*, 1677, in-4, bas., tr. r. (*Reliure neuve.*)

1796. Idée de la vénérable piété en la vie, vertus et écrits de Marguerite Pignier, femme de feu Claude Aynard Romanet, advocat au Sénat de Savoye, par le R. P. Paul du S. Sacrement. *A Lyon*, *chez Cl. Bourgeat*, 1679, in-4, v. f., tr. r. (*Reliure neuve.*)

Rare.

1797. La vie de madame de Miramion (par l'abbé de Choisy). *A Paris*, *chez Ant. Dézallier*, 1706, in-4, v. br.

Superbe portrait gravé par *Edelinck*, d'après *de Troy*.

1798. Vie et œuvres de Louise-Adélaïde de Bourbon-Condé, supérieure et fondatrice du monastère du Temple. *Paris*, *Dufour*, 1843, 3 in-8, rel. pl. en veau vert, fil., tr. marb. (*Port.*)

1799. Pierre Saintive. — Vie de la B. Germaine Cousin, bergère. — Les pèlerinages de Suisse. *Tours*, *Mame*, 1852-59, 3 in-8, dem. v. bl., tr. jasp.

1800. Vie de très haulte dame Loyse de Savoye, religieuse au couvent de Sainte-Claire d'Orbe, escripte en 1507. *Genève*, *Fick*, 1860, in-8, dem. mar. viol., avec coins, tête dor., ébarb. (*Port.*)

Papier vergé de couleur chamois.

1801. Vie de Madame de Bonnault d'Houet, fondatrice des fidèles compagnes de Jésus, par l'abbé Martin. *Paris*, *Tolra*, 1863 (*Port.*) Elizabeth Seton et l'Eglise cathol. aux Etats-Unis, par Mme de Barberey. *Paris*, *Poussielgue*, 1868 (*Port.*) En tout 2 vol. in-8, dem. v. f.

1802. Histoire de Madame Barat, fondatrice de la société du Sacré-Cœur de Jésus, par l'abbé Baunard. *Paris*, *Poussielgue*, 1876, 2 in-8, dem.-rel., v. bl. (*Port.*)

1803. Le Journal de Marie-Edmée. Avec un port. à l'eau forte, par Flameng. *Paris, Plon*, 1876, in-8, dem. v. f. (*Port.*)

VIII. — BIBLIOGRAPHIE.

A. Généralités. — Bibliographes généraux et spéciaux.

1804. Historia typographorum aliquot Parisiensium vitas et libros complectens. *Londini, apud Bateman*, 1717, in-8 bas., tr. r.

Livre rare qui renferme bon nombre de fac-simile de marques d'imprimeurs.

1805. Specimen historicum typographiæ Romanæ xv seculi opera Fr.-X. Laire. *Roma, Monaldinus*, 1778, in-8, dem.-rel. — Recherches sur l'origine de l'imprimerie au xve siècle, par Lambinet. *Bruxelles, s. d.* in-8, dem.-rel.

1806. Systema bibliothecæ collegii Parisiensis Societatis Jesu (par le P. Jean Garnier.) *Parisiis, Mabre-Cramoisy*, 1678, in-4, v. éc., tr. marbr.

1807. Manuel du bibliothécaire, par M. P. Namur. *Bruxelles, Tircher*, 1834, in-8 bas., tr. jasp.

1808. Conseils pour former une bibliothèque ou catalogue raisonné de tous les bons ouvrages qui peuvent entrer dans une bibliothèque chrétienne, par Rollaud. *Paris, Guyot*, 1850, 3 in-8 bas. rac. dent., tr. marb.

1809. Histoire du livre en France depuis les temps les plus reculés jusqu'en 1789. — De la librairie française, par Werdet. *Paris, Dentu*, 1860-61, 6 vol. in-8, dem.-rel., v. f.

1810. Mémoires pour servir à l'histoire des hommes illustres dans la République des lettres, avec un catalogue raisonné de leurs ouvrages (par le P. Nicéron.) *A Paris, chez Briasson*, 1727, 43 vol. in-12, bas. rac., tr. r.

1811. Mémoires secrets pour servir à l'histoire de la République des lettres en France, depuis 1762 jusqu'à nos jours, ou journal contenant les analyses des livres nouveaux, clandestins, prohibés, etc. A *Londres, chez John Adamson*, 1784-89, 36 vol. in-12, veau rac., fil.

Très bel exemplaire de reliure bien uniforme.

1812. Nouvelle bibliothèque d'un homme de goût, contenant des jugements sur les meilleurs ouvrages français et étrangers, par Barbier et Desessarts. *Paris, Duminil*, 1808-10, 5 vol. in-8., dem.-rel.

1813. Histoire politique et littéraire de la presse en France avec une introd. hist. sur les orig. du Journal et la bibliogr. gén. des journaux, par Eugène Hatin. *Paris, Poulet-Malassis*, 1859, 8 vol. in-8, dem. v. f.

1814. Philobiblion, excellent traité sur l'amour des livres, par Richard de Bury. *Paris*, *Aubry*, 1856, in-8, pap. vergé, cart. toile, non rogné.

On y a joint : De la bibliomanie, par Bollioud-Mermet. *Paris, Jouaust*, 1866, in-12, pap. vergé, dem. mar. or. ébarb. (*Rare.*)

1815. Le livre, par Jules Janin. *Paris*, *Henri Plon*, 1870, gr. in-8, dem. mar. lav., tête dor., ébarb.

Tiré à 100 exemplaires sur *grand papier Hollande*. N° 55.

1816. Le livre et la petite bibliothèque d'amateur. Essai sur l'amour des livres, par Gust. Mouravit. *Paris*, *Aubry*, *s. d.*, pet. in-8, papier vélin, dem. mar. bl., tr. jasp.

RARE. Exemplaire avec la lettre de Jules Janin.

1817. Les amoureux du livre, par Fertiault. Préface du bibl. Jacob et seize eaux-fortes de Chevrier. *Paris*, *Claudin*, 1877, in-8, papier de Hollande, dem. v. f., ébarb. (*Fig.*)

1818. Mémoires d'un bibliophile, par Tenant de Latour. *Paris*, *Dentu*, 1861. — Ma République, par P.-L. Jacob. *Paris*, *Delahays*, *s. d.*, 2 in-18, dem.-rel.

1819. L'Enfer du Bibliophile, vu et décrit par Ch. Asselineau. *Paris*, *Tardieu*, 1860, in-12 (*Papier de Hollande.*) — Discours de réception à la porte de l'Académie Française, par Jules Janin. *Paris*, *Tardieu*, 1865, in-12, dem.-rel.

Deux petits volumes devenus rares.

1820. Bulletin du Bibliophile. Revue mensuelle publiée par Techener. *Paris*, *Techener*, 1851-1865, 15 vol. in-8, cart. à la bradel, ébarb.

1821. Bulletin du bouquiniste, publié par Aug. Aubry, libraire. *Paris*, *chez Aug. Aubry*, 1857-1874, 14 vol. in-8, cart. à la bradel, tranches ébarbées.

Collection intéressante et devenue rare.

1822. Le Bibliophile français. Gazette illustrée des amateurs de livres, d'estampes et de haute curiosité. *Paris*, *Bachelin-Deflorenne*, 1868-73, 7 vol. gr. in-8, dem. v. f., tranches ébarbées.

EXCELLENT OUVRAGE que décorent des quantités de portraits, facsimile, planches en chromo, etc., etc.

1823. Catalogue de la bibliothèque des ducs de Bourgogne au XVe siècle, par G. Peignot. *Dijon*, *Lagier*, 1841, in-8, dem. mar. r., avec coins, tête dor., ébarb.

1824. Lettres sur deux manuscrits précieux du temps de Charlemagne (par Gabr. Peignot.) *Dijon*, *Lagier*, 1839, in-8, dem. mar. r., avec coins, tr. marbr.

1825. Notice sur le Speculum humanæ salvationis, par Marie Guichard. *Paris*, *Techener*, 1840, broch. in-8, dem.-rel. (*Rare.*)

1826. Les manuscrits françois de la Bibliothèque du Roi, leur histoire, etc., par M. Paulin Paris. *Paris*, *Techener*, 1836-48, 7 vol. in-8. dem.-rel., veau f.

1827. La librairie de Jean duc de Berry, 1416. Publiée en entier par Hiver de Beauvoir. *Paris, Aubry*, 1860, in-8, pap. vergé, dem. mar. lav., avec coins, tête dor., ébarb. (*Capé*.)

1828. Précis de l'histoire de la Bibliothèque du Roi, aujourd'hui Bibliothèque Nationale, par Franklin. *Paris, Willem*, 1875, in-8, dem.-rel., mar. bl., ébarb.

Un des 25 exempl. sur PAPIER DE CHINE.

On y a joint : Essai sur la Bibliothèque du Roi, par Le Prince. *Paris*, 1856, in-12, dem. mar bl., tr. peigne.

1829. Histoire de la bibliothèque Mazarine, par Franklin. *Paris, Aubry*, 1860, in-8, dem. v. souris, tr. jasp.

On y a joint : Préface du catalogue de la Bibliothèque Mazarine, rédigée en 1751 par Desmarais. *Paris, Miard*, 1867, in-12, dem.-rel.

1830. Traicté des plus belles bibliothèques publiques et particulières qui ont esté et qui sont à présent dans le monde, par le P. Jacob. *A Paris, chez Rolet Le Duc*, 1644, in-8, vél. bl.

Curieux et recherché.

1831. Recherches sur les bibliothèques anciennes et modernes, par Petit-Radel. *Paris, Rey*, 1819, in-8, dem.-rel., ébarb. (*Portraits et plans.*)

On y a joint : 1° Guide du bibliothècaire, par le P. Pourcelet, 1856. — 2° Plan d'une bibliothèque universelle, par Aimé Martin, 1837, 2 in-8, dem.-rel.

1832. Souvenirs relatifs à quelques bibliothèques particulières des temps passés, par Gabr. Peignot. *Dijon, Lagier*, 1836, in-8, dem. v. rose.

1833. Un curieux au XVIIe siècle. Michel Bégon, intendant de La Rochelle. Documents recueillis par Duplessis. *Paris, Aubry*, 1874, in-8, papier vergé, dem. mar. bl., ébarb. (*Port. à l'eau-forte.*)

1834. Les bibliothèques françoises de La Croix Du Maine et de Du Verdier. Nouv. édit. revue par Rigoley de Juvigny. *A Paris, chez Saillant*, 1772-73, 6 vol. in-4, v. rac., tr. marb.

SUPERBE EXEMPLAIRE de cet important ouvrage.

1835. Le cabinet du Duc d'Aumont et des amateurs de son temps, par le baron Davillier. *Paris, Aubry*, 1870, in-8, pap. vergé, dem. v. f., ébarb. (*Fig.*)

On y a joint : Catalogue des livres de feu M. le duc d'Aumont. 1782, in-8, bas. (*Table.*)

1836. Les amateurs d'autrefois, par Clément de Ris ; avec huit portraits gravés à l'eau-forte. *Paris, Plon*, 1877, gr. in-8, dem. v. f., tranches ébarb. (*Port.*)

1837. **Bibliotheca universalis**, sive Catalogus omnium scriptorum locupletissimus, in tribus linguis, latina, græca et hebraica : extantium et non extantium, veterum et recentiorum in hunc usque diem... authore Conrado Gesnero. *Tiguri (Zurich), apud Christ. Froschoverum*, 1545, in-fol. de 631 ff. Rel. en peau de truie estampée, 2 fermoirs.

Nous nous reprocherions, dit Brunet, comme une négligence impardonnable de n'avoir pas consacré un article un peu étendu dans notre Manuel à cet ouvrage du plus ancien et d'un des plus savants bibliographes de l'Allemagne. *Bel exemplaire couvert de notes manuscrites.*

1838. Photii Myriobiblon, sive bibliotheca librorum quos legit et censuit Photius ; gr. edidit Hoeschelius et notis illustravit. Latine reddidit Schottus... *Rothomagi, sumpt. Berthelin,* 1653, in-fol. v. br.

Edition la plus recherchée de cet ouvrage important. *Exemplaire de M. Boissonade.*

1839. Annales typographici, ab artis inventæ origine ad annum 1557 (cum append. ad annum 1664), par Maittaire. *Hagæ-Comitum, apud Vaillant,* 1719-1725, 3 tomes en 5 vol. in-4, veau écaillé, dent., tr. r. (*Rel. moderne.*)

Très bel exemplaire de cet excellent ouvrage auquel on a joint la nouvelle édition de 1733 du tome Ier qui a été presque entièrement refaite et qu'il est indispensable de réunir à la première.

1840. Annales typographici ab artis inventæ origine ad annum 1536, post Maittairii, Denisii aliorumque curas, in ordinem redacti. Auth. Panzer. *Norimbergæ, Eberhardus Zeh,* 1793-1803, 11 vol. in-4, dem.-rel., v. f., tr. r.

RARE. Cet ouvrage, dit Brunet, est encore le plus complet que nous ayons pour le premier siècle de la typographie. *Très bel exemplaire.*

1841. Christophori Saxi onomasticon litterarium, sive nomenclator historico-criticus præstantissimorum scriptorum. *Trajecti-ad-Rhenum,* 1775-1803, 8 vol. in-8, dem.-rel., non rogné.

Ouvrage rare d'une grande utilité, dit Brunet, pour les recherches littéraires.

1842. Bibliothèque curieuse et instructive de divers ouvrages anciens et modernes (par le P. Menestrier.) *A Trévoux, chez Jean Boudot,* 1704, 2 tomes en 1 vol. in-12, v. br. (*Front. gravé.*)

RARE. Bel exemplaire.

1843. Dictionnaire historique et critique des livres rares et recherchés, par Osmont. *Paris, Lacombe,* 1768, 2 in-8, bas., tr. r.

1844. Dictionnaire raisonné de bibliologie, par G. Peignot. *Paris, Renouard,* 1802, 3 vol. in-8, cart. à la bradel, non rogné.

Rare et excellent ouvrage.

1845. Répertoire bibliographique universel, par Gabriel Peignot. *Paris, Renouard,* 1812, fort vol. in-8, dem.-rel.

1846. Manuel du bibliophile ou traité du choix des livres, par Gabriel Peignot. *Dijon, Lagier,* 1823, 2 vol. in-8, dem.-rel.

1847. Voyage bibliographique, archéologique et pittoresque en France, par le Rév. Th. Dibdin ; traduit de l'anglais par Th. Licquet. *Paris, Crapelet,* 1825, 4 vol. gr. in-8, dem.-rel., cuir de Russie, tête dor., ébarb.

Très bel exemplaire, en *grand papier vélin.*

1848. Nouveau manuel de bibliographie universelle, par MM. Denis, Pinçon et de Martonne. *Paris, Roret*, 1857, gr. in-8, rel. pl., bas. fil., tr. jasp.

1849. **Manuel du libraire et de l'amateur de livres** contenant un nouveau dictionnaire bibliographique et une table en forme de catalogue raisonné, par Jacques-Charles Brunet. Cinquième édition. *Paris, Firmin Didot*, 1860-65, 6 tomes en 12 vol. gr. in-8, dem.-rel. mar. du lev. vert., tête dor., ébarb.

GRAND PAPIER DE HOLLANDE, tiré à 100 exemplaires. N° 24. Exemplaire souscrit par *M. A. de Saint-Ferriol, à Grenoble.* Très rare.

1850. Repertorium bibliographicum in quo libri omnes ab arte typographicâ inventâ usque ad annum MD. typis impressi enumerantur. Opera Lud. Hain. *Lutitiæ Parisiorum, Renouard*, 1826-1838, 4 vol. in-8, dem.-rel.

Bel exemplaire.

1851. Dictionnaire bibliographique choisi du xve siècle, etc., par M. de La Serna, Santander. *Paris, Tilliard, an XIII (1805)*, 3 vol. in-8, veau rac., fil., tr. marbr

Très bel exemplaire.

1852. La France littéraire ou dictionnaire bibliographique des XVIIIe et XIXe siècles, par Quérard. *Paris, Didot*, 1827-39, 12 vol. in-8, veau marb., dent. sur les plats, tr. marb.

Magnifique exemplaire avec les tomes XI et XII qui renferment les ouvrages anonymes et qui manquent souvent.

1853. La littérature française contemporaine, 1827-56. — Contitinuation de la France littéraire, par MM. Quérard et Bourquelot. *Paris, Daguin*, 1842-1857, 6 vol. in-8, bas. rac., dent., tr. jasp.

Très bel exemplaire.

1854. Bibliographie historique et topographique de la France depuis le xve siècle jusqu'en avril 1845, par Girault de St Fargeau. *Paris, Didot*. 1845, in-8, dem. v. f.

1855. Le Quérard. Journal de bibliographie, d'histoire et de biographie française. *Paris, Dubuisson*, 1865-66, 2 vol. — Notice bibliograph. des ouvrages de M. de La Mennais. *Paris*, 1849. En tout 3 vol. in-8, bas. pleine, dent., tr. jasp.

1856. Catalogue général de la Librairie française pendant 25 ans (1840-1865), rédigé par Lorenz. *Paris, Lorenz*, 1867-71, 4 vol. in-8, dem. mar. r., tr. peigne.

Exemplaire neuf.

1857. Dictionnaire des ouvrages anonymes et pseudonymes, avec les noms des auteurs et éditeurs, par M. Barbier. Seconde édition. *Paris, Barrois*, 1822-27, 4 vol. in-8, v. éc., tr. marb.

Superbe exemplaire de cet excellent ouvrage.

1858. Nouveau recueil d'ouvrages anonymes et pseudonymes, par de Manne. *Paris, Gide*, 1834, in-8, cart. brad, ébarb.

1859. Nouveau dictionnaire des ouvrages anonymes et pseudonymes contemporains, par de Manne. *Lyon, Scheuring*, 1862, in-8, cart. à la brad., ébarb.

1860. Fabricii bibliotheca latina. *Hamburgi, sumtu viduæ Schilleri*, 1731, 3 vol. — Fabricii bibliotheca latina mediæ et infimæ ætatis. *Hamburgi, sumtu viduæ Felgineriæ*, 1734, 6 vol. En tout 9 vol. pet. in-8, vél. bl.

Très bel exemplaire de cet ouvrage estimé.

1861. Bibliothèque historique de la France, contenant le catalogue des ouvrages imprimés et manuscrits qui traitent de l'histoire de ce Royaume, par feu Jacques Lelong. Nouv. édit. revue par M. Fevret de Fontette. *Paris, Hérissant*, 1768-78, 4 vol. in-fol. bas. rac., tr. marb.

Superbe exemplaire de cet ouvrage rare et estimé.

1862. Bibliographie catholique, Revue critique des ouvrages en tous genres spécialement destinés aux ecclésiastiques et aux mères de famille. *Paris*, 1841 à 1877 incl. 56 vol. — Tables générales des tomes I à XXX de la Bibliographie catholique, 2 vol. En tout 58 vol. in-8, cart. à la bradel, tr. jasp.

Superbe exemplaire.

1863. Dictionnaire de bibliographie catholique, présentant les titres complets de tous les ouvrages pour et sur le catholicisme, par Pérennès. Suivi d'un dictionnaire de bibliologie, par Brunet de Bordeaux, publié par l'abbé Migne. *Paris, Migne*, 1858, 5 vol. gr. in-8., bas. pl., filets, tr. jasp.

Exemplaire neuf.

1864. **Histoire générale des auteurs sacrés et ecclésiastiques,** par le R. P. Dom Rémy Ceillier. *Paris, Vivès*, 1858-63, 14 tomes en 15 vol. gr. in-8, dem.-rel. v., tr. marb. — Histoire générale des matières contenues dans les 14 volumes de l'histoire ci-dessus rédigée par Rondet et augm. par l'abbé Bauzon. *Paris, Vivès*, 1868, 2 vol. gr. in-8, dem. v., tr. jasp.

Superbe exemplaire de cet important ouvrage.

1865. Scriptores ordinis Minorum ; quibus accessit syllabus illorum qui pro fide Christi occubuerunt. Recensuit Fr. Lucas Waddingus. *Romæ, Tani*, 1650, in-fol., mar. brun, estampé, deux fermoirs. *(Dos refait.)*

Utile et rare, dit Brunet.

1866. Bibliographie historique de la Compagnie de Jésus ou catalogue des ouvrages relatifs à l'histoire des Jésuites depuis leur origine jusqu'à nos jours, par le P. Carayon. *Paris, Durand*, 1864, in-4., pap. vergé, dem.-rel., v. f., tête dor., ébarb.

Exemplaire neuf de cet excellent ouvrage.

1867. Bibliothèque dramatique de M. de Soleinne. Catalogue rédigé par P.-L. Jacob, bibliophile. Paris, *Alliance des Arts*, 1843-45, 9 part. en 6 vol. in-8, dem. mar. lav. (*Avec les tables.*)

Excellent catalogue très recherché et fort rare ainsi complet. — *On y a joint :* Bibliothèque dramatique de Pont-de-Vesle, 1847. — Cat. de la Bibl. théâtrale de Jos. de Filippi. 1861, 2 vol. même reliure.

1868. Dictionnaire critique, littéraire et bibliographique des principaux livres condamnés au feu, supprimés ou censurés par G. Peignot. *Paris, Renouard*, 1806, 2 tomes en 1 vol. in-8, bas., tr. marb.

Trés rare.

1869. Recherches historiques et littéraires sur les Danses des morts et sur l'origine des cartes à jouer, par Gabriel Peignot. *Dijon, Lagier*, 1826, in-8, dem. v. f., tr. marb. (*Lithograph. et vign.*)

Un des ouvrages les moins communs de Peignot. — *On a relié à la suite une* : Notice d'une édition de la danse macabre inconnue aux bibliographes et appartenant à la bibliothèque de Grenoble, par Champollion-Figeac. *Paris, Sajou*, 1811, 17 pages.

1870. Annales de l'imprimerie des Alde ou histoire des trois Manuce et de leurs éditions, par Renouard. *Paris, Renouard*, 1834, in-8, veau rac., dent., tr. marb. *Port. grav. par St-Aubin.*

Bel exemplaire.

1871. Annales de l'imprimerie des Estienne et de ses éditions, par Renouard. *Paris, Renouard,* 1843, in-8, veau rac., dent., tr. marb.

Très bel emplaire.

1872. Essai bibliographique sur les éditions des Elzéviers (par Bérard). *Paris, Didot,* 1822. in-8, dem. mar. vert, tr. jas. (*Armes des Elzéviers.*)

1873. Annales de l'imprimerie des Elzéviers ou histoire de leur famille et de leurs éditions, par Ch. Pieters. *A Gand, chez Annoot-Braeckman*, 1858, in-8, v. rac., fil., tr. jasp.

Exemplaire neuf.

1874. Cazin, sa vie et ses éditions, par un Cazinophile. *Casinopolis* (*Châlons, Martin*), 1863, pet. in-12, dem.-rel.

Petit volume devenu rare.

1875. Analectabiblion ou extraits critiques de divers livres rares ou peu connus (par le Mis du Roure). *Paris, Techener*, 1836, 2 tomes en 1 vol. in-8, dem.-rel.

Devenu rare.

1876. Mélanges tirés d'une petite bibliothèque, par Charles Nodier. *Paris, Crapelet*, 1829, in-8, dem. v. vert, ébarb.

On a joint à cet exemplaire, avec le port. de Nodier, les deux catalogues de ses livres avec les prix de vente.

1877. Description raisonnée d'une jolie collection de livres. (Nouveaux mélanges), par Ch. Nodier. *Paris, Techener*, 1844, in-8, dem.-rel. v.

1878. Mélanges tirés d'une petite bibliothèque romantique, par Ch. Asselineau. *Paris*, *Pincebourde*, 1866, in-8, dem. v. f., ébarb. (*Eau forte de Nanteuil.*)

1879. Nouvelles recherches sur la vie et les ouvrages de Bernard de Lamonnoye, par Gabriel Peignot. *Dijon*, *Lagier*, 1832, in-8, dem. v. rose, ébarb. (*Port. et fac-simile.*)

1880. Recherches sur la vie et sur les œuvres de Menestrier, par Allut. *Lyon*, *Scheuring*, (*impr. de L. Perrin*), 1856, gr. in-8, veau plein, tête dor., ébarb. (*Port. et fig.*)

1881. Etude biographique et bibliographique sur Symphorien Champier, par Allut. *A Lyon*, *chez Scheuring* (*imprim. de L. Perrin*), 1859, gr. in-8, dem. mar. br. tête dor., ébarb. (*Port. et fig.*)

1882. Recherches sur Jean Grolier, sur sa vie et sur sa bibliothèque, par M. Le Roux de Lincy. *Paris*, *Potier*, 1866, gr. in-8, dem. v. f. tr. ébarb.

Exemplaire sur *papier de Hollande* avec les figures en chromo.

1883. Notice des ouvrages tant imprimés que manuscrits de Gabriel P... (Peignot). *Paris*, *Crapelet*, 1830, dem. mar. r., avec coins, tête dor., ébarb.

1884. Catalogue alphabétique des ouvrages imprimés de Gabriel Peignot, par P. M. (Milsand). *Dijon*, *Decailly*, 1861, in-8, dem.-rel, mar. r.

1885. Essai sur la vie et les ouvrages de Gabriel Peignot, par Simonnet. *Paris*, *Aubry*, 1863, in-8, dem. mar. r. — Catalogue de la bibliothèque de Gabr. Peignot. *Paris*, *Techener*, 1852, in-8, dem.-rel. (*Prix manuscrits.*)

1886. Les Robespierre. Monographie bibliographique, par Quérard. *Paris*, *chez l'auteur*, 1863, broch. in-8, dem.-rel. (*Rare.*)

B. Catalogues de bibliothèques publiques et particulières.

1887. Catalogue raisonné des manuscrits de la République de Genève, par Senebier. *Genève*, 1779.— Mémoire sur la bibliothèque publique de Bruxelles, par de Laserna Santander. *Bruxelles*, 1809. 2 vol. in-8, dem.-rel.

1888. Catalogue des livres de la bibliothèque du Conseil d'Etat. *Paris*, *imprim. de la Républ.*, *an XI*, 2 tomes en 1 vol. in-fol., cart. à la bradel, ébarb.

Excellent catalogue rédigé par Barbier avec le plus grand soin et tiré à 200 exemplaires seulement.

1889. Catalogue général des livres composant les bibliothèques du département de la marine et des colonies. *Paris*, *impr. royale*, 1838-42, 4 vol. — Catalogue de la bibliothèque du dépôt de la guerre. *Paris*, *Dumaine*, 1861, 2 vol. En tout 6 forts vol. in-8, dem. v. bl., tr. jasp.

1890. Manuscrits de la bibliothèque de Lyon ou notices sur leur ancienneté, leurs auteurs, etc., par Delandine. *Paris, Renouard,* 1812, 3 vol. in-8, cart. à la brad., ébarb.

1891. Bibliographie lyonnaise du xve siècle, par Ant. Péricaud. Nouvelle édition. *Lyon, impr. de L. Perrin,* 1851-53, 3 parties en 1 vol. in-8, rel. pleine en v. f., compart. dorés et à froid sur les plats, tr. marb.

Superbe exemplaire.

1892. Catalogue des livres et manuscrits de la bibliothèque de Clermont-Ferrand. *Clermont-Ferrand, Perol,* 1839. — Catalogue raisonné des manuscrits et imprimés de la bibliothèque d'Amiens, par Garnier. *Amiens,* 1843-1856, 5 vol. — Bibliothèque de l'archevêché de Reims. *Reims, Dubois,* 1864. (*Port.*) - Notice sur la bibliothèque d'Aix, par Rouard. *Aix, Aubin,* 1831. (*Port.*) En tout 8 vol. in-8, dem.-rel.

1893. Catalogue descriptif des manuscrits de la bibliothèque de Lille, par M. Le Glay. *Lille, Vanackère,* 1848. — Catalogue méthodique et analytique des manuscrits de la bibliothèque de Bruges, par Laude. *Bruges, Tanghe,* 1859. — Lettres sur les manuscrits de la bibliothèque de La Haye, par Jubinal. *Paris, Didron,* 1846. En tout 3 in-8, dem.-rel.

1894. Catalogue descriptif et raisonné des manuscrits de la bibliothèque de Valenciennes, par Mangeart. *Paris, Techener.* 1860, gr. in-8, dem.-rel.

1895. Catalogus liborum Melch. Thevenot, 1694, in-12. — Bibliothecæ Thuanæ, 1704. (*Frontisp. grav.*) — Bibliothecæ Bigotii 1706.—Librorum Caroli Bulteau, 1711.--Francisci Salmon, 1737. En tout 5 vol. in-12, v. br. ou dem.-rel.

1896. Catalogus librorum Joachimi Faultrier. 1709. (*Prix.*) — De la bibliothèque du château de Rambouillet, 1726. (*Table.*) — Du président Bernard de Rieux, 1747. (*Table et prix.*) — De MM. Mallard, Chapeau et Aubry, 1766-81 et 85. (*Prix.*) En tout 4 vol. in-8 bas. ou dem.-rel.

1897. Catalogus librorum de Cisternay du Fay, 1725. (*Vignette et port. gravé par Drevet*) avec table et prix. — Michaelis Brochard, 1729. (*Table et prix.*) — De Mme la marquise de Pompadour, 1765. (*Table et prix.*) — De MM. Mariette et l'abbé Desessarts, 1775. (*Prix.*) — Du marquis de Courtanvaux, 1782. (*Table et prix.*) En tout 5 vol. in-8, bas. et dem.-rel.

1898. Catalogus librorum Fr. Blouet de Camilly, 1726. (*Prix.*) — Nicolai Lambert, 1730. (*Index.*) — De M. le comte de la Marck, 1751. (*Prix.*) — De MM. d'Hangard et Le Camus, 1786-89. (*Tables et prix.*) — Du cardinal de Loménie, 1797. (*Prix.*) En tout 5 vol. in-8, bas. ou dem.-rel.

1899. Catalogus librorum Gomitis de Hoym, 1738. (*Table et prix manuscrits*). — De feu M. Bellanger, 1740. (*Prix manuscrits.*) — Du prince de Soubise, 1788. (*Table et prix*). — De Lamoignon-

Malesherbes, 1797. *Prix.*) En tout 4 vol. in-8, bas. et dem.-rel., ébarb.

1900. Catalogue des livres du cabinet de M. de Boze, 1753. *(Table et prix.)* -- De M. Filheul, 1779. (*Table et prix*). -- De M. de Lamoignon, 1791, 3 vol. (*Table.*) En tout 5 vol. in-8, bas. et dem.-rel.

1901. Catalogus librorum C. G. D. B. (Claudii Gros de Boze). *S. l. n. d.*, in-f., v. br., tr. r.

Curieux catalogue manuscrit d'une jolie écriture du milieu du XVIIIe siècle. Il doit être antérieur aux 3 catalogues imprimés de cette précieuse collection, et si l'on en croit une longue notice du P. Adry qui se trouve à la fin du volume, il aurait été rédigé par M. de Boze lui-même et écrit par son secrétaire.

1902. Catalogue des auteurs anciens et modernes, 2 vol. -- Catalogue des poètes français, 1 vol. En tout 3 vol. in-f., v. br., tr. r.

Catalogue manuscrit du commencement du siècle, provenant de la célèbre collection de Richard Héber, et en dernier lieu de M. de Cayrol, sous le titre de *Bibliographie des poètes français.* C'est en effet une précieuse et importante bibliographie de la poésie française du XVe au XVIIIe siècle. Les ouvrages y sont classés par genre et par ordre chronologique.

1903. Catalogue de la bibliothèque de M. Secousse, 1755. (*Table et prix*). — De M. Pajot, 1756. -- De M. Chauvelin, 1762. *(Tables et prix*). -- Des ci-devant soi-disans jésuites du collège de Clermont, 1764. (*Table)*. -- Des ci-devant jésuites de Mons, d'Alost, de Luxembourg, de Gand, etc., 1778. En tout 4 vol. in-8, bas. ou dem.-rel.

1904. Catalogue des livres du cabinet de M. G. D. P., 1757. (*Table et prix*). -- Du duc de Belle-Isle, 1762. -- De M. de Selle, 1761. (*Table et prix*). -- Bibliothèque de madame la Dauphine. N° 1. Histoire, 1770. (*Charmant frontisp. dess. et grav. par Eisen.* -- De l'abbé Rive, 1793. En tout 5 vol. in-8, bas. ou dem.-rel.

1905. Catalogue de la bibliothèque de M. Falconet, 1763, 2 vol. (*Table et prix*). -- De M. Perrot, 1776. (*Table et prix*). -- De M. Crozat, 1771. -- De M. Buchoz, 1778. — De M. Gouttard, 1780. (*Table*). En tout 5 vol. in-8, bas. et dem.-rel.

1906. Catalogue d'une nombreuse collection de livres rares et curieux rassemblés par M. Jean Neaulme, libraire. *A La Haye*, 1765, 6 tomes en 3 vol. in-8, v. br. -- Catalogue des livres de M. Gaignat, disposé par de Bure. *Paris*, 1769 2 in-8, dem.-rel. (*Prix manuscrits.*)

1907. Catalogue des livres de la bibliothèque de feu M. le duc de Lavallière, par Guill. de Bure. *Paris*, *de Bure*, 1783, 3 vol. in-8, cart., non rogn. (*Port.*) Le même, seconde partie, disposée par Nyon. *Paris*, *Nyon*, 1788, 6 vol. in-8, dem.-rel. v. f., non rogn. (*Prix manuscrits à la 1re partie.*)

1908. Bibliotheca Maphæi Pinellii descripta et annotationibus illustrata a Jacobo Morellio. *Venetiis*, *Palesius*, 1787, 6 vol. gr. in-8, bas. (*Port.*)

Exemplaire sur *grand papier* de ce catalogue curieux et fort recherché.

1909. Catalogue des livres de la bibliothèque de M. Bolongaro Crevenna. *Amsterdam*, *Changuion*, 1789, 5 vol. in-8, dem.-rel., non rogn. (*Table des auteurs et prix impr.*) -- Catalogue des livres de Dom Simon de Stander. *Bruxelles*, *Lemerre*, 1792, 4 in-8, dem.-rel., non rogn.

1910. Catalogue des livres de MM. Anquetil-Duperron et Bethune-Charost. 1802-1805. (*Prix*). --- De M. Méon, 1803. (*Prix*). -- De M. Caillard, 1810. (*Table*). --- De M. de La Porte du Theil, 1816. (*Prix.*) En tout 4 vol. in-8, dem.-rel.

1911. Bibliothecæ a D. Georg.-Wolf. Penzero collectæ. *Norimbergæ*, 1806, 3 vol. in-12, dem.-rel., ébarb. (*Port.*) -- Catalogus librorum quos Theoph. de Murr collegerat. *Noribergæ*, 1811, in-12, dem.-rel. (*Port.*)

1912. Catalogue des livres rares et précieux de la bibliothèque de feu M. le comte de Mac-Carthy Reagh. *Paris*, *de Bure*, 1815, 2 in-8, dem.-rel. (*Planches*). -- Catalogue des bibliothèques du feu roi Louis-Philippe et de Mme la comtesse de Neuilly. *Paris*, *Potier*, 1852, 2 in-8, dem.-rel.

1913. Catalogue des livres de M. Clavier, 1818. (*Table et prix.* -- Du Mis de Fontanes, etc., 1822. (*Prix.*) -- De Morel-Vindé, 1822. (*Table.*) -- De M. Chardin, 1823. (*Prix.*) -- De M. Langlès, 1825. (*Prix.*) En tout 5 vol. in-8, dem.-rel. ou cart.

1914. Catalogue de la bibliothèque d'un amateur (Renouard) avec notices bibliogr. et littéraires. *Paris*, *Renouard*, 1819, 4 vol. -- Catalogue (et supplément) d'une précieuse collection de livres, dessins et gravures composant la bibliothèque de M. A. R. (Renouard). *Paris*, *Renouard*, 1853, 2 vol. (*Prix manusc.*) En tout 6 vol. in-8, dem. v. rose.

1915. Catalogus librorum et manuscriptorum quos collegerunt Gerard et Joan Meerman. *Hagæ Comitum*, 1824, 5 tomes en 3 in-8, dem.-rel. (*Prix imprim.*) -- Catalogue des livres de M. Boulard. *Paris*, *Bleuet*, 1828, 5 tomes (et suppléments) en 4 vol. in-8, dem.-rel.

1916. Catalogue des livres de M. Barbié du Bocage, 1826. -- De MM. Hallé, Auguis et Gosselin, 1823-30. -- De M. Duriez, 1827. -- Du Mis de Chateaugiron, 1827. (*Prix.*) -- De M. Sensier, 1828 et Berard, 1829. (*Prix.*) En tout 5 vol. in-8, dem.-rel.

1917. Catalogue des livres de M. Abel. Rémusat, 1833. (*Prix.*) -- Du Bon Dacier, 1833. (*Prix.*) -- De Richard Héber, 1836. -- De Pixérécourt, 1838. (*Prix.*) -- Du comte de Boutourlin, 1839. En tout 5 in-8, dem.-rel.

1918. Catalogue de la riche bibliothèque de Rosny (duchesse de Berry). *Paris*, *Techener*, 1837. -- Catalogue des livres et dessins de M. Armand Bertin, 1854. (*Prix manuscrits.*) -- Catalogue des livres précieux du comte de Labédoyère (1re et 2e partie), 1862. — Description historique et bibliographique de la collection du comte de La Bédoyère sur la Révolution française. *Paris*, *France*, 1862. (*Port.*) En tout 5 vol. in-8, dem.-rel.

1919 Catalogue des livres chinois et japonais, de M. Klaproth, 1839. (*Table.*) — De Motteley, 1842. (*Prix.*) — Du Mis de Pina, 1843. — De M. Eyriès, 1846. — De M. Lequien de la Neufville, 1845. En tout 5 vol. in-8, dem.-rel. ou bas.

1920. Catalogue des livres imprimés, manuscrits, estampes et cartes à jouer, de M. Leber. *Paris*, *Techener*, 1839, 3 vol. gr. in-8, veau plein, tr. jasp. (*Fig. et fac-simile.*)

Exemplaire sur *papier de Hollande.* On y a joint sur papier vergé ordinaire le vol. de supplément avec table des matières.

1921. Catalogue des livres composant la bibliothèque poétique de M. Viollet Le Duc. Avec des notes pour servir à l'histoire de la poésie en France. *Paris*, *Hachette et Flot*, 1843-49. 3 parties en 2 vol. in-8, dem. mar. noir, tr. marb. (*Prix à la 3e partie.*)

Exemplaire avec le monogramme du *duc d'Aumale.*

1922. Catalogue des livres de M. de la Renaudière, 1846. (*Prix.*) — De M. Libri, 1847. — Du prince d'Essling, 1845. (*Prix.*) — Du Mis de Coislin, 1847. — Du Mis du Roure, 1848 (*Prix.*) — De M. Letronne, 1849. En tout 5 vol. in-8, bas. et dem.-rel.

1923. Catalogue des livres de M. de Monmerqué, 1851. — De MM. Souquet de la Tour, Beuchot, etc., 1850-51. — De M. Longuemare, 1853. — De M. Bréghot du Lut, 1852. — De MM. Gariel et Honorat, 1853. En tout 5 vol. in-8, dem.-rel.

1924. Catalogue des livres de M. de Walckenaer, 1853. (*Prix.*)— De MM. Brunck, etc., 1853. — De M. Fr. Arago, etc., 1854. De M. Poncelet, etc., 1844. — De M. le comte Lehon, 1854. En tout 5 vol. in-8, dem.-rel.

1925. Catalogue des livres de M. Ch. Giraud, 1855. — Raoul Rochette, 1855. — De Bearzi, 1855. — De Lassus, etc., 1855. — H... k. de Lille, 1856. En tout 5 in-8, dem.-rel.

1926. Catalogue à prix marqués, de MM. Potier et Techener. *Paris*, 1855 à 1866. En tout 8 forts volumes in-8, dem.-rel.

1927. Catalogue des livres de M. Busche, 1857. — Chavin de Malan, 1857. (*Prix.*) — Mlle Rachel, 1858. (*Prix.*) — Mis de Costabili, 1858. (*Prix.*) De M. d'Argout, 1858, etc. En tout 5 vol. in-8, dem.-rel.

1928. Catalogue de M. Francisque Michel. — Guenoux. — Erdeven. — Ouvrages à figures, etc. — Parot, Martin, Portalis, etc., etc., 1858-59. En tout 12 vol. in-8, dem.-rel.

1929. Catalogue Quatremère. — Boissonade. — De C***. — Sauvageot, Veinant, etc., 1859-60. En tout 9 vol. in-8, dem.-rel.

1930. Catalogue des livres manuscrits et imprimés de M. Armand Cigongne, avec une notice de Leroux de Lincy. *Paris, Potier*,

1861. (*Grand papier de Hollande.*) --- Catalogue de la biblioth. de M. Félix Solar. *Paris*, *Techener*, 1860. (*Avec la table des prix.*) En tout 2 vol. gr. in-8, dem. mar. lav., ébarb.

1931. Catalogues Libri, de Beauchesne, de Cayrol, Cailhava, Emeric David, etc., etc., 1861-1862. En tout 12 vol. in-8, dem.-rel.

1932. Catalogues de MM. Double, Laroche Lacarelle, Tachereau, etc., 1863-78. En tout 12 vol. in-8, dem.-rel.

1933. Catalogue des livres rares et précieux manuscrits et imprimés composant les bibliothèques de MM. Chedeau, 1865. --- Jacques-Ch. Brunet. Deux parties, 1868. (*Table et prix impr.*) --- Comte de Corbière, 1869. -- M. de Garde, 1869. -- M. le baron Pichon, 1869. (*Prix manuscrits.*) En tout 4 vol. gr. in-8, dem.-rel.

1934. Catalogues de livres anciens de la librairie Tross. *Paris*, *Tross*, 1865-1875, 9 vol. in-8, dem.-rel.

Collection rare et précieuse au point de vue des recherches bibliographiques.

1935. Catalogue de la bibliothèque de M. le Cte Charles de l'Escalopier, publié par M. Delion, avec une table générale de M. Anat. de Montaiglon. *Paris*, *Delion*, 1866-67, 3 vol. in-8, dem.-rel. (*Port.*)

Papier vergé de Hollande. Rare.

1936. Bibliotheca americana. Catalogue d'une très précieuse collection sur l'Amérique. *Paris*, *Maisonneuve*, 1867. (*Table et prix imprim.*) --- Bibliothèque américaine, asiatique et africaine, par Ternaux-Compans. *Paris*, *Bertrand*, 1837-41, 2 vol. in-8, v. pl., fil., tr. marb.

1937. Catalogue de la bibliothèque Yéméniz, 1867. (*Table et prix.*) --- Catalogue de la bibliothèque lyonnaise de M. Coste, 1853. (*Port.*) --- Catalogue des livres rares et précieux de M. Coste, 1854. (*Prix manusc.*). --- Catalogue des livres de M. Bergeret, 1858, 2 vol. --- Catalogue des livres de M. Coulon, 1829. En tout 6 vol. in-8, dem.-rel.

1938. Catalogue de la bibliothèque de M. Van der Helle. 1868. (*Table et prix impr.*) --- De feu M. le marquis de Morante. Trois parties, 1872. --- De M. Victor Luzarche. Trois parties. (*Papier de Hollande*) En tout 6 vol. in-8, dem.-rel.

1649. **Sous ce numéro seront vendus par lots au commencement ou à la fin de chaque vacation 4 ou 500 volumes que le temps n'a pas permis de cataloguer.**

NOTA. — Désireux de répandre le plus possible ses prochains catalogues, M. Albert RAVANAT fait le plus pressant appel à la complaisance des personnes avec lesquelles il a déjà l'honneur d'être en relation, et les prie instamment de vouloir bien lui rendre le service de lui envoyer par carte postale les noms et adresses de tous les bibliophiles de leur région, en ayant soin, autant que possible, d'indiquer en regard de chaque nom le genre de livres que recherche le plus spécialement l'amateur désigné.

Il les remercie d'avance de toute la peine qu'elles voudront bien se donner, et de son côté, se tient à leur entière disposition pour tous les renseignements de sa compétence dont elles pourraient avoir besoin.

ORDRE DES VACATIONS

1re VACATION.

Lundi 5 décembre.

Nos 597 à 618
1347 à 1388
1573 à 1593
751 à 779
449 à 496
148

2e VACATION.

Mardi 6 décembre.

Nos 543 à 550
580 à 596
674 à 716
1389 à 1424
1594 à 1604
270 à 298
1 à 31

3e VACATION.

Mercredi 7 décembre.

Nos 194 à 234
999 à 1038
1425 à 1440
1682 à 1699
355 à 380
1466 à 1480

4e VACATION.

Jeudi 8 décembre.

Nos 299 à 309
235 à 269
1737 à 1764
381 à 431
1481 à 1500

5e VACATION.

Vendredi 9 décembre.

Nos 840 à 863
497 à 542
646 à 673
1083 à 1124
1441 à 1465

6e VACATION.

Samedi 10 décembre.

Nos 159 à 187
1140 à 1180
964 à 998
1501 à 1525
1700 à 1736

7e VACATION.

Lundi 12 décembre.

Nos 1765 à 1803
432 à 448
1181 à 1208
864 à 884
1526 à 1555
619 à 645

8e VACATION.

Mardi 13 décembre.

Nos 1850 à 1866
885 à 915
1209 à 1237
93 à 135
1556 à 1572
916 à 932

9e VACATION.

Mercredi 14 décembre.

Nos 1804 à 1849
1238 à 1273
780 à 839
1067 à 1082
140

10e VACATION.

Jeudi 15 décembre.

Nos 1867 à 1907
933 à 963
188 à 193
310 à 354
1274 à 1280
136 à 158
1045 à 1066

11e VACATION.

Vendredi 16 décembre.

Nos 1908 à 1938
1637 à 1681
551 à 579
1304 à 1346
32 à 44
1139

12e VACATION.

Samedi 17 décembre.

Nos 1281 à 1303
1605 à 1636
1125 à 1138
67 à 92
45 à 66
1039 à 1044
717 à 750

www.ingramcontent.com/pod-product-compliance
Lightning Source LLC
Chambersburg PA
CBHW070304290326
41930CB00040B/2054
9782013501484